교회개척을 논(論)하다
"목사님! 그러실 필요 없습니다"

교회개척을 논(論)하다
"목사님! 그러실 필요 없습니다"

2022년 12월 10일 초판 1쇄 인쇄
2022년 12월 15일 초판 1쇄 발행

지은이 | 양현표
펴낸이 | 박영호
교정·교열 | 김태림
펴낸곳 | 도서출판 솔로몬

주소 | 서울시 동작구 사당로 170
전화 | 599-1482
팩스 | 592-2104
직영서점 | 596-5225

등록일 | 1990년 7월 31일
등록번호 | 제 16-24호
E-mail | solcp1990@gmail.com

ISBN 978-89-8255-614-2 03230

2022 © 양현표
Korean Copyright © 2022
by Solomon Publishing Co., Seoul, Korea

저작권법에 의하여 한국 내에서 보호를 받는 저작물이므로
무단전재와 복제를 금합니다.

교회개척을 논論하다

목사님! 그러실 필요 없습니다

양현표 지음

교회개척은 영적인 일이자 동시에 현실적인 일이다.
교회개척은 하나님의 일이자 동시에 사람이 하는 일이다.
교회개척은 하나님의 주권에 좌우되는 일이지만
동시에 인간의 전략적 접근에 영향을 받는다.

솔로몬

차례

머리말 • 6

1장 교회개척은 여전히 세상을 위한 하나님의 전략이다 ... 11
2장 교회개척의 당위성 ... 22
3장 사도적 교회개척이어야 한다 ... 30
4장 교회개척은 사람(교회개척자)이 수행하는 일이다 ... 43
5장 어떤 교회가 개척교회인가? ... 60
6장 교회개척을 위해 무엇을 준비해야 하는가? (1) ... 76
7장 교회개척을 위해 무엇을 준비해야 하는가? (2) ... 94
8장 교회개척자와 재정 ... 109
9장 교회개척 형태 ... 124
10장 교회개척자의 동기와 윤리 ... 144
11장 교회개척자가 갖추어야 할 자질과 자세 ... 164
12장 교회개척자와 다양한 후원그룹 준비 ... 180
13장 교회개척자와 개척 멤버 ... 196
14장 인적 네트워크를 구축하라 ... 211
15장 개척할 지역을 어떻게 선정하고 어떻게 접근할 것인가? ... 226
16장 예배 처소와 인테리어 ... 236
17장 개척할 교회를 어떻게 드러낼 것인가? ... 255
18장 교회개척 생태계의 변화와 그에 따른 패러다임 전환 ... 269
19장 교회개척의 새로운 흐름 ... 283
20장 교회개척 이후에 목회자가 직면하게 되는 위기와 그 대안 ... 292

끝말 ... 302

"필요 없다" 시리즈 차례

목회에 있어서 인간의 전략 사용을 주저할 필요는 없다 ... 57
교회를 오래 유지하기 위해 목숨 걸 필요는 없다 ... 73
다른 목사 흉내 내는 목회를 할 필요는 없다 ... 88
겉옷이 필요 없다고까지 말할 필요는 없다 ... 91
자신의 목회 철학을 절대화할 필요는 없다 ... 106
굳이 까마귀만을 기다릴 필요는 없다 ... 121
신본주의를 앞세운 제왕적(帝王的) 목회를 꿈꿀 필요는 없다 ... 137
교회 비대(肥大)를 목표로 삼을 필요는 없다 ... 140
숫자를 과장할 필요는 없다 ... 158
목회 중독자가 될 필요는 없다 ... 161
"사생활 보호"를 굳이 내세울 필요는 없다 ... 177
교회 정치를 혐오할 필요는 없다 ... 193
염소 같은 성도라고 해서 내칠 필요까지는 없다 ... 208
졸부(猝富)와 같은 목사, 교회, 그리고 국가가 될 필요는 없다 ... 223
교회당(건물) 중심의 목회를 할 필요는 없다 ... 249
성전주의에 빠질 필요는 없다 ... 252
다르게 존재하고 다르게 하는 것을 두려워할 필요는 없다 ... 264
서구(미국) 교회의 신학과 교회에 종속될 필요는 없다 ... 266
종이 성경책 자체에 특별한 의미를 부여할 필요는 없다 ... 281

머리말

코로나19로 인해 세상이 바뀌었다. 코로나19가 가져다준 엄청난 변화 가운데서도 교회에 끼친 영향은 실로 말로 표현하기가 어려울 정도다. 이러한 상황 속에서 더욱 놀라운 것은 교회의 적응력과 생존력이다. 이 엄청난 변화 가운데서 교회는 생존하기 위해 어느 세상 조직보다도 공격적으로 그 변화에 적응했다. 지난 100여 년간 고집했던 신학적 확신을 단 일 년 만에 포기 또는 수정하여 온라인 예배와 온라인 사역에 적응해 버렸다. 순식간에 거의 모든 사역자들, 특별히 전도사들은 디지털 기기의 전문가가 되어 버렸다.

분명 교회는 코로나19라는 상황 속에서 잠시 어려움을 겪고 혼란을 겪겠지만 지금까지 그래 왔던 것처럼 이 시대에 적응하고 살아남아 하나님의 나라를 확장해 나갈 것이다. 사실 지금까지 교회가 존재하기에 쉬웠던 시대는 없었다. 그럼에도 교회는 살아남았고, 살아남았을 뿐만 아니라 어려울 때일수록 오히려 교회의 생명력과 번식력은 폭발적으로 증가하였다.

교회의 역사를 볼 때, 어느 한 대형 교회를 통해서 하나님 나라가 확장된 것은 아니다. 물론 대형교회의 가치와 역할이 있음에도 불구하고, 궁극적으로 하나님의 나라는 작은 풀뿌리 교회들에 의해서 확장되었다. 이러한 역사적 사실이야말로 오늘날 작은 개척교회가 필요하고 또 계속해서 태어나야 할 당위성을 가져다준다.

하지만 문제는 이 시대에 교회개척이 쉽지 않다는 사실이다. 포스트모더니즘, 탈 기독교, 제4차 산업혁명, 그리고 코로나19 등이 어우러진 지금의 세상은 교회 생태계를 더욱 열악하게 만들고 있으며, 때문에, 교회개척이 쉽지 않다. 더불어서 열정적 교회개척자 또한 많지 않다.

그럼에도 교회개척은 계속되어야만 한다. 지금의 코로나19 시대에도, 그리고 이 전염병이 종식된 이후에도, 아니, 주님 오시기 전까지, 교회는 계속해서 개척되어야 한다. 왜냐하면 교회는 생명체이기 때문이며, 번식(출산)이 없는 생명체는 사라져 버리기 때문이다. 출산을 통해 태어난 생명체 중의 일부는 때로 기능을 못 하거나 일찍 죽을 수 있다. 그럼에도 출산(번식)은 가열차게 계속되어야 한다. 자연 생태계를 보면, 먹이 사슬의 하부로 갈수록 그 생명체의 출산율이 높다. 그 이유는 그래야만 그 생명체를 비롯하여 다른 모든 생명체가 보존될 수 있기 때문이다.

교회도 생명체이기에 하나님께서 창조하신 자연 질서가 적용된다. 이 시대 교회개척이 어렵고 교회개척의 성공률이 어렵다고 해서 교회개척이 중단된다면 분명히 이 땅의 교회는 소멸한다. 하나님께서는 어느 한 지상 교회를 영원히 존속시킴으로 당신의 나라를 유지하시는 것이 아니라, 새로운 교회들이 태어나게 하심으로 유지하신다. 그렇기에 교회는 교회를 계속해서 출산해야 하며, 계속해서 개척교회는 태어나야 한다.

교수가 된 이후로 지금까지 교회개척을 강의하고 있다. 총신대학교 신학대학원에 교회개척 과목이 3학년의 필수 과목이라는 사실은 듣는 이를 매우 놀라게 한다. 이론 신학 성격이 짙은 총신 신대원에 실천 중의 실천인 교회개척이란 과목이 필수 과목이라서 무척이나 다행이다. 그런데, 코로나19를 비롯하여 교회 생태계를 어렵게 만드는 많은 요인들이 범람하는 지금, 교회개척을 가르치는 교수로서 고민이 있다. 그것은 코로나 시대, 그리고 포스트 코로나 시대에 교회개척을 어떻게 해야 하나에 대한 고민이다.

물론 교회개척의 원리는 예나 지금이나 그리고 앞으로도 같다. 필자는 그 원리를 "사도적 교회개척 원리"라고 부른다. 그러나 그 원리를 적용하는 데 있어서는 시대와 환경의 지배를 받는다. 지금 시대의 상황 속에서 사도적 교회개척을 어떻게 적용해야 하나가 교회개척 담당 교수로서 고민이다. 필자 스스로 다음과 같은 질문을 던지고 그 답을 찾으려고 노력한다.

1. 이 시대에 교회개척이 무엇인가?
2. 이 시대에 개척교회와 미자립 교회, 미확립 교회, 불(不)확립 교회의 차이점이 무엇인가?
3. 이 시대(코로나19 혹은 포스트 코로나 시대)에 교회개척이 필요한가?
4. 이 시대에 교회개척이 가능한가?
5. 이 시대의 교회개척 방법이 무엇인가?
6. 이 시대의 개척교회 목회 방법이 무엇인가?
7. 이 시대의 개척교회와 개척교회 목사들의 생존 방법이 무엇인가?
8. 이 시대 자립 교회들의 미자립 교회들에 대한 자세, 혹은 확립 교회들의 미확립 교회들에 대한 자세가 어떠해야 하는가?
9. 이 시대와 비슷한 환경이었던 초대 교회에서 배우는 교회개척 방법과 생존법이 무엇인가?
10. 이 시대에 현장에서 살아남은 개척교회 이야기가 있는가?

이상의 질문들을 놓고 고민하면서 그 대답을 본서에 수록하려고 애썼다. "교회개척"에 대해 공부하면 할수록 드는 생각이 있다. 그것은 교회개척이 믿음만으로 되는 일이 아니라는 것이다. 교회개척은 믿음을 빙자한 도박이나 투기가 아니라는 사실을 이 대목에서 꼭 말하고 싶다. 교회개척은 영적인 일이자 동시에 현실적인 일이다. 교회개척은 하나님의 일이자 동시에 사람이 하는 일이다. 교회개척은 하나님의 주권에 좌우되는 일이지만 동시에 인간의 전략적 접근에 영향을 받는다. 그

때문에 교회개척자는 많은 기도 못지않게 더 많은 준비 과정이 필요하다.

본서는 지난 10여 년 동안 필자의 고민과 연구와 경험의 결과물이다. 본서의 내용은 그동안 이곳저곳에 실린 필자의 글들을 수정하고 보완하여 정리한 것들이다. 본서의 많은 부분이 「목회와 신학」이라는 기독교 잡지에 실린 것들이다. 물론, 새로이 집필하여 추가한 내용도 있다. 사실 따지고 보면, 본서의 내용은 필자의 저서 『사도적 교회개척: 신학과 실천과 방향』의 내용에서 벗어나지 못한다. 그런 면에서 볼 때 본서를 출간한다는 사실에 대해 다소 쑥스러운 면이 없지 않다. 독자들의 양해를 구하는 바이다. 또한, 어떤 부분은 몇 해 전에 썼기에 오늘의 상황이 반영되지 못한 아쉬움도 있다. 하지만 그러한 부분은 수정하기보다는 그대로 두었다. 글의 논리나 내용상 오늘의 상황을 반영하여 보완하는 것이 오히려 어색하다고 보았기 때문이다. 이것 역시 독자들의 양해를 바란다.

본서에 19편의 "필요 없다" 시리즈를 각 장의 주제와 관련지어 수록했다. "필요 없다" 시리즈는 필자가 페이스북을 통하여 발표했던 글들이다. 목사님들에게 평소에 드리고 싶었던 내용들이자 동시에 목사님들께서 한 번쯤 생각해 보기를 원하는 주제들을 선정하여 풀어 적었던 내용이다. 다시 말하면, "목사님, 그렇게까지 하실 필요는 없습니다"라고 말씀드리고 싶었던 내용이다.

이 책이 나오기까지 우여곡절이 있었다. 80% 정도의 원고가 준비된 상태에서, 원고가 담긴 파일이 컴퓨터에서 사라져 버린 것이다. 필자는 며칠을 심히 낙망하며 보냈다. 그리고 급기야 하나님이 바라시는 일이 아닌가 보다 하고 출판을 포기했다. 그런데 10여 일 후에 기적적으로 그 파일을 노트북 컴퓨터 휴지통에서 찾았다. 그 기쁨은 말할 수 없었다. 아무튼, 그러한 과정을 거쳐 본서가 세상에 나올 수 있었다. 파일을 찾기 위해 애써 준 분들께 감사하지 않을 수 없다.

이 책을 출판하는 데 도움을 주시고 격려해 주신 많은 분께 감사를 드리고 싶다. 언제나 옆에서 아이디어를 주시고 인사이트를 제공해 주시는 L 교수와 J 교수께 감사를 드린다. 졸고를 귀한 책으로 엮는 것을 자원해 주신 솔로몬 출판사의 박영호 장로님께 감사를 드린다. 또 한 권의 책이 나오기까지 옆에서 묵묵히 지켜봐 주고 참아주고 기도해 준 아내를 비롯한 가족에게 감사를 드리고 그들에게 박수를 보낸다. 여기까지 인도하신 하나님께 모든 영광을 돌려드린다. 필자를 온 마음을 다해 진심으로 사랑해 주신 자에게 본서를 헌정하는 바이다.

2022년 9월 1일
본관 307호 연구실에서
저자 양현표 교수

1장
교회개척은 여전히 세상을 위한 하나님의 전략이다

교회개척 전문가 오브리 멀퍼스Aubrey Malphurs는 교회개척을 "친히 교회를 세우시겠다는 예수님의 약속에 근거하고, 지상대명령을 이루어 내기 위해, 어떤 지역에 새 교회를 세우고 성장시켜 가는 계획된 과정으로서, 힘들지만 신나는 믿음의 모험이다"[1]라고 정의했다. 필자는 교회개척을 "하나님의 사역자로 소명 받은 자가, 영혼 구원의 뜨거운 열정을 갖고, 복음 전파를 통해 지역 교회를 세우고 목회하는, 모든 영적인, 현실적인 과정을 말한다"[2]라고 정의한다.

교회개척에 대한 멀퍼스의 정의나 필자의 정의는 실상 대동소이하다. 다만 멀퍼스의 정의는 미국적 상황과 문화 속에서의 정의라고 한다면, 필자의 정의는 한국적 상황과 문화 속에서의 정의라는 점이 그 차이일 뿐이다. 이 글에서 멀퍼스의 정의나 필자의 정의를 구체적으로 설명하려고 하지는 않겠다. 읽으면서 이해되고 느껴지는 그대로의 의미가 모든 것을 내포한다고 생각한다. 복음 전파, 영혼 구원, 지역 교회, 영적 그리고 현실적 과정 등이 이상의 정의에 나타난 키워드들이며 이러한 키워드들은 교회개척이 무엇인지를 잘 보여 준다고 하겠다.

교회개척은 하나님께서 인간을 구원하시는 과정에 있어서 매우 중

---

1. Aubrey Malphurs, *The Nuts and Volts of Church Planting: A Guide for Starting Any Kind of Church* (Grand Rapids: Baker Books, 2011), 17.
2. 양현표, 『사도적 교회개척: 신학과 실천과 방향』 (서울: 솔로몬, 2019), 41.

요한 도구이자 결과이다. 교회개척은 이 땅에 하나님의 나라를 확장하기 위해 하나님께서 여전히 사용하시고 있는 유일한 전략이다. 하나님께서는 여전히 하나님의 나라 최전선에 새로운 교회들이 세워짐으로(행 1:8) 그 나라의 지경이 확장되고 그 영향력이 확대되기를 원하신다.

필자는 먼저 세상에 만연한 교회개척에 대한 오해와 편견 몇 가지를 지적하려고 한다. 예를 들어, 많은 이들이 교회개척을 단지 건물에 교회 간판을 다는 것만으로 여긴다. 이는 교회개척에 대한 매우 축소주의적 개념이다. 또한, 많은 이들이 교회개척을 어떤 특별한 사람들만의 일처럼 여기고 있다. 하지만 "복음전도"와 "영혼 구원"이 어느 특별한 사람들만의 일이 아닌 것처럼, 교회개척도 마찬가지이다. 역시 많은 사람들이 교회개척을 단지 영적인 차원의 거룩한 일이라고만 생각한다. 그러나 교회개척은 땅 위에서 행해지는 지극히 현실적인 일이다. 이제 이러한 오해와 편견을 보다 구체적으로 살펴보고 그것들의 오류를 정리해 보도록 하자.

1. 교회개척은 지상대명령에 대한 순종이다

하나님께서는 세상을 창조하시고 인간을 창조하셨다. 하나님께서는 스스로가 창조하신 세상과 인간을 보면서 매우 흡족해 하셨다(창 1:31). 그러나 인간은 하나님의 기대와는 달리 죄를 범하게 되었고, 그 결과 에덴 동산에서 추방되었으며, 세상으로 상징되는 "에덴 동산 동쪽"(창 3:24)에서 땀을 흘리며 살아야 하는 신세가 되었다. 하나님께서는 타락한 인간의 지위를 회복하시고자 하는 원대한 계획을 세우셨다. 그 계획은 자신의 외아들 예수 그리스도를 십자가에서 죽게 함으로 범죄한 인간의 죄를 용서하여 그들을 구원하고, 그 구원받은 인간들을 통해 하나님 자신의 나라를 이 땅 위에서 확장하시겠다는 것이었다. 이러한 하나님의 계획은 실제로 실행되었다. 예수 그리스도가 이 땅에 오셔서 죽으셨고, 죽으시면서 이 땅에 구원받은 사람들의 공동체인 교회를 유산으로 남기셨다(마 16:18). 결국, 교회는 타락한 인간을 구원하시려는 하나님의 계획이 이루어지면서 그 결과로 나타난 가시적인 열매였다.

이렇게 태어난 교회는 하나님의 대사가 되어 사명을 감당했다. 하나님께서는 교회를 통해 그의 통치권을 행사하셨다. 특별히 교회의 주인이시며 머리가 되신(엡 1:22) 예수께서는 "지상대명령"(마 28:18-20)이라고 불리는 유언을 그의 교회에 남기셨다. 지상대명령에 대한 자세한 주해를 하지 않더라도, 이 명령이 교회개척을 위한 명령임을 부인할 사람은 없을 것이다. 의아하게도 성경에 교회를 개척하라는 직접적인 명령은 없다. 그러나 교회개척은 초기 그리스도인들의 매우 자연스러운 행동이었다. 그 이유는 다름 아닌 지상대명령에 대한 순종이 바로 교회개척이었기 때문이다.

지상대명령은 교회를 개척하라는 명령이다. 주님은 친히 교회를 세우시고, 그 교회에 지상대명령을 주심으로 이 땅의 모든 교회가 또 다른 교회를 개척해야 함을 명령하셨다. 사도 바울은 지상대명령 순종에 그의 전 생애를 바친 대표적인 사람이었다. 다른 말로 표현하면, 그는 교회개척을 위해 그의 전 생애를 바친 사람이었다. 흔히 사도 바울의 행적을 "선교 여행"이라고 말하지만, 실제로는 "교회개척 여행"이라 해야 정확할 것이다.

2. 교회개척은 소명을 받은 모든 자들의 목적이다

필자는 "소명"과 "사명"을 구별한다. 소명은 하나님께서 누군가를 선택하여 부르심을 의미한다. 그리고 사명은 소명 받은 자에게 주어진 그만의 독특한 사역이나 삶을 의미한다. 즉, 하나님께서는 누군가에게 소명을 주셔서 사명을 감당하게 하신다. 따라서 소명이 먼저이고 사명이 나중이다. 그렇다면 하나님께서 누군가에게 소명을 주신 목적이 무엇인가? 소명의 목적은 다름 아닌 하나님 나라 확장이다. 그런데 하나님 나라 확장은 "영혼을 구원하여 제자로 삼아 재생산의 도구로 만드는 과정"을 통해, 즉 지상대명령을 통해 이루어진다. 그런데 이 과정이 바로 교회개척이다. 따라서 교회개척과 소명 받음의 목적은 같은 말이다.

어떤 이들은 교회개척을 소명 받은 자 중의 특별한 자에게 주어진 사명으로 간주하려고 한다. 그렇기에 자신은 분명한 소명을 받았지만, 그러나 교회개척은 자신의 사명이 아니라고 말한다. 하지만 이처럼 교회개척을 하나의 사명의 영역으로 간주하는 것은 교회개척에 대한 심각한 오해라고 하겠다. 교회개척은 소명 받음과 같은 말이다. 따라서 소명 받은 자들의 모든 종류의 사명 감당은 궁극적으로 교회개척으로 연결되어야 한다. 누군가가 하나님의 부름을 받았다고 믿고, 생명을 바쳐서 주어진 어떤 사명을 감당했다고 하자. 그렇다면 그 사명 감당의 결과가 어떤 방식으로든, 직접적으로든 아니면 간접적으로든, 소명의 목적인 영혼 구원과 관련이 있어야만 한다. 그 영혼을 제자로 만들어 하나님 나라를 위한 재생산의 도구가 되도록 하는 결과로 연결되어야만 한다. 즉, 교회개척으로 나타나야만 한다. 만약 그러한 결과로 연결되지 않는다면, 그가 아무리 사명을 감당했다고 주장하더라도 실제로는 하나님의 소명으로부터 시작된 사명은 아니다.

소명은 교회개척과 동의어이다. 하나님께서는 우리 모두에게 소명을 주시고 그 소명을 이루기 위한 각기 다른 사명을 주신다. 그런데 사명은 각기 다르지만, 그 사명을 감당하는 과정과 결과는 교회개척이다. 비록 그것이 교회 간판을 걸고 시작하는 교회개척은 아니라고 하더라도, 어떤 식으로든 하나님 나라 확장이라는 차원의 교회개척이다. 교회개척은 소명을 받은 모든 자들의 존재 목적이다. 소명을 받은 자라면 그 누구도 교회개척이란 의무를 피할 수 없다. 소명은 받았지만 교회를 개척하지는 않겠다고 말할 수 없다.

3. 아무리 교회가 많다 하더라도 교회개척은 주님 오실 때까지 계속되어야만 하는 일이다

하나님께서는 무에서 유를 창조하실 수 있는 분이시다. 하나님께서는 돌들을 가지고서도 아브라함의 후손을 만드실 수 있으시다(눅 3:8). 하나님께서는 피조물의 어떤 도움이 없이도 하나님 나라를 확장할 수 있으시다. 그러나 하나님은 그렇게 하지 않으신다. 하나님은 인간을 도구로, 그리고 복음전도라는 미련한 방법을 사용하셔서 하나님 나라를 확장하신다(고전 1:21). 하나님께서는 연약한 인간들에게 소명을 주시어 교회를 개척하게 하심으로 하나님 나라를 확장하신다. 그렇기에 하나님께서는 지금도 끊임없이 연약한 인간들에게 소명을 주시어 그들을 교회개척자로 부르신다. 왜냐하면, 하나님의 나라를 유지하고 확장하기 위해서는 교회개척 외에 다른 방법이 없기 때문이다.

교회개척이 계속되어야만 하는 이유는 교회가 유기체, 즉 생물이기 때문이다. 모든 생물은 그 생성과 소멸에 있어서 하나님의 창조 질서를 따른다. 하나님의 창조 질서에 의하면, 생물은 오직 번식이란 수단을 통해서 땅에 편만하게 된다. 영원히 존재하는 생물 개체는 없다. 모든 생물은 유한한 생존 연한을 갖고 있으며, 그 생존 연한 중에서도 출산 가능한 기간이 정해져 있고, 그 기간 안에서 출산을 통해 번식해야만 한다. 그렇지 않으면 그 생물은 땅 위에서 소멸되고 만다.

교회도 마찬가지이다. 교회 역시 생명체이기에 동일한 창조 질서의 지배를 받는다. 영원히 유지되는 개교회는 없다. 하나의 가시적 지상 교회는 언젠가는 지상에서 사라진다. (물론 우주적 교회는 주님 오실 때까지 번성할 것이다.) "교회 생명 주기 이론"congregational life cycle theory이라는 것이 있다. 이 이론은 하나의 개교회가 탄생한 이후 어떻게 성장기와 정체기, 그리고 쇠퇴기를 거쳐서 결국에는 죽음에 이르는지를 연구하는 이론이다.

이 이론에 의하면, 모든 가시적 지상교회는 일정한 수명이 있으며, 그 수명을 다하면 지상에서 사라진다. 이처럼 지상교회가 죽는다는 사실을 받아들여야 한다. 지상교회가 죽는다는 사실은 먼저 성경에서 증명된다. 성경 시대의 교회들이 지금은 더 이상 존재하지 않기 때문이다. 지상교회가 죽는다는 사실은 교회사 속에서도 발견된다. 교회사 속의 유력한 교회들이 지금은 존재하지 않는다. 지상교회가 죽는다는 사실은 지금 현장에서 날마다 일어나고 있는 현실이다. 수많은 어린 교회들이 꽃도 피워 보지 못하고 사라지고 있다. 이처럼 교회가 생명의 연한이 있어서 결국은 죽는다는 이 엄연한 사실은 역설적으로 새로운 교회가 계속해서 탄생해야만 한다는 당위성을 제공한다.

교회가 너무 많다고 하면서 이제 교회개척 시대가 아니라고 말하는 자들을 종종 만나게 된다. 있는 교회나 건강하게 만들자고 주장하고, 거리마다 넘쳐나는 작은 교회들을 통폐합하여 하나의 그럴듯한 교회를 만들어야 한다고 목소리를 높이는 자들을 만나곤 한다. 이들의 주장은 얼핏 들으면 대단히 합리적으로 들린다. 하지만 이 같은 주장은 대단히 인간적 관점의 주장일 뿐 결코 성경적이지는 않다.

그러한 주장은 이 땅에 아이들이 이렇게 많은데 왜 아이를 낳아야 하는가 하는 주장과 같다. 대한민국의 최대 고민거리 중의 하나가 바로 세계에서 가장 낮은 출산율이 아니던가? 아이들이 태어나지 않으면 대한민국의 미래도 없음을 모두가 잘 알고 있다. 때문에, 정부는 상상을 초월한 예산을 출산율을 높이는 데 쏟아붓고 있다. 대한민국의 밝은 미래를 위해서는 더 많은 아이들이 태어나야만 한다. 20세기 중후반에 정부가 시행한 산아 제한 정책은 향후 50년도 내다보지 못한 매우 어리석은 정책이었음을 오늘날 증명되고 있다.

아이들은 계속해서 태어나야만 한다. 물론 아이가 태어나서 여러 이유로 인해 조기 사망할 수도 있다. 어떤 아이는 장애를 가질 수도 있고, 어떤 아이는 다른 아이들보다 발달이 늦을 수도 있으며, 장성하면서도 여러 면에서 능력이 부족하고 뒤떨어질 수도 있다. 이러한 여러 불편한 아이들의 경우가 있음에도 불구하고, 나라가 유지되려면 아이들은 계속해서 태어나야만 한다. 만약 어떤 결혼한 커플이 아이를 잘 양육할 자신이 없어서, 혹은 주변의 잘못된 아이들을 보고선 자신들의 아이도 그렇게 될 것을 두려워하여 아예 자녀 갖기를 포기한다면, 이 커플은 자기 세대는 편안히 잘 살 수 있겠지만 이들의 다음 세대는 존재하지 않는다.

그렇다. 지금도 교회는 많다. 지금 교회가 많아서 교회의 생존 자체가 어렵다. 개척된 많은 교회들이 3년을 못 버티고 사라진다. 현장의 수많은 교회들이 "미확립 교회"이고 "미자립 교회"이다. 인간의 눈으로 보면 심히 안타까운 일이다. 그렇다고 하여 이러한 상황이 교회개척 무용론의 이유가 결코 될 수 없으며, 되어서도 안 된다. 새 교회는 계속해서 태어나야 한다. 기존 교회들 역시 자신들의 연한이 있음을 기억하여, 자신들의 안위만을 위해 존재하는 것이 아니라 새로운 교회를 출산하는 데 전력을 기울여야 한다. 그것이 하나님 나라를 유지하고 확장할 수 있는 방법이기 때문이다.

4. 교회개척은 하나님의 주권과 섭리 아래서, 인간의 자세와 능력에 의해 좌우되는 일이다

조금은 과격하고 극단적일 수 있는 예를 하나 들어보겠다. 동일 계통의 신학을 공부하고 같은 시기에 목사 안수를 받고, 같은 시기에, 같은 지역에서, 비슷한 투자(?)를 하여 교회를 개척한 두 목사가 있었다. 그런데 3년이 지났을 때, 한 목사는 교회를 유지할 수 있었지만 다른 목사는 교회 문을 닫을 수밖에 없었다. 무엇 때문에 같은 시작인데 이처럼 다른 결과가 왔을까? 그 이유를, 혹은 그 평계를 셀 수 없이 열거할 수 있을 것이다. 그러나 단 한 가지로 정리하여 말한다면 그것은 두 사람이 서로 다르기 때문이다. 그들의 자세가 다르고, 그들의 능력이 다르고, 그들의 영성이 다르고, 그들의 책임감이 다르고…….

교회개척은 교회개척자에 의해서 그 결과가 달라진다. 그만큼 교회개척자의 자세와 책임감 그리고 준비와 전략이 큰 차이의 결과를 가져온다는 것이다. 교회개척은 누군가에는 순적한 일이 되지만, 누군가에는 괴로움의 길이 된다. 교회개척을 시도하는 많은 자들이 준비 없이 그저 한 주간의 금식기도로 교회개척 현장으로 향한다. 갑작스럽게 여기저기서 빚을 내어 장소를 마련하고 교회 간판을 건다. 그저 하나님께서 인도하실 것이라고 믿고 나아간다. 그러나 교회개척 현장은 냉혹하다. 그곳은 하나님의 현존보다는 부재가 더 크게, 그리고 더 자주 느껴지는 현장이다. 오죽했으면 교회개척 3년 차 된 어느 목사가 "없어야 할 것은 믿음이고 있어야 할 것은 현실감이다"라고 말했을까!

상당한 비판이 있을 것으로 확신하는 다음과 같은 한 문장을 적어야겠다. 그것은 "교회개척은 현실 가운데서 사람이 하는 일이다"이다. 교회개척자가 믿는 하나님은 동일하신 분이시다. 그럼에도 불구하고 교회개척의 결과가 달라지는 이유는 교회개척자가 달라서이다. 교회개척은 하나님의 일이자 동시에 인간의 일이다. 교회개척은 하나님의 전략이자 동시에 교회개척자인 인간의 전략이 필수적이다. 하나님의 주권과 인간의 책임이 절묘하게 어우러지는 곳이 교회개척 현장이다.

교회개척에 있어서 하나님께만 모든 것을 맡기지 말라. 믿음이라는 미명 하에 교회개척으로 도박하지 말라. 교회개척을 하는 목사치고 어디 하나님의 주권과 섭리와 은혜를 기대하지 않는 자가 있겠는가? 그것은 기본이다. 하나님의 존재는 교회개척을 시도하는 모든 이들에게 기본적으로 주어지는 동일한 조건이다. 그 기본적인 조건 아래서 교회개척자가 스스로 갖추어야만 할 필수적인 것들이 있다. 그것들을 갖추어야 한다. 교회개척자에 따라서 교회개척의 성공과 실패가 결정된다.

5. 교회개척은 영적인 일이자 동시에 인간 실존과 관련된 일이다

많은 교회개척자들이 교회개척을 하나님의 거룩한 일로 여긴다. 그래서 생명을 다해 그 일에 임한다면 기타 실존에 필요한 것들은 하나님께서 공급해 주실 것이라고 믿는다. 그러나 반드시 그렇지 않다고 필자는 말하고 싶다. 교회개척은 교회개척자의 생존이 담보되어야만 가능한 일이다. 교회개척은 교회개척자가 단지 자신의 소명을 이루어 낸다는 영적인 일만이 아니다. 교회개척은 교회개척자가 생존해야만 한다는 지극히 현실적인 일이기도 하다. 그렇기에 교회개척자는 자신과 교회의 생존에 대한 대비책을 갖고 시작해야 한다. 왜냐하면, 교회개척자의 생존이 해결되지 않는다면 교회개척은 반드시 실패하기 때문이다.

교회개척자가 자신의 생존을 해결하는 데에는 세 가지 방법이 있다.[3] 첫째는 "한 직업/전액 보조 목사"single-vocational/fully funded pastor 형태이다.[4] 둘째는 "믿음 의존 목사"faith mission pastor[5] 형태이다.[6] 셋째

---

3. 양현표, "두 직업 목사(Bi-vocational Pastor)의 합당성 연구,"「성경과 신학」92 (2019): 254-255를 참조하시오.
4. 이 형태는 목사가 자신의 생존을 전적으로 교회에 의존하는 것이다. 교회가 충분한 재정적 능력을 갖추고 있어서 목사의 생존을 완전히 책임지는 형태이다.
5. "faith mission"이란 표현은 중국 내지선교회(China Inland Mission)를 결성하였던 제임스 허드슨 테일러(James Hudson Taylor)가 그의 선교사들에게 적용했던 선교 원칙이었다.
6. 이 형태는 목사가 자신의 생존을 오로지 하나님의 주권적 공급에 의존하는 것이다. 하나님께서 다소 신비적 방법을 통해 생존에 필요한 것들을 공급해 주실 것을 믿음으로 기다리는 것이다. 이러한 형태를 가리켜 필자는 "까마귀 의존 목사"라고 부른다. 선지자 엘리야

는 "두 직업/부분 지원 목사"bi-vocational/partially funded pastor 형태이다.[7] 목사는 이상의 세 가지 형태의 삶 중에서 하나 혹은 둘 이상을 선택하여 생존한다.

물론 가장 이상적인 형태는 첫 번째 형태인 전액 보조 목사로서 생존을 전적으로 교회에 의존하는 것이다. 하지만 이러한 형태의 생존이 교회개척자에게 주어질 리 만무하다. 때로 교회개척자들이 다소간의 착각을 하고 개척에 임한다. 교회를 개척하면 성도들이 모일 것이고, 그들이 헌금 할 것이며, 따라서 목사의 생존이 해결되고 교회 역시 유지되리라는 착각이다. 이러한 생각은 이 시대 교회 생태계를 보건대 가망성이 거의 없다고 볼 수 있다.

결국, 교회개척자가 택할 수 있는 생존 방법은 "믿음 의존 목사"가 되거나 "두 직업 목사"가 되는 것뿐이다. 사실 둘 다 상당한 위험 요소를 가짐은 사실이다. 그럼에도 불구하고 교회개척자는 선택해야만 한다. 그런데 문제는, 목사는 자신의 생존 문제를 오직 하나님께만 맡겨야 한다는 한국 교회의 편견이다. 한국 교회는 "두 직업 목사"의 길을 가는 목사를 세속적인 목사라고 여기는 경향이 팽배하다. 그런데 과연 그러한가? 아니다. 목사가 필요시 직업을 갖는 것은 성경적으로, 그리고 교회사적으로 전혀 문제가 없다. 요점은 이것이다. 교회개척자는 자신의 생존 문제를 해결할 수 있는 대책과 더불어 교회개척 현장으로 나아가야 한다는 점이다. 특별히 이 시대의 교회개척자는 자신의 생존을 위해 필요한 때 "두 직업 목사"가 되는 것 또한 유익하다 하겠다.

가 하나님께서 보내주신 까마귀의 공급에 의해 생존했던 것처럼(왕상 17:4-6), 하나님께서 생존을 위한 양식을 보내 주시기를 기다리는 방법이기 때문이다.

7. 이 형태는 목사가 생존을 자신의 세속 직업에 의존하는 것이다. 교회가 목사의 생존을 전적으로 책임질 수 없기에, 세속의 직업을 가짐으로 생존을 해결하는 형태이다. 이 형태의 목사를 흔히 이중직 목사, 겸직 목사, 자비량 목사, 텐트 메이킹 목사라고 부르기도 한다.

지금까지 교회개척과 관련하여 한국 교회가 가진 통념들을 살펴보고, 그러한 통념들이 오해와 편견일 수 있음을 다소 도전적으로 지적하였다. 다음과 같은 사실을 기억했으면 좋겠다. 교회개척은 단지 열정과 자신감만을 갖고 어느 건물에 간판을 거는 행위가 아니다. 교회개척이란 지상대명령에 대한 순종이다. 교회개척은 한 영혼을 구원하여 제자로 삼아 재생산의 도구로 사용되도록 하는 모든 과정이다. 그렇기에 교회개척자는 한 영혼을 구원하여 제자로 삼아 재생산의 도구가 되도록 하는 "기술"을 연마해야 한다. 교회개척자는 한 영혼의 가치를 알고, 그 영혼을 목양할 수 있는 능력을 구비해야 한다. 교회개척은 모든 소명 받은 자들이 해야만 하는 일이며, 소명의 궁극적 목적이다.

교회개척은 "복음전도" 혹은 "영혼 구원"이란 말과 같은 말이다. 왜냐하면, 이것은 하나님 나라가 확장되는 현상을 각기 다른 시각에서 표현한 것뿐이기 때문이다. 또한, 교회개척과 목회(목양)는 같은 의미이다. "목회를 준비한다"는 것은 다름 아닌 "교회개척을 준비한다"라는 의미이며, 그런 점에서 교회개척을 위해 준비된 자는 목회를 위해 준비된 자라고 할 수 있다. 교회개척은 하나님께서 그의 나라를 확장하시기 위해 여전히 사용하시는 매우 효과적이고 유일한 전략이다.

2장
교회개척의 당위성

교회개척이 어렵다고들 말한다. 비록 수년이 지난 통계이지만, 개척 교회의 생존율이 식당의 생존율과 동일한 25%라는 통계가 있다.[8] 교회개척 현장에서는 "개척교회는 인테리어를 하는 순간부터 망한다"는 말이 회자되고 있다. 아직도 교회개척을 해야만 하느냐고 묻는다. 이런 상황 속에서 과연 교회개척이 지금도 필요한가? 혹자는 대한민국에 교회 숫자가 약 8만 개로서 편의점 숫자의 약 세 배인데,[9] 교회가 너무 많지 않은가라고 묻는다. 이미 세워진 교회나 잘 지켜야 하지 않는가?

이러한 질문들의 결과로 오늘날 교회개척 회의론이 널리 인정받고 있는 형편이다. 그러나 이러한 관점과 주장은 성경적이 아니다. 기독교 역사적으로 볼 때도 합당하지 않다. 현실적으로도 이러한 주장은 인정되기 어렵다. 교회개척은 하나님의 준엄한 명령이기 때문이다. 따라서 시대와 환경을 초월하여 이 땅에서 교회는 계속해서 개척되어야 한다. 필자는 본 장에서 교회개척의 당위성을 논하려고 한다.

---

8. 최영경, "[개척교회 '2012 新풍속도'] 카페·식당… 개척교회는 변신 중,"「국민일보」(2012년 8월 17일).
9. "7만 8000개 그리고 2만 5000개. 무엇을 뜻하는 걸까요? 7만 8000개는 한국 개신교 교회의 숫자고요, 2만 5000개는 한 집 걸러 하나씩 있다는 전국의 편의점 숫자입니다. 교회가 전국 편의점 숫자의 세 배가 넘는다는 얘깁니다." JTBC 앵커브리핑, "'쿼바디스'…한국 대형교회 '민낯' 드러내," (2015년 12월 14일).

1. 성경적인 당위성

교회개척은 하나님의 소원이다. 교회개척은 인간 구원을 위한 하나님의 유일한 전략이다. 이러한 명제는 성경 전반에 걸쳐 매우 선명하게 나타나 있다. 성경 속의 주인공들은 실제로 혹은 상징적으로 모두 교회개척자이다. 하나님의 쓰임을 받은 자들은 사실은 교회개척자로 쓰임 받은 자들이다. 부르심의 여정을 따라간 아브라함(창 12:1), 헤브론을 정복하겠다는 갈렙(수 14:12), 미정복지를 정복하라는 여호수아의 외침(수 18:3) 등은 교회개척자의 모습이다.

교회개척은 하나님께서 이 땅에 그의 나라를 확장하기 위해 사용하시는 유일한 방법이기 때문이다. 교회개척은 하나님 나라 확장과 교회성장, 그리고 복음전도의 가장 효과적인 방법이다. "교회 성장"을 "교회 비대(肥大)"와 반드시 구별해야 한다. "교회 성장"은 교회 수가 많아지는 것이지, 하나의 교회가 비대해지는 것이 아니다. 필자는 "작은 교회"를 한 목회자의 목양 범위가 유지되는 정도의 교회라고 정의하는데,[10] 이러한 작은 교회들이 동네마다 자리 잡고 동네 교회(지역 교회)로서 영향력을 발휘하는 것이 하나님 나라의 확장이며 바로 "교회 성장"이다. 성경에는 "교회 비대"를 의미하는 교회론은 없다. 오직 "작은 교회"로서의 교회론이 있을 뿐이다. 이러한 작은 교회들이 계속해서 개척되어야만 한다고 본다.

신약 성경은 실제로 교회개척의 교과서이자 실천 교본이다. 예수님이 교회개척자이시며 사도 바울을 비롯한 모든 사도가 교회개척자이

---

10. 작은 교회는 요한복음 10:14의 "나는 내 양을 알고 양도 나를 아는" 목양 규모의 교회를 의미한다. 필자는 한 목회자의 목양 규모를 100가정 안팎으로 본다. 유진 피터슨(Eugene H. Peterson)은 진정한 목회와 목양을 위한 섬김 공동체는 장년 규모 250여 명이라고 했다. 데이빗 왓슨(David Watson)은 말하기를 "한 사람의 지도자(교구목사나 담임목사) 혼자서는 결코 최대로 해야 150명 내지 170명을 목회할 수 없다"라고 했다. David Watson, *I believe in Evangelism*; 박영호 역, 『복음전도』 (서울: CLC, 1980), 157.

다. 바울의 세 차례에 걸친 선교 여행은 다름 아닌 교회개척 여행이다. 성경 속에 남겨진 모든 그리스도인을 향한 명령은 실상은 교회를 개척하라는 명령이다. 지상대명령을 비롯하여 성경에 나타난 많은 파송 메시지의 궁극적 목적은 교회개척이다(마 28:19-20; 막 16:15; 눅 24:46-48; 요 20:21; 행 1:8). 이처럼 교회개척은 성경적 당위성을 갖고 있다.

2. 생태학적 당위성

교회를 유형 교회(지상 교회, 가시적 교회, 전투적 교회)와 무형 교회(천상 교회, 불가시적 교회, 승리적 교회)로 나누는 것은 전통적인 교회론 상식이다. 이와 같은 구분은 웨스터민스터 신앙고백 제25장 등에 나타나 있다. 이러한 교회의 구분 중에서 필자가 주장하고 싶은 것은, 무형 교회는 주님 재림 시까지 계속 발전되고 확장될 것이지만, 그러나 유형 교회는 땅 위에서 생성소멸을 반복한다는 사실이다. 이 땅에 영원히 존재한 혹은 존재할 유형 교회는 없다. 이 땅의 유형 교회는 언젠가 반드시 죽는다. 왜냐하면 교회는 유기체, 즉 생명체이기 때문이다. 비올라Frank Viola는 "교회는 살아 있는 유기체이다"[11]라고 선언했다. 교회가 유기체임을 드러내는 성경의 표현이 다수 기록되어 있다. "포도나무와 가지"(요 15:5), "몸과 지체"(롬 12:4; 고전 6:15; 엡 4:16), "성령의 교통하심"(고후 13:13) 그리고 "머리와 몸"(골 2:19) 등의 표현은 교회가 유기체임을 나타내는 성경 속의 표현들이다. 교회는 그리스도와 유기적 연합을 이룬 유기체적 모임이다(골 1:18; 2:19). 결국, 교회는 유기체이며 따라서 생명체의 특징을 갖고 있다.

그런데 모든 생명체에게 적용되는 불변의 법칙은 언젠가 죽는다는

---

11. Frank Viola, *Finding Organic Church*; 이남하 역,『유기적 교회 세우기』(서울: 대장간, 2010), 23.

것이다. 즉, 영원히 존재하는 생명체는 없다는 법칙이다. 모든 생명체는 반드시 죽는다. 그것이 하나님의 창조 법칙이다. 이러한 창조 법칙은 유기체인 지상 교회에도 적용된다. 이 땅의 가시적 그리고 지역 교회는 어떤 형태로든 언젠가는 죽는다. 사람들은 교회가 죽는다는 사실에 대해 선뜻 동의하기 어려워한다. 그러나 지상 교회는 실제로 죽었으며 지금도 죽고 있다. 이러한 사실은 성경이, 교회사가, 그리고 지금의 현장이 증명하고 있다.

김진호에 의하면, 한국에서 대체로 연간 1천 개의 교회의 생겨나고 1천 3백여 교회가 문을 닫는다.[12] 미국의 경우, 매주 135개 교회가 죽는다. 600개의 교회가 매달 죽고, 7,000개의 교회가 매년 사라진다. 매년 4,000개의 교회가 새로 시작된다. 이 중의 35%의 교회가 5년 안에 죽고 오직 2,600개 교회만이 유지된다. 이 모든 것을 계산하면 매년 4,400개 교회가 줄어들고 있다.[13] 체스터Tim Chester와 티미스Steve Timmis 역시 그들의 공저에서 해마다 3,500개가 넘는 미국 교회가 문을 닫고 있다고 말하고 있다.[14]

교회가 이렇게 죽는다면, 이 땅에 교회가 유지되기 위해서는 새로운 교회가 계속해서 태어나야만 한다. 그렇기에 교회개척이 지속적으로 필요하다. 팀 켈러Timothy Keller는 말하기를 "지속적인 쇠퇴를 막으려면 평범한 수준의 교회개척이 계속 있어야 한다. 모든 몸이 성장하려면 공격적인 수준의 교회개척이 필요하다"[15]라고 했다. 하나님께서 사용하

---

12. 김진호, 『시민 K, 교회를 나가다: 한국 개신교의 성공과 실패, 그 욕망의 사회학』 (서울: 현암사, 2012), 156.
13. Clint Clifton, *Church Planting Thresholds: A Gospel-centered Guide* (San Bernardino, CA: New City Network, 2016), 152.
14. Tim Chester & Steve Timmis, *Everyday Church*; 신대혁 역, 『일상 교회: 세상이 이웃 삼고 싶은 교회』 (서울: IVP, 2015), 27.
15. Timothy Keller, *Center Church: Doing Balanced, Gospel Centered Ministry in Your City*; 오종향 역, 『팀 켈러의 센터처치』 (서울: 두란노, 2016), 761.

시는 하나님 나라 확장 방법 혹은 교회 성장 방법은 어느 한 교회를 영원히 지속시키면서 그 교회가 비대해지는 것이 아니다. 하나님이 사용하시는 방법은 한 교회가 생명이 다하면 죽게 하시고 대신에 새로운 교회들이 탄생하게 하는 것이다. 진정한 교회 성장은 교회mother church가 교회daughter church를 출산하는 방법으로 교회가 확산 혹은 배가church multiplication 되는 것이다. 이런 차원에서 교회개척은 분명한 당위성을 갖고 있다.

이미 언급한 바와 같이, 만약 아이들을 잘 키울 수 없다는 이유로, 아이들의 미래가 그리 낙관적이지 않다는 이유로, 그리고 아이들이 어렸을 때 불행한 일을 당할 수도 있다는 이유 등으로 인해 아이를 아예 낳지 않는다면 그 가정과 그 나라는 어떻게 되겠는가? 분명 그 가정과 그 나라의 현재만 있을 뿐 다음 세대, 혹은 미래는 없다. "있는 아이나 잘 키우자"라는 정책을 시행하는 정부는 나라를 망하게 하는 것이다. 교회가 너무 많다는 비판은, 사람이 이렇게 많은데 왜 아이를 낳아야만 하느냐와 같은 어리석은 지적이다. 교회는 지금도 충분히 많다. 그러나 하나님은 지금도 더 많은 교회에 목말라하신다. 교회는 얼마든지 있어도 된다. 교회개척은 현재 열악한 한국 교회 상황을 대처하는 가장 합당한 방법이다. 초기 한국 교회에 열화와 같이 일어났던 교회개척 운동이야말로 사도 시대 상황과 유사한 지금의 한국 교회를 위한 적절한 대안이다.

3. 현장적 당위성

교회개척은 성경적 당위성이나 생태학적 당위성만 있는 것이 아니다. 교회개척은 하나님 나라 확장이 전개되는 목회 현장 측면에서도 절대적인 당위성이 있다. 첫째는 효과성에 있어서 당위성이 있다. 교회개척이 영혼 구원에 매우 효과적이라는 사실은 교회개척 전문가나 복음전도 전문가들의 공통된 견해이다. 비록 미국 문화권에서의 주장이어서 한국에 그대로 적용될 수는 없겠지만, 켈러는 새 교회가 같은 규모의 오래된 교회보다 6~8배의 비신자 전도율을 보인다고 주장한다.[16] 즉, 가장 효과적인 영혼 구원의 방법이 교회개척이라는 주장이다. 그렇기에 켈러는 그리스도인 수를 가장 확실하게 늘리는 방법은 새로운 교회의 개척이라고 주장하는 데 주저하지 않는다. 이러한 의미에서 필자는 교회개척과 복음전도를 동의어로 간주한다. 열정적이고 계속된 교회개척이야말로 하나님의 백성을 가장 확실하게 증가시키는 방법임과 동시에, 이 땅의 전체 교회를 새롭게 하는 최선의 길이라 하겠다. 때로 눈에 띄는 대형 교회의 출현은 마치 하나님의 나라가 확장하고 있다는 잘못된 인상을 준다. 실제로는 한국의 기독교 신자 수가 줄어들고 있다. 한국의 대표적인 장로교단인 합동 교단의 교인 수 상황을 살펴보면, 2012년 2,994,874명 최고치에 도달한 이후, 2020년 2,382,804명으로, 지난 10년 동안 612,069명이 감소했으며, 이것은 20% 감소로서 매년 평균 76,259명씩 감소하고 있음을 의미한다. 이러한 감소 추세는 한국 모든 교단의 일반적인 추세이다. 그리고 이러한 감소율은 최근 들어 급격히 높아지고 있다. 오늘날 몇몇 대형 교회들은 성장하고 있다고 해서 한국 교회 전체가 성장하고 있는 것은 아니다. 그들의 성장은 다분

---

16. Timothy Keller & J. Allen Thompson, *Church Planter Manual* (New York: Redeemer Presbyterian Church, 2002), 30; Keller, 『팀 켈러의 센터처치』, 754. 이 외에도 교회개척이 전도에 효과적이라는 주장은 많다. "선교를 생각할 때 우리는 반드시 '교회'를 생각해야 한다. 그리고 교회와 선교를 연결하는 가장 좋은 방법이 바로 교회개척이다." [Tim Chester & Steve Timmis, *Total Church*; 김경아 역, 『교회다움』 (서울: IVP, 2012), 125. "교회개척이 왜 그리도 중요한지 그 이유를 쉽게 알 수 있다. 교회는 세상에서 하나님이 행하시는 제일의 선교전략이다." [Chester & Timmis, 『일상 교회: 세상이 이웃 삼고 싶은 교회』, 133. "하늘 아래 유일하고도 가장 효과적인 전도 방법은 교회를 개척하는 것" [C. Peter Wagner, *Church Planting for a Greater Harvest*; 편집부 역, 『교회개척 이렇게 하라』 (서울: 서로사랑, 1990), 8.]

히 주변 교회들의 기신자 흡수 성장일 가능성이 크다. 이러한 때에 한국 교회 초기에 불었던 교회개척 운동이 일어날 필요가 있다.

둘째는 현재 우리나라의 복음화율을 보건대, 교회개척의 당위성이 있다. 현재 우리나라의 복음화율은 공식적으로 전체 인구의 19.7%에 불과하다. (1995년 19.4%, 2005년 18.2%, 2015년 19.7%) 즉, 길거리에서 만나는 10명 중에 2명도 신자가 아니다. 이백만 명에 육박할 것으로 추측되는 교회 밖 성도들(소위 말해 "가나안 성도들")이 존재한다. 이처럼 비신자의 국가에 살고 있으면서도 우리 눈에 보이는 교회 숫자에 연연하여 교회가 너무 많다고 주장하면서 교회개척의 불필요성을 말하는 자들이 있다. 우리가 분명하게 인식해야 하는 사실은, 교회가 많다는 사실 혹은 개척한 교회가 생존하기 어렵다는 상황이, 교회를 계속해서 개척해야 한다는 당위성을 무너뜨릴 수 없다는 것이다.

셋째는 목회자를 성숙하게 한다는 차원에서 교회개척은 당위성이 있다. 교회개척은 한 소명자가 성숙한 목회자로 성장하는 데 매우 유익하고, 어떤 면에서는 필수적으로 거쳐야 할 과정이라는 것이다. 교회개척은 목회자에게 한 영혼의 소중함을 절실하게 깨닫게 한다. 교회개척은 목회자를 진실로 겸손하고 낮아지게 함으로 예수님의 심정을 배우게 한다. 즉, 목회자를 성숙하게 만든다. 이러한 사실은 교회개척 현장의 목회자들이 한결같이 고백하는 내용이다. 필자는 교회개척자들로부터 다음과 같은 많은 고백을 들을 수 있었다. "목사는 개척을 해야 진짜 자기 자신을 알게 된다. 목사로 행복하게 사는 데 있어서 개척만큼 좋은 건 없다." "교회개척을 하면 다른 것보다 개척 목사가 변한다. 그것이 복이고 행복이다." 이제 청빙 자리 찾다가 못 찾으면 어쩔 수 없이 교회개척으로 나가는 것이 아니라, 교회개척을 하다가 안 되면 청빙 자리를 찾겠다는 혁명적인 발상의 전환이 필요하다. 교회개척은 소명 받은 자들의 최후의 수단이 아니라 최초의 시도가 되어야 할 당위성이 있다.

결론적으로, 교회개척은 소명받은 자가 선택할 수 있는 하나의 사역

종류나 방향이 아니다. 부르심에 응답한 모든 소명자들은 교회개척의 최전선에 서야 한다. 기독교가 쇠퇴하고 있는 지역을 보면 어김없이 교회개척이 사라지고 교회개척이 어렵다고 말하는 것을 발견할 수 있다. 그러나 기독교가 흥왕하는 곳을 보면 역시 어김없이 교회개척이 한 운동이 되어 활활 불타오르는 것을 발견할 수 있다. 당연하다. 교회개척은 하나님의 소원으로서 영혼 구원을 위한 가장 강력한 수단으로서 당위성이 있기 때문이다.

3장
사도적 교회개척이어야 한다

70년대와 80년대는 한국 교회에 "교회개척 운동"이 활발하게 일어났던 시대였다. 데이비드 게리슨David Garrison은 교회개척 운동을 "주어진 종족이나 인구 계층 안에서 개척된 토착 교회들이 급속하게 배가하는 것"이라고 정의했다.[17] 그는 교회개척 운동의 여러 특징들을 열거하였는데, 그중의 몇 가지를 말하자면, 뜨거운 기도, 왕성한 전도, 의도적인 교회개척, 그리고 성경의 절대적 권위 인정 등이다. 그런데 게리슨이 말한 이러한 특징들은 다름 아닌 7~80년대 한국 교회의 특징이었다. 다시 말해, 7~80년대 한국 교회는 교회개척 운동으로 불타올랐으며, 그 결과 세계가 놀랄 정도의 큰 부흥을 경험했다.

당시 신학교 졸업생들은 야성이 넘쳤다. 신학교를 졸업한 후에, 혹은 신학교를 다니던 중에, 교회를 개척하는 것은 너무나 당연하고 자연스러운 일이었다. 당시 10대였던 필자의 기억이 맞다면, 그 당시 소명 받았다는 의미는 대부분 교회개척을 하는 것이었다. 소명 받은 자는 누구나 할 것 없이 교회개척에 투신했다. 필자 주변의 신학을 공부했던 사람들 대부분이 교회를 개척했다. 필자의 부친 역시 당시 전도사였음에도 교회를 개척했다.

---

[17] Ed Stetzer & Daniel Im, *Planting Missional Churches: Your Guide to Starting Churches That Multiply*; 설훈 역, 『선교적 교회개척: 새로운 문화에 대응하는 선교적 교회개척 안내서』 (서울: 요단 출판사, 2021), 612.

그렇다. 7~80년대는 그 누구도 부인할 수 없는 한국 교회의 전성시대였다. 교회가 세상의 미움을 받을 때도 아니었다. 새벽마다 교회의 종소리(찬송가)가 온 동네에 울려 퍼졌다. 그러나 그 누구도 시비를 걸지 않았다. 당시 군사독재 정권은, 어쩌면 교회로부터 "침묵"이라는 후원을 받아서인지 모르지만, 교회를 물심양면으로 후원했다. 7~80년대 기독교의 여러 대형 집회들이 성공적으로 개최될 수 있었음이 당시 정부의 적극적인 후원 덕분이었음을 부인하기는 어려울 것이다. "잘살아 보세"라는 시대적 슬로건과 더불어 교회 역시 "부흥하게 하옵소서"라는 목표를 내걸었으며, 교인들은 실제로 뜨겁고 열정적인 신앙생활을 하였다. 그 시절 금요일마다 무리 지어 삼각산에 올라 기도하였음을 필자는 지금도 기억하고 있다. 그렇다. 그 시절은 교회 간판만 걸어도 사람들이 몰려온다는 말이 있을 정도로 교회의 전성시대 혹은 교회개척 운동이 활발한 시절이었다.

하지만 다른 차원에서 보면 당시의 교회개척 운동을 긍정적으로만 볼 수 없다. 왜냐하면 교회개척 운동이 한국 교회에 폭발적인 양적 성장을 가져왔지만, 그러나 1990년대 후반부터 그 성장은 멈추어 버렸고, 급작스러운 성장 후유증으로 인해 교회 생태계가 오히려 열악하게 되었기 때문이다. 좀 더 자세하게 말하자면, 교회개척 운동이 가져온 부정적 결과가 성장주의, 성공주의, 대형주의, 개교회주의, 그리고 기복신앙 등이 한국 교회의 특성으로 자리를 잡았다는 것이다. 이러한 부정적 결과들은 결국 교회를 한국 사회의 고민거리로 만들기에 충분했다. 세상이 교회를 걱정하도록 만들었다. 복음전도가 어렵게 되고, 복음전도가 어려워지자 교회마다 신자들 나누어 갖기 경쟁을 할 수밖에 없게 되었다. 교회 생태계는 점점 열악하게 되고 목회하기가 점점 쉽지 않은 세상이 되어 버렸다. (물론, 목회하기가 쉬웠던 시절은 없었다고 본다.)

그렇다면 왜 이런 결과가 오게 되었는가? 과연 교회개척 운동 자체가 잘못된 것인가? 아니다. 교회개척 운동 자체가 잘못된 것은 결코 아니다. 문제는 교회개척 운동의 내용이다. 즉, 교회개척 방향과 방법에 문제가 있었다는 것이다. 필자는 여기서 "한국적 교회개척"이라는 표현을 쓰려고 한다. 한국 교회의 교회개척 운동은 "한국적 교회개척"이라는 독특한 형태의 교회개척 형태를 창출하였고 정착시켰다. 뒤에 가서 보다 구체적으로 설명하겠지만, 여기서 한국적 교회개척을 한 마디로 규정하면 "예배 처소를 마련해 놓고 사람들이 찾아오기를 기다리는" 것이다. 이러한 교회개척은 당연히 성경에서 그 형태나 원리를 찾아보기 어렵다. 즉, 한국적 교회개척은 성경에 없는 방법으로서 한국에서만 일시적으로 효과가 있었던 방법이었다. 무엇이든 하나님의 방법이 아니면 일시적 효과는 있을지언정, 그것은 한시적 유행boom으로 끝나고 궁극적으로 심각한 후유증을 남길 뿐이다.

그렇다면, 성경적 교회개척이란 어떤 것인가? 필자는 그 교회개척을 "사도적 교회개척"이라고 부르고 싶다. 사도적 교회개척은 사도들이 사용한 원리와 방법을 추출하여 오늘에 적용하는 교회개척을 의미한다. 더 이상 이 땅의 교회에 사도라는 직분은 존재하지 않는다. (물론 여전히 사도 직분의 존재와 유효성을 주장하는 비정통 기독교 부류가 존재하긴 하다.) 사도의 직분은 "하나님께서 자신의 교회를 위해서 잠시적으로 사용하신 직책"[18]이다. 하지만 그 누군가가 스스로를 "사도"라 칭할 수는 없지만, 그러나 "사도적"이라고는 지칭할 수 있다. 어느 누구도 사도가 될 수는 없지만, 모두가 사도적 삶은 살 수 있으며, 사도적 사역은 감당할 수 있다. 즉, 사도가 했던 것처럼 따라서 하고, 사도가 사역했던 것처럼 그것을 본받아 사역하는 것은 가능한데, 이것을 "사도적"이라고 말한다. 사도들은 어떤 원리와 방법으로 교회를 개척하였는가? 다음 몇 가지를 제시하려 한다.

---

18. John Calvin, 『칼빈성경주석: 고린도후서, 에베소서, 디모데전후서』 (서울: 성서교재간행사, 1995), 339.

1. 사도적 교회개척은 사람들 가운데 교회를 세우는 것이다

"교회는 사람"이라는 명제는 정통 신학의 중요한 개념이다. 교회는 하나님께서 택하여 부르신 사람들의 모임 그 자체이다. 교회는 예수 그리스도를 개인의 구세주와 주인으로 영접하여 구원을 받은 사람들이 함께 모여서 예배드리고 복음을 전파하며 말씀을 배우기도 하며 가르치기도 하고 교제하며 봉사하는 그 '모임'이다.[19] 그렇기에 교회를 가리켜 주님의 몸이라고 하는 유기적 표현을 사용한다(고전 12:27; 엡 1:23; 골 1:18). 따라서 교회를 개척한다는 것은 사람을 구원하여 공동체로 모아 놓는 작업이다. 어느 한 장소를 마련하여 그곳에 교회 간판을 부착하는 일이 교회개척은 아니다.

사도들은 이러한 사실을 너무나도 잘 알고 있었다. 그렇기에 그들은 사람들이 있는 곳으로 갔다. 사람들이 그들에게 오기를 기다리지 않았다. 그들은 그곳이 강가이든, 시장이든, 거리이든, 이방인의 집이든 상관없이 사람이 있는 곳이라면 그곳으로 갔다. 물론 그들이 다가간 사람들은 대부분 비신자였다. 그리고 그곳의 비신자들을 구원하는 데 심혈을 기울였고, 그렇게 해서 어렵게 구원한 소수의 사람을 모아서 공동체를 형성했다. 즉, 사도들은 비신자들이 머무는 그 현장에서 교회를 시작했다는 것이다. 사도들의 교회개척에 있어 제일원리는 바로 사람이 교회라는 진리였으며, 사람들을 교회화하는 것이었다. 그 사람들은 대체로 비신자이었으며, 사도들은 그들이 있는 곳으로 직접 나아갔으며, 그들의 영혼을 구원한다는 강력한 스피릿spirit을 지녔다.

이러한 사도들의 교회개척 원리에 반하는 교회개척이 있다. 그것은 소위 말해 물리적인 건물이나 장소를 중심으로 하는 교회개척이다. 먼저 장소를 마련하고, 사람들이 그 장소로 모여들기를 바라는 교회개척

---

19. 양현표, 『교회를 살리는 탁월한 직분자』 (서울: 솔로몬, 2022), 17.

이다. 그래서 교회개척을 위한 스피릿보다는 장소를 준비할 자본 마련에 관심을 두고, 어떻게 하면 사람을 끌어모을까 하는 방법론 중심이 되고, 그러다 보니 비신자보다는 기신자를 표적으로 삼을 수밖에 없는 교회개척이다.

이러한 교회개척 방법은 전형적인 한국적 교회개척 방법으로서 지난 반세기 동안 한국 교회에서 통용되던 방법이다. 하지만 이 방법은 21세기에 들어와 더는 통하지 않는다. 왜냐하면, 성경적 원리, 즉 사도적이 아니기 때문이다. 성경적 원리에 입각하지 않은 방법은 한때 붐boom을 일으켜 통하기도 하지만 궁극적으로 효력을 잃어버린다.

사도적 교회개척은 사람으로 교회를 삼는, 즉 비신자를 대상으로 삼는 교회개척이다. 물론 기존 성도들과 함께하는 교회개척이 없을 수 없으며, 또한 시작 시점에서 때로는 그것의 유익함도 있을 수 있지만, 그런데도 기신자들과 더불어 교회를 개척하는 것은 예외로 여겨야 한다. 교회개척 전문가 페인J. D. Payne은 말하기를 "오래된 성도들과 더불어 교회를 개척하는 것은 예외 규정으로 보아야만 한다"[20]라고 했다.

2. 사도적 교회개척은 복음전도를 통한 교회개척이다

교회개척과 복음전도가 동의어라는 필자의 주장을 이미 언급한 바 있다. 그렇다. 교회개척과 복음전도는 하나님 나라 확장이라는 한 현상에 대한 다른 관점일 뿐이다. 사도들이 교회개척을 위해 사용한 중요한 원리 중 하나가 바로 복음전도였다. 교회개척을 위해 사도들은 오직 복음을 전파하는 방법을 사용했다는 것이다. 그들은 교회개척을 위해 예수 그리스도를 이야기했다. 예수 그리스도의 탄생과 고난과 죽음과 부

---

20. J. D. Payne, *Apostolic Church Planting: Birthing New Churches from New Believers* (Downers Grove: IVP, 2015), 23.

활에 관한 이야기를 청중들의 상황에 적용하여 전달했으며, 청중들에게 회개할 것을 종용했다. 사도행전에 나타난 사도들의 모든 설교는 예수 그리스도에 관한 이야기, 즉 복음의 내용이었다. 거리에서, 회당에서, 감옥에서, 강변에서, 개인 가정에서, 심지어 풍랑에 휩싸인 배 위에서도 사도들은 예수 그리스도를 말함으로 교회를 개척했다.

이러한 사도들의 교회개척 원리와 반하는 교회개척이 있다. 그것은 소위 말해 이벤트, 프로그램, 시설 등을 앞세우는 교회개척이다. 이러한 교회개척은 어쩔 수 없이 비신자를 대상으로 하기보다는 기신자를 탈취해 오는 것에 관심을 둘 수밖에 없다. 복음전도로 교회를 개척하는 것이 오직 한 영혼에 집중한다면, 방법과 수단으로 교회를 개척하는 것은 부흥주의 혹은 성장주의에 집중할 수밖에 없다. 이러한 교회개척 방법은 전형적인 한국적 교회개척 방법으로서 지난 반세기 동안 한국 교회에서 통용되던 개척 방법이다.

교회개척은 "번식"이 목표이지 "비대"가 목표는 아니다. 사도들이 사용한 교회개척 원리는 하나의 대형 교회를 세우는 것이 아니라 더 많은 교회를 세우는 것이었다. 그렇기에 그들은 하나의 교회에 안주하지 않았으며, 자꾸만 더 많은 교회를 세우기 위해 움직일 수밖에 없었다. 아직 세상에 비신자가 존재하고 있음을 알고 있는 이상 그들은 한곳에 정착할 수가 없었다.

드림센터dream center의 매튜 바넷Mathew Barnett 목사는 전형적인 성장주의를 목표로 한 목사였다. 그는 각종 프로그램과 이벤트와 방법을 써 가며 사람들을 끌어모으려 했다. 그러나 그의 교회는 성장하지 않았다. 절망에 빠진 그에게 하나님의 음성이 들렸다. "만일 네가 '아무도 원하지 않은 사람들'에게로 다가간다면, 나는 너에게 '모두가 원하는 사람들'을 보내 줄 것이다"라는 음성이었다. 바넷은 고백하기를 "이후 그는 사람들이 교회로 찾아오기를 기다리는 대신 스스로 사람들을 찾아가기로 결심했다"²¹라고 했다.

교회개척자는 강단에서만 전도하라고 외치는 것이 아니라 실제 전도를 위해 거리에, 비신자 앞에 서서 뛰어야 한다. 모자이크 교회 어윈 맥매너스Erwin Raphael McManus 목사는 제도와 강단 뒤에 숨어서 전도를 회피하는 사람이 되고 싶지 않다고 고백했다.²² 레이너Thom Rainer는 지금까지 통용되던 "말도 안 되는 전도법"을 다음과 같이 지적했다.

> 지난 수년간 크리스천들은 각자의 문화적 환경 속에서 전도자로 사는 대신에 교회와 프로그램에 모든 책임을 떠넘기는 것으로 만족했다. 현대적인 교회 시설과 매력적인 교회 활동이 불신자들을 예수님께로 데려오는 일을 담당했다…. 우리는 초대 교회 선교사들이 사용했던, 구닥다리지만 그러나 가장 기본적인 방법으로 돌아가야 한다.²³

교회개척자는 "와서 보라"에서 "가서 증거하라"를 좌우명으로 삼아야 한다. 사도들이 사용한 교회개척 원리는 다름이 아닌 지상대명령이다. 페인은 다음과 같이 말한다.

> 성경적 교회개척은 결과적으로 새로운 교회가 탄생하도록 하는 복음전도이다. 이러한 개념을 달리 설명하면, 복음전도가 결과적으로 새로운 제자들을 만든다. 그 제자들은 함께 모임으로 그리스도의 우주적 몸의 지역적 표현이 된다.²⁴

---

21. 이상훈, 『Re Form Church Church: 변혁을 이끄는 미국의 선교적 교회들』 (서울: 교회성장연구소, 2015), 82.
22. 이상훈, 『Re_Form Church Church: 변혁을 이끄는 미국의 선교적 교회들』, 54.
23. Ed Stetzer & Thom Rainer. *Transformational Church: Creating a New Scorecard for Congregation*; 궁인 역, 『교회혁명: 변혁적 교회』 (서울: 요단 출판사, 2014), 298-299.
24. Payne, *Apostolic Church Planting*, 18.

3. 사도적 교회개척은 하나님의 나라를 확장하는 교회개척이다

"하나님 나라"의 개념은 그동안 신학자들 간의 주요 논제가 되어왔다. 이러한 하나님 나라의 개념은, 1950년대 이후 진보 진영에서 제기되어 발전한 "미시오 데이"missio Dei 개념에 힘입어서, 하나님 나라, 교회, 그리고 세상 등에 대한 새로운 의미와 그 상호 관계 등에 관한 연구로 발전하였다. 하나님은 지금도 하나님의 나라를 확장하시기 위해 세상 가운데서 일하신다. 그 일을 위해 하나님은 교회를 세우신다. 그렇기에 결국 교회는 하나님의 나라를 확장하는 도구이다. 이러한 신학적 개념이 발전하여 정착하고 있는 교회론이 바로 선교적 교회론이라 할 수 있을 것이다. 물론 선교적 교회론의 일부 각론은 보수적인 신학 진영에서, 특별히 개혁주의 신학 진영에서 받아들이는 데 어려움이 있음이 사실이다.[25] 그럼에도 불구하고 하나님 나라를 강조하는 선교적 교회론은 사도들이 품고 실천한 일관된 원리라 할 수 있다.

하나님 나라의 확장을 목표로 한 사도들의 교회개척과 대비되는 교회개척이 개교회 성장 중심의 교회개척이다. 지금까지 한국 교회의 심각한 신학적 그리고 실제적 문제점이 개교회 성장을 목표로 하는 개교회주의라는 사실에 이의를 제기하는 사람은 없을 것이다. 주변의 다른 교회 역시 하나님 나라의 한 구성원이라는 의식 없이, 자신의 교회만이 하나님 나라의 소속인 양 이기적이고 경쟁적이고 비연합적인 모습을

---

25. 보수진영에서 지난 50여 년 이상 유지해온 선교의 주체는 교회라는 개념을 미시오 데이 신학에서는 선교의 주체는 하나님이고 교회는 하나님의 선교에 동참하는 도구일 뿐이라고 주장하는데, 이는 옳은 주장임에도 불구하고 보수진영에서는 받아들이기 어색한 주장이다. 특별히 호켄다이크(J. C. Hoeckendijk)는 미시오 데이 신학을 보수진영 신학이 건널 수 없는 강 저편까지 끌고 갔는데, 그는 하나님의 최우선의 관심은 교회가 아니라 세상이라고 주장하면서, 전통적인 "하나님-교회-세상"이라는 도식을 "하나님-세상-교회"라는 도식으로 바꾸었다. 즉, 그는 교회를 하나님이 사용하시는 많은 도구 중의 하나로 그 존재가치를 하락시킨 것이다. 이러한 교회중심적인 개념을 가진 전통적인 보수주의 신학에서는 받아들이기 어렵다.

보여준 것이 한국 교회의 현실이다. 하나님의 왕국을 세우려는 교회개척이라기보다는 자신의 성을 쌓으려 하는 교회개척이 지금까지의 한국의 교회개척이었다. 그 결과 교회 성장보다는 교회 비대를 추구할 수밖에 없었으며, 하나님 나라의 확장보다는 개교회성을 구축할 수밖에 없었다.

4. 사도적 교회개척은 지역 교회(마을 교회)를 세우는 교회개척이다

사도들이 개척한 교회는 지역 교회local church였다. 그렇기에 성경은 교회 이름에 지역 이름을 사용하고 있다. 사도 바울은 그의 서신서의 수신 교회를 묘사할 때, "고린도에 있는 하나님의 교회"(고전 1:2), "에베소에 있는 성도들"(엡 1:1), "빌립보에 사는 모든 성도"(빌 1:1) 등으로 묘사하였다. 즉, 바울 자신이 개척한 교회들이 특정한 지역에 자리 잡은 교회임을, 특정 지역의 문화와 환경의 제한을 받는 교회임을, 그리고 특정 지역의 독특성에 상황화 된 교회임을 암시하였다. 물론 교회가 지닌 이러한 지역성이 그리스도를 머리로 하는 우주적 교회의 가치를 절하하는 것은 결코 아니다. 그럼에도 불구하고 사도들이 교회를 개척한다고 말할 때 가시적인 지역 교회를 개척했다는 사실에는 변함이 없다. 각 교회에 보낸 바울의 서신서는 그 교회들이 그 지역의 교회이었음을 보여 주고 있으며, 계시록에 나타난 소아시아 일곱 교회는 다분히 지역에 상황화 된 지역 교회이었음을 잘 보여 주고 있다.

지역 교회는 지역 사람을 대상으로 하고 지역에 뿌리를 내리는 교회이다. 지역 교회란 "어떤 특정 지역"에서 하나님의 백성이다. 그리고 그 "특정한 공동체가 자신의 지역에서 신실하게 증언하도록 공동체의 삶을 구축하는 것이다."²⁶ 따라서 지역 교회를 규정하는 우선적인 요소는 물리적 거리의 제한이다. 개척하는 교회의 목회 범위를 의도적으로 제한하고, 그 범위 안에서의 목회 자원과 영향력을 집중하는 것이 먼저 필요하다. "세계는 나의 교구다"The world is my parish라는 존 웨슬리John Wesley의 유명한 말이 있다. 이 말은 그의 복음전도의 열정을 드러내는 말인데, 사실 이 선언은 지역교회의 성경적 원리를 경시하게 할 위험성이 있음이 사실이다.

물론 오늘날 지역local의 개념이 변하고 있는 것만은 사실이다. 사도 시대의 지역의 개념과 오늘날의 지역의 개념은 확연히 다르다. 즉, 사도 시대의 마을의 개념과 현재의 마을의 개념이 다르다는 것이다. 오늘날 빠른 교통수단과 인터넷 등으로 인해 물리적 지역의 경계선이 무너졌음이 사실이다. 이제는 지구촌이라 일컫고 있으며, 지구 이쪽 편의 상황이 반대편에 전달되기까지 단 몇 초밖에 걸리지 않는 세계화globalization 시대가 되었다. 그럼에도 불구하고 교회개척자는 사도들의 본을 따라 의도적으로 물리적 거리를 제한하는 지역 교회를 개척하는 것이 필요하다.

오늘날 교회개척에 자본주의의 원리가 도입되어 때로는 거대 자본으로 지역의 경계를 허무는 교회개척이 자리를 잡고 있다. 더 큰 하나님의 비전이라는 이름으로 초지역적인 교회가 등장하였다. 반대로, 어떤 교회개척자는 자신의 교회가 위치한 지역에 아예 관심을 두지 않는 경우도 있다. 그저 형편에 따라 그 지역에 터를 잡았으며, 언제든지 그 지역을 떠날 수 있는, 즉 지역과는 상관없이 개인적인 인맥 중심으로 교회를 개척한 경우이다. 많은 개척교회가 지역 교회로 자리매김하지 않고, 그 지역에서의 고립된 외딴섬이나 높은 담을 쌓는 성castle이 되는 것은 심각한 문제가 아닐 수 없다.

---

26. Darrell L. Guder, *Missional Church*; 정승현 역, 『선교적 교회: 북미 교회의 파송을 위한 비전』(인천: 주안대학원대학교출판부, 2013), 338.

5. 사도적 교회개척은 이식과 창조의 교회개척이다

사도 바울의 교회개척 전략을 분석해 보면, 그는 그가 교회를 개척하려는 지역의 문화와 상황에 따라 전략이 달랐다는 것이다. 바울은 현장의 상황에 따라 매우 유연함과 융통성을 보이며 창조적으로 접근했다고 할 수 있다. 이것이 바울의 개척한 교회들이 앞에서 언급한 지역 교회가 될 수 있었던 이유라 할 것이다.

교회개척을 논하면서 반드시 짚고 넘어가야 할 것은 교회개척이 "이식과 창조"를 바탕으로 할 것이냐, 아니면 "이전과 복제"를 바탕으로 할 것이냐이다. 이식(移植)은 한 생물의 장기를 다른 생물의 몸으로 옮기는 것을 말하며, 생물학에서는 동식물을 다른 곳으로 옮기는 것을 의미한다. 당연히 이식은 그 환경에 적응하여 살아남게 하는 것을 목표로 한다. 반면 이전(移轉)은 무엇인가를 단순히 다른 현장으로 옮기는 것, 혹은 넘겨주거나 넘겨받는 것을 의미한다. 이식은 현장이 고려되지만, 이전은 현장이 고려되지 않는다. 그러므로 이식에 성공하기 위해서는 창조적 접근이 필요하다. 그러나 이전은 단지 모방과 복제로도 충분하다.

지역 교회를 세우는 것은 이식과 창조성을 기초로 하는 교회개척이다. 현장에서 살아남는 교회개척이 필요하다. 모든 지상 교회가 주님을 머리로 삼는 하나의 교회이다. 그러나 각 교회는 각 현장에 알맞은 교회이어야 한다. 존재하는 각 현장에 적응하고 상황화 되어 그 현장에서 살아남아야 한다. 그리고 그러한 교회가 지역 교회이다. 그런데 지금까지의 한국 교회의 교회개척을 보면 모든 교회개척 방법이나 모습에 있어서 천편일률이다. 이 지역 교회나 저 지역 교회의 모습이 똑같고, 교회개척 방법도 똑같다. 현장을 고려하는 창조적 상상력이 부족한 교회개척자는 열매를 거두지 못한다.

이식과 창조의 교회개척을 위해서, 교회개척자는 교회개척 현장에 머무는 사람들의 일상을 면밀히 검토하고 그 일상에 참여해야 한다. 교회는 사람들의 일상 가운데 세워져야 한다. 교회개척은 높은 담장이나 화려한 경계 담에 의해 구분된 장소나 건물을 마련하는 것이 아니다. 교회개척은 깊은 산속에나 외딴 섬에서 교회 간판을 세우는 것이 아니다. 교회는 사람들의 삶이 어우러지는 거리나 시장이나 노동 현장에 세워져야 한다. 교회개척은 사람들의 일상이라는 터전 위에 세워야 한다. 그렇기에 교회개척은 교회가 그들의 선한 이웃이 되어 주는 모습을 통해서 이루어져야 한다. 그리고 이것이 지역 교회로 자리매김하는 방법이다. 그리고 이것이야말로 진정한 상황화라 할 것이다. 사도적 교회개척자는 시대를 읽는다. 그리고 이 시대와 상황 속에서 창조적 상상력을 펼친다. 사도적이 된다는 것은 성경적으로 된다는 의미이다. 교회개척이 성경의 원리 위에서 이루어져야 한다. 성경의 원리만이 시대와 장소를 초월한 불변의 효력을 제공하기 때문이다.

지금까지 사도적 교회개척이 어떤 의미인지를 살펴보았다. 사도적 교회개척이란 다름 아닌 사도들의 정신과 자세를 갖추고 사도들이 행했던 교회개척 원리와 방법으로 교회를 개척하는 것을 의미한다. 사도적 교회개척을 다른 말로 하면, "성육신적 교회개척", "선교적 교회개척" 혹은 "성경적 교회개척"이라고 말할 수 있다. 오늘날 하나님의 부르심을 받은 자들은 어떤 영역에서건 그리고 어떤 방법으로건 교회를 개척해야 하는 사명이 있다. 하나님의 부르심은 사도적이 되라는 부르심이다.

소명 받은 많은 자가 교회개척을 많은 사역 중의 하나로 간주하는 오류를 범하고 있다. 그렇기에 그들은 하나님의 소명은 받았지만, 그러나 교회개척은 자신의 사명이 아니라고 말한다. 하지만 이러한 자세는 비사도적이다. 교회개척은 부르심 그 자체에 해당한다. 교회개척은 소명 차원에 속하지 사역 차원에 속하지 않는다. 따라서 이 땅의 소명자가 어떤 사역을 감당한다고 하더라도 그 사역을 통해 궁극적으로 교회가 세워지는 열매가 맺어지지 않는다면 그의 삶은 비사도적이다.

한국 교회는 사도적이 되어야 한다. 사도들의 자세와 사도적 야성을 회복하여 더욱 가열하게 교회개척을 위해 헌신해야 한다. 비로소 정상적이고 성경적인 교회개척 시대가 되었다. 왜냐하면, 교회개척이 어려운 시대이기 때문이다. 교회개척이 어렵다고들 하는데, 원래 교회개척은 어렵고 어려워야만 한다. 교회개척이 쉬운 시대는 비정상적 시대이다. 어떤 면에서 보면, 복음전도 없이, 한 영혼을 위한 희생 없이 너무 쉽게 부흥을 경험한 한국 교회이다. 그렇게 쉽게 교회를 개척하고 쉽게 교회가 성장하던 비정상의 시대는 저물었다. 기독교가 세상의 주변부로 밀려난 지금이야말로 교회가 다시 도약할 기회이다.

교회개척은 성경에 기록되어 있는 유일한, 그러나 쉽지 않은 영혼 구원의 방법이다. 사탄의 꼼수가 있다. 그것은 "이제 교회는 안 된다. 특히 교회개척은 불가능하다"라는 패배감을 합리적으로 그리고 이성적으로 퍼뜨리는 것이다. 한국 교회는 오병이어의 현장에서 기적에 취해 있을 때가 아니다. 어두운 밤바다의 풍랑 속으로 주체적으로 들어가야 한다. 이것이 주님께서 제자들을 위해 택하신 방법이다. 21세기는 여러 면에서 1세기와 유사하다고 말한다.[27] 1세기 사도들의 모습을 따라가는 사도적 교회개척이 흥왕하기를 바라는 마음이다.

---

27. Stetzer & Rainer, 『교회혁명: 변혁적 교회』, 34.

4장
교회개척은 사람(교회개척자)이 수행하는 일이다

다음과 같은 질문 한 가지를 던져 보려 한다. "교회개척"이란 과업은 하나님께서 하시는 일인가, 아니면 교회개척자가 하는 사람의 일인가? 혹자들은 이 질문 앞에서 당혹해 할 수도 있을 것이다. 왜냐하면, 교회개척이란 성스러운 과업은 당연히 하나님께서 하시는 일로서, 교회개척자는 그 하나님의 일에 쓰임받는 도구에 불과할 뿐이라고 믿기 때문이다. 교회개척이 하나님의 일이고 사람은 단지 도구에 불과하다는 관점은 지극히 성경적인 관점이고 그래서 지극히 옳은 관점임이 분명하다. 그럼에도 불구하고 필자는 교회개척은 사람이 하는 일이라고 강조해서 말하고 싶다.

이 땅의 모든 일이 하나님의 주권과 섭리에 의해 이루어지고 진행된다는 점은 너무나도 분명한 신학적 사실이고 우리의 신앙이다. 그런데 하나님께서는 그 주권과 섭리를 펼침에 있어서 일반적으로 사람을 사용하는 "미련한"(고전 1:21) 방법을 택하신다. 돌을 가지고도 아브라함의 자손을 만드실 수 있는(마 3:9) 전지전능하신 하나님이시다. 하지만 하나님은 그러한 방법을 사용하지 않으시고 사람을 사용하시어 당신의 일을 이루어 가신다.

물론, 소위 말해 "비상 섭리"라고 불리는 하나님의 초자연적 활동을 부정하는 것은 결코 아니다. 하나님께서는 지금도 특별한 때에 초자연적으로 일하신다고 믿는다. 하지만 하나님께서는 그분의 일을 이루시기 위해 일반적으로 사람을 사용하신다. 하나님께서는 초자연적으로 병을 고치실 수 있지만, 그분은 의사를 사용하시어 병을 고치신다. 하나님께서는 말씀 한마디로 특정 지역의 모든 사람을 모두 구원하실 수 있지만, 그분은 전도자를 사용하시어 그 일을 이루신다. 하나님께서는 구원받은 모든 사람을 단숨에 성화의 완성 단계에 이르게 하실 수 있지만, 그분은 목회자를 사용하시어 그 일을 이루신다. 이 모든 방법이 하나님 입장에서는 "미련한" 방법이다. 그러나 하나님께서는 그렇게 일하신다.

교회개척에 있어서도 마찬가지이다. 하나님께서는 그분의 나라를 확장하는 데 있어서 그분의 초자연적 능력을 얼마든지 사용하실 수 있지만, 그분은 교회개척자를 사용하시어 그 일을 이루신다. 연약한 인간을 부르시어 그를 사용하셔서 교회를 세우신다. 그런데 하나님께서 사용하시는 그 사람은 기계가 아니라는 사실을 기억해야 한다. 하나님께서는 사람을 기계로 혹은 로봇으로 만드시지 않았다. 하나님께서는 사람을 이성을 가진 존재로, 비록 불완전하지만 자유의지를 가진 존재로 만드셨다. 이 말인즉슨, 인간은 하나님의 주권 아래서 기계적으로 움직이는 것이 아니라, 자신의 삶에 대한 책임이 주어졌다는 의미이다.

하나님의 주권과 인간의 책임 사이의 역학 관계는 일종의 신비적 교리이다. 우리 인간의 이성으로 명쾌하게 이해될 수 없는 교리이다. 만약 우리 인생사가 하나님의 주권에 의해서 기계적으로 진행된다고 한다면 그것은 기독교적 신앙이라기보다는 세속의 운명론이 될 것이다. 만약 우리 인생사가 하나님의 주권 50%와 인간의 책임 50%로 이루어진다면 그것은 신인협력론synergism이 되어버릴 것이다. 그렇다면 하나님의 주권과 인간의 책임에 대한 올바른 이해는 무엇인가? 그것은 우리의 모든 인생사가 하나님의 주권 100%와 인간의 책임 100%로 이루어진다는, 즉 100 더하기 100이 다시 100이 된다는 신비적인 이해가 올바른 이해라고 본다.

이 대목에서 필자는 감히 "마치 하나님이 없는 것처럼"이라는 심히 불경스러워 보이는 표현을 사용하고자 한다. 이 표현은 우리가 소명을 이루어 가는 과정 중에서 인간의 책임을 다하기 위해 최대 최선의 노력과 방안을 개발하고 강구해야 함을 강조하기 위한 표현이다. 마치 하나님의 주권과 섭리는 없는 것처럼 여기고, 모든 일이 자신의 전략과 노동과 열정으로 이루어진다는 자세로 주어진 일에 임하자는 것이다.

많은 소명자가 하나님의 주권을 빙자하여 자신의 책임을 감당하지 않음을 본다. "하나님께서 인도하신다" 혹은 "하나님께서 예비해 놓으셨다" 등의 고백을 남발함으로 자신이 노력하고 감당해야 할 일을 도외시하고 있다. "직무 윤리"라는 말이 있다. 이 말은 모든 사람이 자신이 감당해야 하는 직무에서 탁월해지기 위해 노력해야만 한다는 윤리이다. 이러한 직무 윤리 때문에 세상의 많은 직장인이 나름 노력한다. 그들은 근무 시간 외에 과외 공부를 하고 필요한 신기술을 습득한다. 이 직무 윤리가 목회자들에게도 적용되어야 함은 당연하다. 비록 목회자들이 하나님의 거룩한 일을 감당하는 직무라 할지라도 그 일이 이 땅 위에서 이루어지기에, 그 거룩한 직무에 탁월해지기 위한 지식과 기술과 열심을 향상해야 하는 것이다.

어떤 목사가 말을 조리 있게 잘 못해서 설교함에 있어서 다소 어눌하다고 가정해 보자. 그렇다면 그는 개인적으로 웅변 학원을 다니며 대중 앞에서 말하는 법을 배우고 연마해야 한다. 그가 "비록 내가 말에 어눌하지만 성령께서 역사하시면 능력이 나타난다. 사도 바울도 말에 어눌하지 않았던가?"라고 한다면, 이것은 조금은 황당한 자세이다. 자신의 책임은 감당하지 않고 모든 것을 하나님께 맡기는 것이라는, 스스로를 기계로 여기는 것이라는 생각을 금하지 않을 수 없다. 모든 목사는 목회 직무에 탁월해지기 위해서 스스로 노력하고 배우려는 책임을 감당해야만 한다. 그래서 목회 이론을 공부하고 목회술(術)을 연마해야 한다.

세상에서는 조그마한 장사를 하기 위해서도 당사자는 자본을 모으며 자본 공급에 대한 대책을 세우면서 준비한다. 왜냐하면 그것이 장사하려 하는 사람의 기본자세고 책임이기 때문이다. 그런데 소명을 받았다는 사람들은, 목회자들은, 목회자 후보생들은 미래에 대한 모든 준비를 하나님께 맡기는 경향이 있다. 거의 모든 소명자들이 미래의 목회를 위해 자금을 준비하거나 저축하지 않는다. 마치 그러한 준비를 하나님을 의존하지 않는 매우 세속적인 모습으로 간주해 버린다. 하지만 정말 그리한가? 결국 당면하면 자신의 그 모든 자본을 준비해야만 한다.

특별히 교회개척자들은 당면해서 당황하여 다급하게 개척 비용을 마련한다. 결국 자신이 해야만 하는 일인데, 지금부터 준비한다면 그것이 마치 세속적인 일인가? 아니라고 본다. 필자는 지금 하나님의 주권을 무시하거나 믿지 않음이 아니다. 필자는 이 땅의 그 누구보다도 하나님의 주권을 인정하는 칼빈주의자요 개혁주의 신학의 신봉자라고 자부한다. 다만, 하나님의 그 주권 아래 인간이 필수적으로 감당해야만 하는 책임이 있다는 것이며 소명자는 그 책임을 감당해야 한다는 것이다. 이런 차원에서 "마치 하나님이 없는 것처럼"이라고 말하는 것이다.

조금은 극단적인 예를 한 번 들어 보자. 두 목사가 동시에 같은 지역에서 교회를 개척했다고 하자. 그들의 나이도 같으며, 졸업한 신학교도 같다. 그런데 한 명은 교회가 지역에 연약하나마 자리를 잡았으나, 안타깝게도 다른 한 명은 3년이 못 되어 교회 문을 닫아야만 했다. 왜 이런 현상이 일어나게 되었을까? 그들의 하나님이 달랐을까? 아니다. 그들의 하나님은 한 하나님이시다. 그들의 신학이 달랐을까? 아니다. 그들은 한 신학교를 졸업한 동일한 신학을 소유한 자들이다. 그렇다면 그들의 소위 말해 영성이 달랐을까? 아니다. 교회를 개척해 놓고 기도하지 않을 사람이 있을까? 그들은 누구보다도 열심히 기도했을 것이다. 그렇다면 무엇 때문에 한 명은 교회가 유지되고 다른 한 명은 교회 문을 닫아야 했을까? 필자는 그 이유를 단순화시킨다. 바로 "사람이 다르기 때문이다."

결국, 필자는 교회개척의 성공 여부가 교회개척자에게 달렸다고 말하고 싶은 것이다. 하나님과의 관계는 기본이라고 말하고 싶은 것이다. 믿음은 운luck이 아니다. 우리의 신앙을 미신으로 만들어서는 안 된다. 교회개척은 도박이 아니다. 그만큼 교회개척자의 책임이 크다. 교회개척자는 "마치 하나님이 없는 것처럼" 교회개척을 준비해야만 한다. 교회개척자여! "하나님 없이 하나님 앞에서"라는 슬로건으로 우리에게 맡겨진 일에 최선을 다하자. 이제 교회개척자의 책임을 감당하기 위한 교회개척자의 자세 몇 가지를 제시하고자 한다.

1. 성경적 확신을 품어야 한다

교회개척자는 가장 먼저 성경적 확신을 갖추어야만 하는 책임이 있다. 필자는 성경이야말로 이 땅에서 가장 강력한 확신을 가져다주는 원천이라고 본다. 신앙의 선조들은 성경이 주는 확신 때문에 죽기를 주저하지 않았다. 이 땅의 그 어느 것이 주는 확신보다도 성경이 주는 확신은 강력하며, 특별히 교회개척자들이 성경적 확신으로 무장되어 있을 때 교회개척자로서의 삶을 견지할 수 있다. 필자는 교회개척자가 특별히 가져야 할 성경적 확신 두 가지가 있다고 생각한다.

첫째는 마태복음 16:18을 근거로 한 확신이다. "또 내가 네게 이르노니 너는 베드로라 내가 이 반석 위에 내 교회를 세우리니 음부의 권세가 이기지 못하리라." 이 말씀 중에서도 "내가 이 반석 위에 내 교회를 세우리니"라는 말씀은 모든 교회개척자에게 정말 강력한 확신을 제공하는 말씀이다. 주님께서 주님의 교회를 세우신다. 주님께서 교회개척자를 사용하여 주님의 교회를 세우신다. 교회개척자가 할 일은 세워지는 교회가 어떻게든 주님의 교회가 되도록 하는 것이다. 아마도 이 땅에 개척되는 많은 교회들이 주님의 교회가 아닐 것이다. 주님이 아닌 누군가의 교회일 것이다. 그렇기에 세워지지 않을 것이다. 물론 교회의 흥망성쇠를 논할 때 오직 이 말씀만을 기준으로 할 수 없다. 성경에는 교회의 흥망성쇠에 관한 많은 다른 구절들이 있다. 다만, 교회개척자는 그 심령에 "주님의 교회는 주님이 세우심으로 결코 문을 닫지 않는다. 주님의 교회가 되기만을 목표로 한다면 주님이 세우신다"라는 확신으로 무장해야만 한다.

둘째는, 마태복음 28:18-20을 근거로 하는 확신이다. 소위 말해 "지상대명령"으로부터 오는 확신이다. "예수께서 나아와 말씀하여 이르시되 하늘과 땅의 모든 권세를 내게 주셨으니 그러므로 너희는 가서 모든 민족을 제자로 삼아 아버지와 아들과 성령의 이름으로 세례를 베풀고 내가 너희에게 분부한 모든 것을 가르쳐 지키게 하라 볼지어다 내가 세상 끝날까지 너희와 항상 함께 있으리라 하시니라." 놀랍게도, 성경에 교회를 개척하라는 직접적인 명령은 없다. 사도들은 그러한 명령을 받은 적이 없다. 사도들은 다만 "지상대명령"만을 받았을 뿐이다. 제자들은 바로 그 명령에 순종했을 뿐이다. 그리고 그 순종의 결과가 바로 가시적인 교회이었다. 그렇기에 지상대명령은 바로 교회개척 명령이라 할 수 있다.

교회개척자는 이러한 지상대명령으로부터 오는 확신을 장착해야만 한다. 특별히 "하늘과 땅의 권세"가 교회개척자에게 주어졌으며, 주님께서 교회개척자와 "세상 끝날까지" 항상 함께하신다는 그 확신이야말로 교회개척자가 어떤 상황 속에서도 좌절하지 않고 사명을 감당해 가는 강력한 힘을 제공할 것이다. 아마도 이 땅에서 개척되는 어떤 교회는 지상대명령을 순종하지 않는 교회일 것이다. 그렇기에 교회가 무너질 것이다. 적어도 교회개척자가 교회의 존재 목적을 지상대명령 순종으로 삼고만 있다면, 그 교회는 하늘과 땅의 권세를 소유한 무너지지 않는 교회가 될 것이다.

2. 신학적 확신을 품어야 한다

신학이란 무엇인가? 간단히 말하자면 신학은 성경을 바라보는 틀이라 하겠다. 그런데 그러한 신학은 역설적이게도 성경으로부터 만들어진다. 신학은 성경에 문자로 혹은 의미로 담겨 있는 기독교의 핵심 진리를 일목요연하게 정리한 것이다. 즉, 신학은 성경으로부터 만들어졌지만, 동시에 성경을 해석하는 틀이라 하겠다. 성경을 바라보는 관점이 다르기에 그 관점에 따라 특정 영역에 있어서 다소 상이한 신학들이 정립될 수밖에 없으며, 신학자나 목회자들은 그들이 신봉하는 신학에 대한 확신이 있으며, 그 신학적 확신 속에서 사역하고 설교하고 가르치는 것이다. 모든 목회자는 자신의 신학적 확신을 견지할 필요가 없다. 필자는 개혁주의 신학이라는 틀에 대해 강한 확신을 갖고 있다. 그렇기에 이 대목에서 필자는 교회개척자가 가져야 할 신학적 확신을 개혁주의 신학에 기초하여 말할 수밖에 없음을 고백한다.

교회개척자는 자신의 신학을 확신하고 그 신학에 대한 확신을 품고 교회개척에 임해야 한다. 그 신학적 확신은 다음 몇 가지로 말할 수 있겠다. 첫째, 교회개척자는 교회개척의 당위성과 정당성에 대해 신학적으로 확신해야 한다. 성경에 교회를 개척하라는 문자적 명령은 없다. 그럼에도 불구하고 신학적으로 교회개척은 매우 정당하며 확실한 당위성을 가진 하나님의 소원이자 명령이다. 교회개척은 하나님께서 이 땅에 교회를 유지하고 그분의 나라를 확장하기 위해 사용하는 유일한 방법이다. 교회개척은 영혼 구원을 위한 가장 효과적인 방법이다. 와그너 Peter Wagner(1930-2016)가 신사도 운동의 괴수가 된 이후 필자는 그에 대한 학문적 신뢰를 포기했다. 그럼에도 불구하고 그가 건전한 교회성장학자로 자리매김할 당시에 한 말을 필자는 기억하고 있다. 그는 "하늘 아래 유일하고도 가장 효과적인 전도 방법은 교회를 개척하는 것"[28]이라고 말했다. 팀 체스터Tim Chester는 "선교를 생각할 때 우리는 반드시 '교회'를 생각해야 한다. 그리고 교회와 선교를 연결하는 가장 좋은 방법이 바로 교회개척이다"[29]라고 했다. 실제로 이런 신학적 주장은 현존하는 여러 통계에 의해 증명되고 있다. 그 무엇보다도 교회개척은 교회개척자 자신에게 영적 성숙을 비롯하여 한 영혼의 고귀함을 깨닫게 하는 등의 무한한 유익을 가져다준다. 비록 성경에 문자적으로 표기되어 있지는 않지만, 이러한 신학적 내용에 대한 확신이 없이 교회개척에 임할 경우, 교회개척자는 쉽게 낙심하고 무너질 수밖에 없을 것이다.

둘째, 교회개척자는 하나님의 주권에 대한 신학적 확신이 활용되어야 한다. 하나님의 주권에 대한 신학적 확신이란 "하나님의 주권에 의해 내가 지금 이곳에 교회를 개척한다"라는 확신이다. 교회개척자들은 여러 형편과 조건에 의해 어느 한 곳을 교회개척지로 선택한다. 때로는 자신의 비전이나 목회 철학과는 상관없이, 인적 구성 요소나 혹은 경제적 형편 때문에 어쩔 수 없이 어느 현장을 선택한다. 그럴 경우 교회개척자들은 그러한 현장에 대한 애정을 갖지 못하는 경우가 많다. 소위 말해 "어쩌다 보니" 혹은 "어쩔 수 없이" 지금 이곳에 머물 뿐이지, 기회만 있다면 언제라도 더 나은 현장을 찾아가리라는 자세로 교회개척에 임한다. 필자는 그러한 자세의 교회개척자들을 다수 만난 경험이 있다.

하지만 이러한 자세는 하나님의 주권에 대한 신학적 확신이 없는 모습이라 하겠다. 지금의 교회개척 현장은 하나님의 주권에 의해 인도된 현장이라는 확신이 교회개척자에게 필요하다. 비록 겉으로 보기에는 자신의 어떤 형편과 조건에 의해서 그 현장에 머물게 된 것 같지만, 바

---

28. C. Peter Wagner, *Church Planting for a Greater Harvest*, 편집부 역, 『교회개척 이렇게 하라』 (서울: 서로사랑, 1990), 8.
29. Chester & Timmis, 『교회다움』, 125.

로 그곳이 하나님의 주권에 의해 인도된 곳이다. 그곳이야말로 교회개척자에게 가장 합당하고 교회개척자와 딱 맞는 현장이다. 그렇기에 그곳에서 뼈를 묻겠다는 마음가짐이 필요하다. 이러한 하나님의 주권에 대해 신학적 확신이 없다면 교회개척에 성공하기 어려울 것이다.

셋째, 이것은 두 번째 신학적 확신과 연결된 것으로서, 교회개척자는 개혁주의 신학이 강하게 견지하는 "선택 교리"에 대한 신학적 확신을 가지고 교회개척에 임해야 한다. 이 확신은 다름이 아닌 "내가 교회를 개척한 곳 주변에는 나와 내 교회를 통해 구원받을 그 누군가가 반드시 존재한다"라는 확신이다. 하나님께서는 구원받을 자를 선택해 놓으셨다. 이것은 개혁주의 신학이 견지하는 핵심 중의 하나이다. 그런데 하나님은 그 선택한 자가 기계적으로 혹은 저절로 구원받도록 하지 않으신다. 하나님께서는 반드시 먼저 구원받은 그 누군가를 도구로 사용하여 또 다른 누군가를 구원하신다. 그 누군가가 바로 교회개척자요, 넓게 말하면 교회이다.

그렇다. 하나님께서 누군가를 교회개척자로 부르시고 어디엔가 교회를 세우시게 하심은 결코 우연이 아니다. 하나님은 추수할 곡식이 있는 곳에 추수꾼을 보내신다. 추수꾼이 가는 곳에는 반드시 추수할 곡식이 준비되어 있다고 믿는 것이 바로 선택 교리에 대한 확신이며 적용이다. 교회개척자는 이 확신을 품고 교회개척에 임해야 한다. 이 확신이 강한 교회개척자일수록 만나는 사람에게 복음을 전하는 강도가 세진다. 왜냐하면, 교회개척자로서는 누가 하나님의 선택을 받은 자인 줄 알 수 없기에, 만나는 모든 자를 선택받은 자로 간주하여 무조건 복음을 전할 수밖에 없기 때문이다. 선택 교리는 혹자들이 비판하는 대로 복음전파의 무용론을 가져오는 것이 아니라, 반대로 복음전파의 강력한 추진력이다.[30]

---

30. 양현표, "개혁주의와 복음전도," 「개혁논총」 제35권 (2015.9): 306-310을 참조하시오.

3. 복음전도적 목회자로서의 근성을 키워야 한다

"복음전도적 목회자"란 어떤 목회자를 의미하는가? 복음을 전파하여 영혼을 구원하는 것을 최우선으로 삼고, 복음전도를 목회의 기초로 삼는 목회자를 말한다. 복음전도적 목회자는 복음전도에 생명을 바치고, 그가 목회하는 교회를 마찬가지로 "복음전도적 교회"로 만든다. 전도학자 이트리C. E. Autrey는 말하기를 "목회자가 잃어버린 자를 찾는 심정을 품고 있는 동안에는 그 교회도 그렇게 될 것이다"[31]라고 말했다. 교회개척자는 이러한 복음전도적 자세로 교회개척에 임해야 한다고 믿는다.

교회개척자 중에는 더러 지인들 중심으로 시작하여 그 지인들의 지인들이 모일 것을 기대하며 교회개척을 시작하는 자들이 있다. 물론 이러한 방법이 교회를 개척하는 초기에 도움이 되는 것은 분명하다. 그러나 교회개척자는 복음을 전도하여 영혼을 구하여 교회를 세워나가리라는 전투력 혹은 야성이 필요하다. 한 시대 동안 대한민국에서 통용되던 성도 끌어모으기식 교회개척은 이제 더는 유효하지 않다. 사실 이러한 교회개척 방법은 성경에 나타나 있지 않은, 20세기 후반 한국에서만 통용되던 교회개척 방법이었다. 이제는 원래 사도들이 사용했던 교회개척 방법인 "복음전도"를 통한 교회개척만이 유효하고 효력이 있는 교회개척 방법이다. 사실 교회개척과 복음전도는 동의어임이 분명하다. 교회개척자는 맨땅에서 시작한다는 야성을 가지고 개척 현장에서 한 영혼을 구한다는 자세로 임해야만 할 것이다.

교회개척자가 복음전도와 관련하여 기억해야만 하는 내용이 있다. 복음전도는 어렵다는 사실이다. 역사 이래 복음전도가 쉬웠던 적은 없었다. 또한, 교회개척은 언제나 어렵다는 것이다. 교회개척이 쉬웠던 적

---

31. C. E. Autrey, *Basic Evangelism*; 정진황 역, 『기본 전도학』 (서울: 요단출판사, 1995), 76.

은 없다. 오히려 복음전도가 쉬웠고 교회개척이 쉬웠던 시대를 우리는 교회의 암울한 기간으로 평가한다. 그렇다. 어찌 한 영혼을 구하는 일이 쉬울 수 있겠는가? 또한, 어떤 교회개척자는 그 자신의 기질상 복음전도가 특별히 더 어렵다. 내성적이고 동시에 대인 관계에 소극적인 기질을 소유한 교회개척자는 거리로 나가 모르는 사람에게 복음을 전하기보다는 그저 교회에 엎드려 사람을 보내 달라는 기도만 하는 경향이 있다.

하지만 복음전도는 기질의 문제도 아니고, 은사 유무의 문제도 아니다. 물론 기질이 외향적이고 전도의 은사가 있다면 당연히 복음전도에 효과적일 것이다. 그러나 복음전도는 기질을 초월하고 은사 유무와 상관없이 모두가 순종해야만 하는 주님의 명령이다. 교회개척자는 자신의 기질이나 은사와는 상관없이 거리로 나가 동네 사람들에게 복음을 전함으로 그가 시작한 교회를 세워 나가야만 한다. 모든 그리스도인은 주의 일을 감당하기 위해 어떤 기질은 사용하여 발전시켜야 하지만 동시에 어떤 기질과는 거스르며 싸워야 한다.

분명한 사실은 필자가 이 글을 쓰고 있는 2022년 현재 한국은 숫자상으로 비기독교 국가라는 사실이다. 정부에서 10년마다 인구 조사를 시행하는데, 2024년까지는 2015년 통계를 공적으로 사용하는바, 2015년 통계에 의하면 기독교는 전 국민의 19.7%인 968만 명이다. 이 통계는 거리에서 마주치는 열 사람 중에 겨우 두 사람 정도가 기독교인임을 보여 준다. 그런데 이 수치 안에는 200만의 이단과 100만의 교회 밖 성도들이 포함되어 있다고 전문가들은 분석한다. 이들은 전체 기독교인들의 약 30%이다.[32] 결과적으로, 정통 신앙을 견지한 공인된 교회에 출석하는 기독교 신자는 668만 명 정도로 전 국민의 13.6%에 해당할 뿐이다. 목회자들은 일반적으로 교회 안에만 머물고, 성도들에게

---

32. 조성돈, "잃어버린 300만을 찾아라," 「목회와 신학」 vol. 332 (2017.2): 170-174.

둘러싸여 살기에 이러한 비신자 세상을 인식하지도, 이해하지도 못하는 경향이 있다. 그러나 세상의 사람들 눈에는 교회 다니는 사람이 신기해 보일 정도로 대한민국은 비신자의 나라요 세속화된 비기독교 나라이다.

하지만 이러한 상황이 교회개척자에게 결코 나쁜 상황이 아님을 기억하는 것이 중요하다. 소위 말해 지금 대한민국은 교회개척자에게 블루오션이라 하겠다. 나가면 다 비신자이니 그만큼 복음전도적 교회개척자에게 기회라 하겠다. 안타깝게도 교회개척자들을 포함하여 우리 목회자들이 20%밖에 되지 않는 교인들을 놓고 서로 나누어 먹기를 하려고 하고, 서로 탈취전을 벌이려고 한다. 쉬운 방법을 택하려는 목회자들의 자세가 모두를 어렵게 하는 레드오션 목회를 하도록 하는 것이다. 작금의 한국 교회 생태계는 진정한 복음전도적 목사가 되기 딱 좋은 환경이다. 전 국민의 80%가 비신자라는 어마어마한 시장이 교회개척자를 기다리고 있다. 교회개척자가 잃어버린 자를 "찾는 심정"을 간직하는 것은 하나의 본질적인 요소이다. "아버지께서 나를 보내신 것 같이 나도 너희를 보내노라"고 하셨다(요 20:21). 예수께서는 잃어버린 자를 찾아 구원하러 오셨다. 교회개척자는 이 과업을 완수하기 위하여 많은 일을 하여야 한다.[33]

4. 전략적인 사고와 목회를 훈련해야 한다

이미 언급한 바와 같이 교회의 운명은 목회자에게 달렸다. 때문에, 목회자는 반드시 준비되어야만 한다. 목회자는 목회 현장에서 시행착오를 최소화할 수 있을 정도로 다방면에 걸쳐 준비되어야만 한다. 현장에서 시행착오를 저지르면 목회자 본인에게는 그것이 성장할 수 있는

---

33. Autrey, 『기본 전도학』, 75-76.

계기가 될 수도 있지만, 동시에 그것이 바로 성도에게는 커다란 피해가 된다는 점에서 목회자들은 자신들의 시행착오를 매우 무겁게 보아야만 한다. 때문에, 목회자는 모든 면에서 매우 지혜롭고, 치밀하고 탁월해야 한다. 필자는 이러한 목회자를 전략적 목회자라고 부른다.

전략이란, "어떠한 목표를 달성하기 위하여, 주변 환경과 자원을 가장 효과적이고 효율적으로 사용하는 방법이라고 할 수 있다. 목표를 이루기 위해, 인간의 지혜와 지식이 총동원되는 과정"[34]이라 하겠다. 자라나게 하시는 이는 하나님이시다(고전 3:7). 그러나 언제 어디에다 씨를 뿌리고 어떻게 물을 주어야 하는 것은 인간의 전략이다. 병든 몸을 치료하시는 분은 하나님이시다(출 15:26). 그러나 의사의 진단을 받고 체계적으로 약을 먹는 것은 인간의 전략이다. 마찬가지로 교회의 흥망성쇠는 하나님께서 주관하신다. 그러나 하나님께서는 인간 목회자의 전략을 사용하시어 교회의 흥망성쇠를 주관하신다. 그렇기에 모든 목회자는 전략적이어야 한다. 특별히 교회개척자는 탁월한 행정가이자 경영자이어야 한다.

교회개척자가 전략적이지 못하면 그에게 주어진 제한된 하나님의 자원(시간 자원, 인적 자원, 물적 자원)마저 낭비하게 된다. 하나님은 한 교회나 한 목회자에게 무제한의 자원을 주시지 않는다. 무제한의 자원을 공급받으면서도 타락하지 않을 사람은 없을 것이다. 그렇기에 하나님은 늘 쪼들리게 자원을 공급하신다. 결코 하나님의 자원이 부족해서가 아니라, 인간의 죄성을 아시는 하나님께서 인간을 보호하고 다스리는 방법으로서 제한된 자원을 베푸시는 것이다. 목회자는 이 제한해서 주어진 자원을 착하고 충성된 청지기의 자세로 활용하여 열매를 맺어야 한다. 그렇다면 착하고 충성된 청지기의 자세는 무엇인가? 그것은 다름 아닌 전략적인 자세이다. 전략적이 되기 위해 일반 은총 영역의 자료들을 사

---

34. 양현표, 『사도적 교회개척: 신학과 실천과 방향』, 155.

용하는 것 역시 합당한 자세이다. 잘 되는 식당에서 잘되는 교회개척의 전략을 배울 수 있지 않을까?

목회의 열매를 조금이나마 맺으신 분들이 보통으로 고백하는 "하나님의 은혜"라는 말에 교회개척자들은 지나치게 위로받지 않기를 바란다. 물론 목회의 열매를 맺게 하신 이는 하나님이시며, 그렇기 때문에 목회의 열매를 놓고 하나님의 은혜라고 말할 수밖에 없다. 그러나 조금만 더 가까이서 그들 목회자를 관찰하면, 그들이 얼마나 탁월한 전략가이며 탁월한 행정 능력을 갖추고 있는 경영자인지를 쉽게 발견할 수 있을 것이다. 필자는 확신하기를 적어도 전략적이지 않은 목회자가 하나님의 은혜를 받아 그저 목회가 잘 될 수 없다고 확신한다. 모든 전략적인 목회자가 하나님의 은혜를 받는다고 말할 수는 없다. 그러나 적어도 전혀 전략적이지 않은 목회자가 그저 하나님의 은혜를 받아서 목회가 잘 될 리는 없다고 본다. 왜냐하면 전략적이란 말은 "착하고 충성된"이란 의미이기 때문이다. 대한민국 목회에서는 충성으로만 상급이 있을 것이라고 믿어서는 안 된다. 충성의 결과로 열매를 맺어야 한다. 교회개척자가 전략적이지 않으면 노이무공(勞而無功)한 목회가 된다. 세상에서 쓰이는 용어인 "프로페셔널!"professional 교회개척자는 바로 프로페셔널해야만 한다.

목회에 있어서 인간의 전략 사용을 주저할 필요는 없다

● ● ●

목회함에 있어서 인간의 이성과 지혜, 그리고 전략을 사용하는 것에 거부감을 갖고 있는 목사들을 종종 만난다. 보수 신학을 가진 목사일수록 그러한 경향이 짙은 것을 본다. 인간의 전략 사용을 주저하는 이들의 대동소이한 주장은 결국 하나님만을 의지해야 한다는 것이다. 나는 이들의 이러한 자세를 매우 높게 평가한다. 다만 문제점은 "하나님만을 의지한다." "하나님이 이끄시는 대로 따라간다." 그리고 "목회는 하나님이 하신다"라는 등의 주장이 사실은 지나치게 주관적이라는 점이다. 그렇게 주장하는 목사들의 목회 행위가 진정한 하나님의 행위인지를 객관적으로 분별하기가 어렵다. 자칫하면 목사 자신이 하고 싶은 대로 하는 목회가 될 위험성까지 있다.

나는 오히려 목회는 목사에 의해 좌우된다고 주장하곤 한다. 목사가 목회함에 있어서 하나님을 의지하지 않는 목사는 없다고 본다. 그것은 목사가 목회를 함에 있어서 기본이다. 그럼에도 불구하고, 같은 장소, 같은 문화, 같은 시기에 목회를 하는 두 목사 중에 한 명은 목회의 열매를 맛보지만, 다른 한 명은 지지부진한 목회를 하는 경우를 본다. 이러한 차이는 그들의 하나님이 달라서도 아니고, 그들의 기도가 부족했던 것도 아니고, 그들의 노력이 부족했던 것도 아니라고 본다. 목회의 결과가 다른 것은 목사가 다르기 때문이라고 나는 생각한다.

그렇다면 "목사가 다르다"는 의미가 무엇인가? 나는 그것을 철저하고 치밀한 전략이 있고 없고의 차이라고 보는 데 주저함이 없다. 하나님께서는 인간을 기계로 창조하지 않으셨다. 하나님께서는 목사들에게 이 세상을 살아가는 데 있어서 생각할 수 있고 선택할 수 있는 이성을 부여하셨다. 목사로 부르셨음은 특별한 소명이지만, 그 특별한 소명이 생각하고 판단하고 선택하는 인간의 능력을 빼앗아간 것은 아니라고 본다. 따라서 목사는 이성을 사용하고 지혜를 사용하고 일반 은총 영역의 많은 자료들을 활용함이 당연하다.

그렇다. 목회에는 전략과 경영과 정치가 필요하다. 이성과 지혜를 사용하여 체계적이고 전략적인 목회를 준비해야만 한다. 이것은 목사의 올바른 자세인 동시에 책임이다. 그리고 이것이 목회의 결과를 다르게 만든다. 전략적 행위는 결코 세속 영역이 아니라고 말하고 싶다. 전략적으로 되기 위해 하나님의 일반 은총 영역을 사용하는 것도 그르지 않다고 본다. 일반 은총 영역의 심리학, 사회학, 인류학 등 인간을 이해할 수 있는 데 도움이 된다. 세상에서 통용되는 경영학의 원리들은 교회를 경영하는 데 도움이 된다. 목사가 전략적으로 되지 않으면, 그나마 제한된 하나님의 자원을 낭비하는 불충성한 종이 되고 만다. 하나님께서는 그 누구에게도 무한정의 자원(인적 자원, 물적 자원, 시간 자원)을 주시지 않으셨다. 만약 무한정의 자원이 주어졌다면 목회적 전략이 필요 없을 것이고, 충성의 개념도 없게 될 것이다. 하지만 자원이 제한되어 있기에 목사는 전략적이어야만 한다.

전략이란 "어떠한 목표를 달성하기 위하여, 주변 환경과 자원을 가장 효과적이고 효율적으로 사용하는 방법"이라고 할 수 있다. 인간의 지혜와 지식과 주어진 자원이 총동원되는 과정이다. 자라나게 하시는 이는 하나님이시다. 그러나 씨앗을 언제 어디다 뿌리고, 물을 언제 어떻게 주느냐는 인간의 책임이다. 치료는 하나님이 하신다. 그러나 어떤 약을 어떻게 복용할 것인지는 인간의 책임이다. 이것이 바로 전략이고 인간의 책임이다. 이것이 뱀 같이 지혜로워야 한다는 말씀의 진정한 의미라고 본다(마 10:16). (물론, 물을 주지 않아도, 약을 복용하지 않아도 하나님은 자라게 하시고 치료되게 하실 수 있다. 그러나 이러한 경우는 하나님께서 비상시에 하시는 비상 섭리이시다. 비상 섭리를 일반화시켜서는 안 된다고 본다.)

하나님께서는 전략가이시고 경영자이심을 누가 부인할 수 있겠는가? 그의 창조 사역으로부터 시작하여, 구속사, 그리고 그의 종들을 들어 쓰시는 과정을 보건대, 그분은 전략가 중에서도 전략가이시다. 예수님의 하루 일정을 보면 그분이 얼마나 전략적으로 시간을 사용했는지 알 수 있으며, 그분의 가르침과 비유의 내용을 보면 전략적 차원의 가르침이 수두룩하다. 성경에 기록된 하나님께서 사용하신 사람들을 보라. 그들 대부분, 아니, 그들 모두가 전략의 귀재요, 경영의 천재들이다. 성경은 전략과 경영에 관한 엄청난 교훈이 적혀 있으며, 이 모든 것들이 인간 구속을 위해 사용한 하나님의 이야기이다.

어떤 이들은 충성이 전부라고 말하기도 한다. 하지만 목사에게 있어서 충성이 전부라고 말하는 것은 목회를 지나치게 단순화시키는 것이라고 생각한다. 나는 목회는 충성이 전부가 아니라 열매를 맺는 것까지가 전부라고 믿고 있다. "열심히 일하면 하나님께서 역사하신다!"라는 말은 아주 신앙이 좋은 말 같지만 다른 각도에서 보면 무책임한 말이 될 수도 있다. 결과는 상관없이 하나님이 아시고 하나님이 칭찬하실 것이라고 확신하는 것은 단순한 자기 위안이 될 수도 있다. 물론 충성이 전부인 목회환경도 있을 것이다. (예를 들어, 이슬람 세계 같은 곳은 충성이 다일 수 있다.) 그러나 대한민국에서 목회하면서 충성이 전부라고 말하고, 열매 맺음에 관심을 두지 않는다면 그것은 자칫 자기 위로 차원의 변명이 될 수도 있다. 열매 맺음은 전략적 목회의 결과임을 부인할 수 없다.

너무나도 많은 목사들이 하나님만을 의지한다는 자세로, 전략적 준비 없이 목회 현장에 뛰어들고 또 그렇게 목회 현장에서 버티고 있다. 하지만 하나님께서는 우리의 "우리 됨"을 사용하셔서 당신의 일을 이루신다. 그리고 "우리 됨"의 중요한 요소가 바로 "전략적인 모습"일 것이다.

5장
어떤 교회가 개척교회인가?

우리는 "개척교회"라는 단어를 자주 사용한다. 이 단어는 우리 귀에 매우 익숙하다. 그런데 개척교회라는 단어의 의미가 과연 무엇일까? 우리는 어떤 교회를 가리켜 개척교회라고 하는 것일까? 필자는 교회개척론 두 번째 글을 이러한 질문에 대한 답을 풀어감으로 시작하려 한다. 다시 말하면 개척교회가 어떤 교회인지를 밝힘으로 개척교회라는 단어가 함축하고 있는 지금까지의 모든 부정적인 이미지를 제거하려고 하는 것이다.

우리가 어느 교회를 개척교회라고 부를 때, 일반적으로 크게 두 가지 통념을 전제로 한다. 첫 번째는 그 교회의 "규모"이다. 즉, 교인의 숫자가 적으면 우리는 보통 그 교회를 개척교회라 부른다. 교회의 역사가 20년이 되었다 하더라도, 교인 수가 적으면 그 교회 목사부터 시작하여 교인들 모두가 자신들의 교회를 개척교회라고 규정한다. 어느 교회를 개척교회라고 부르는 두 번째 이유는 그 교회의 "역사"이다. 즉, 교회의 역사가 짧으면 우리는 보통 그 교회를 개척교회라 부른다. 이제 막 출생한 교회로부터 시작하여 역사가 몇 년 되지 않은 어린 교회들을 가리켜 그 교회의 규모와 상관없이 개척교회라고 부른다.

그런데 이처럼 "규모"와 "역사"라는 통념을 가지고 개척교회를 규정하는 것이 과연 합당한 것일까? 필자는 단연코 아니라고 생각한다. 개척교회를 이 두 가지 통념에 의해 규정한 결과, 오늘날 개척교회라는 단어 안에 온갖 부정적 이미지가 스며들었다고 확신한다. "개척교회" 혹은 "개척교회 목사" 하면 어떤 생각이 가장 먼저 떠오르는가? 아마도 "십자가", "고생", "상처", "가난", "눈물", "월세 걱정", "깨진 관계" 등 온갖 불쌍하고 안쓰러운 차원의 영적인 그리고 실존적인 단어들이 떠오를 것이다. 성경 시대 초대 교회들은 모두 개척교회였음에도 불구하고 이러한 부정적 이미지가 없었다는 사실과 비교해 볼 때, 지금의 개척교회에는 무언가 문제가 있음이 분명하다. 이 모든 것은 규모와 역사라는 가시적이고 물리적인 기준으로 개척교회를 규정한 결과이다.

물론, 규모와 역사가 개척교회의 모습을 규정하는 요소가 전혀 될 수 없다고 말할 수는 없다. 그러나 필자는 그것들이 개척교회를 규정하는 본질적인 조건은 아니라고 본다. 역사가 오래되었어도 개척교회일 수 있고, 이제 막 시작한 교회라 할지라도 개척교회가 아닐 수 있다. 오늘날 대한민국에서 교인 수 100명이 넘는다면 통념상 개척교회라고 말할 수 없을 것이다. 그러나 그 교회도 개척교회일 수 있다. 반대로 교인이 10여 명밖에 안 되는 교회라 할지라도 개척교회가 아닐 수 있다.

그렇다면 개척교회를 규정하는 본질적 요소는 무엇인가? 그것은 바로 "스피릿"spirit이라고 필자는 감히 단언한다. 개척교회 스피릿이 있으면 개척교회이고, 개척교회 스피릿이 없으면 개척교회가 아니다. 개척교회 스피릿이 무엇인지에 대해서는 뒤에서 자세히 설명하고자 한다. 그런데 개척교회 스피릿이 없지만, 규모나 역사라는 통념에 의해 개척교회처럼 보이는 교회들을 우리는 무어라 불러야 하는가? 그러한 교회를 무엇이라 명명하겠는가? 이를 위해 필자는 "미자립 교회"와 "미확립 교회" 그리고 "불(不)확립 교회"로 구분하고자 한다.

첫째, 미자립 교회는 말 그대로 경제적으로 자립하지 못한 교회를 의미한다. 50%의 한국 교회가 미자립 교회라는 말까지 있다. 필자가 속한 대한예수교장로회(합동)만 보더라도 교단에 속한 약 12,000여 교회 중에 58%에 가까운 6,600개의 교회가 미자립 교회로 보고되고 있다. 둘째, 미확립 교회는 경제적인 면을 포함하여 모든 체계나 철학(존재 목적), 인적, 물적, 조직적인 면에서 아직 확립되지 못한 교회이다. 아직 여러 면에서 어린 교회를 일컫는다. 마지막으로, 불확립 교회는 단지 교회 이름만 유지하는 교회이다. 어쩌면 목사의 목사직을 위한 교회일 수도 있다. 다시 소생할 의지도 능력도 없는 교회이다. 확립 교회로 가 보지도 못하고 미확립 교회에서 노쇠해 버린 교회를 말한다.

대부분의 미확립 교회는 미자립 교회일 것이다. 그러나 모든 미자립 교회가 미확립 교회인 것은 아니다. 비록 경제적으로 미자립 교회이지만 정신spirit은 살아 있는, 비록 인적 자원이나 조직적 인프라는 충분치 않지만 생동력이 넘치는 교회도 있기 때문이다. 아마도 이 땅에서 개척교회라고 불리는 많은 교회가 실제로는 개척교회 스피릿이 사라진 미확립 교회일 것이다. 그리고 어쩌면 이러한 미확립 교회 중에서도 많은 교회가 "불확립 교회"일 것이다. 미확립 교회는 그래도 "확립 교회"로 갈 여지가 남아 있다. 그러나 불확립 교회는 확립 교회로 갈 가능성조차 없다. 이런 교회는 스스로를 개척교회라고 부르지만 사실은 불확립 교회이다. 안타까운 점은 대부분의 미확립 교회가 확립 교회로 가기보다는 불확립 교회로 간다는 사실이다.

그렇다면 개척교회를 규정하는 스피릿이 무엇인지를 살펴보자. 개척교회 스피릿을 어떤 표준화된 개념으로 말하기는 어렵다. 말 그대로 보이지 않는 스피릿이기 때문이다. 그런데도 이 스피릿은 모두가 느낄 수 있는 강력한 파장을 가지고 있다. 필자의 경험에 비추어 볼 때, 이 스피릿은 마치 아이를 출산한 가정의 구성원들이 갖는 정신 또는 자세이자, 그 가정의 분위기라고 말하고 싶다. 비록 교회의 규모는 작고 자원도 부족하지만, 뭔가 꿈틀꿈틀하는 것, 뭔가 일어날 것 같은 분위기, 의욕과 가능성과 결의가 넘치는 기운이 바로 개척교회 스피릿이다. 교회 안에 현존하여 살아 움직이는 운동movement이며 기운이다.

이러한 스피릿이 넘치는 개척교회 목사의 일반적인 특징은 대체로 말이 많다는 것이다. 그의 목회와 삶 전체가 간증 거리가 되기 때문이다. 그는 사소한 일까지도 하나님의 은혜와 역사로 시끄럽게 간증한다. 이러한 스피릿이 있는 교회를 들여다보면, 교인들 역시 시끄럽다. 교인 모두가 희생하고 봉사하고 의견을 제시하느라 어떤 면에서는 질서가 없는 듯이 보인다. 사도행전 2:43-47에 묘사된 예루살렘 교회의 분위기가 그대로 나타난다.

켈러Timothy Keller는 그의 책 『팀 켈러의 센터처치』에서 "운동 역동성"movement dynamic[35]이라는 말을 사용했다. 필자가 생각하기에 켈러가 말한 운동역동성은 다름 아닌 개척교회 스피릿이다. 하워드 스나이더Howard A. Snyder는 그의 책 『교회 DNA』에서 "유기적 운동 교회"[36]라는 말을 사용했다. 이 역시 다름 아닌 개척교회 스피릿을 의미하는 다른 표현이라고 생각된다. 이 모든 표현이 개척교회가, 달리 말하면 이제 막 태어난 어린 교회가 보이는 특성을 압축하여 표현한 것들이다.

그런데 켈러의 주장에 의하면 이 "운동 역동성"은 시간이 흐름에 따라 점차 "제도"로 대치되어 "제도적 성격의 교회"로 변모되고, 스나이더의 주장에 의하면 "유기적 운동 교회"는 시간이 흐름에 따라 점차 "조직화된 제도적 교회"로 바뀐다. 이와 같은 주장은 사실 대부분 지상 교회가 경험해 왔던 매우 옳은 주장이다. 이러한 전이 과정, 즉 "운동"이 "제도"가 되는 과정은 스피릿이 점차 사라져 가는 과정으로서, 성경 시대 교회들로부터 시작하여 역사 속의 모든 지상 교회가 겪은 과정이라 하겠다. 그리고 제도적 요소들이 더욱 굳어져 화석화가 되면, 그 교회는 죽음을 맞이하게 되는 것이다. 결국, 스피릿이 지배하는 개척교회가 전통이 지배하는 제도적 교회가 되고 결국엔 유명무실한 교회가 되

---

35. Keller, 『팀 켈러의 센터처치』, 709.
36. Howard A. Snyder, *Decoding the Church*; 최형근 역, 『교회 DNA』 (서울: IVP, 2006), 25.

어 죽는다. 이러한 전체 과정을 학자들은 "교회 생명 주기"congregational life cycle라고 부른다.

이처럼 개척교회 스피릿이 시간이 가면서 점차 사라진다는 점, 스피릿의 자리를 점차 제도가 차지하게 된다는 점, 이것이 바로 큰 문제이다. 필자의 연구에 의하면, 대부분의 교회개척자들의 스피릿이 유지되는 기간은 안타깝게도 3년을 넘기지 못한다. 간혹 그보다 오랫동안 유지되는 에도 있지만 대부분 3년 정도면 스피릿을 잃어버린다. 교회가 부흥하지 않으면 지치고 낙담하여 스피릿을 잃어버리고, 교회가 부흥하면 제도적 교회가 주는 안정성에 취해서 스피릿을 잃어버린다. 교회개척자가 스피릿이란 본질을 기준으로 삼기보다는 물량과 세속적 성공을 기준으로 삼기에, 한쪽에서는 절망하여 스피릿을 잃어버리고, 다른 쪽에서는 자만하여 스피릿을 잃어버린다. 앞서 언급한 스피릿이 넘치는 개척교회 목사의 일반적인 특징이 대체로 말이 많다는 것과 반대로 스피릿을 잃어버린 개척교회 목사는 급격히 의기소침해지고 말이 줄어드는 특성을 보인다.

요점은 이것이다. 개척교회 스피릿이 있는 교회가 개척교회라는 것이다. 스피릿이 사라지면 미확립 교회로 자리 잡게 되고, 미확립 교회로 지속할 경우 유명무실한 불확립 교회로 굳어지게 되고, 결국에 가서는 생명을 다하게 된다는 것이다. 개척교회는 뭔가 어설픈 교회이다. 뭔가 다듬어지지 않은, 투박하고 거친 교회가 개척교회이다. 스피릿이 이끄는 교회이기 때문이다. 하나님의 역사는 그러한 원리와 본질에 충실한 세련되지 않은 개척교회를 통해 일어난다. "세련됨"은 좋아 보이지만, 인간의 인위적 손길이 많이 개입되어야만 나오는 결과이다. 무엇이든지 원형original은 가공되지 않은 투박함과 거침을 갖고 있다. 개척교회는 스피릿이 이끌어 가는 원형 교회이다. 이제 개척교회 스피릿이 있는 개척교회의 가장 큰 특징 네 가지를 필자의 경험을 되돌아보면서 살펴보도록 하겠다.

1. 스피릿이 있는 개척교회는 비전에 의해 움직인다

스피릿은 교회개척자와 구성원들을 꿈꾸게 만든다. 그리고 그 꿈은 그들을 지치지 않게 만든다. 그들은 장차 이루어질 교회의 모습을 꿈꾸고 상상하느라 잠을 이루지 못한다. 소위 말해 비전에 의해 움직인다. 조건과 형편에 의해 행동을 결정하는 것이 아니라 비전에 의해 행동을 결정한다. 외부인이 보기에는 현실성이 없는 터무니없는 꿈임에도 불구하고, 개척교회 스피릿은 내부 사람들을 그 꿈에 매달리게 한다. 현실의 조건이 꿈을 만드는 것이 아니라 꿈이 현실의 조건을 이끌어 간다. "할 수 있다!" "된다!" "해보자!"라는 자세가 온 교회를 지배한다. 스피릿이 충만할수록 이러한 자세와 분위기가 강해진다. 때문에, 개척교회 목사는 당연히 말이 많아지고 교인들은 황홀한 꿈속에서 산다. 교인들 서로 간에 그 꿈을 나누면서 수년 후 달라져 있을 교회 모습을 상상하면서 행복해한다.

하지만, 시간이 흐르면서, 그리고 교회가 규모 면에서 커지면서, "꿈"이 있던 자리를 "현실"이 차지하기 시작한다. 시간이 흐르면서 미래를 보기보다는 현재의 규모를 유지하고 운영하는 데 더 관심을 보이기 시작한다. 사람이 많아지면서 규칙과 질서가 강조되기 시작한다. 느슨한 조직 구조가 치밀해지기 시작한다. 정과 이해와 은혜로 진행되던 일들이 위계질서에 의해 진행된다. 어느 순간 목사는 꿈꾸는 자에서 조직을 운영하는 자로 변해 있다. 교인들은 꿈을 좇기보다는 주어진 일을 감당하기에 바쁘다. 교인들은 서서히 지친다. 주일이 오기를 고대했던 그들이었는데, 어느 순간 주일이 왜 이리 빨리 오느냐고 투덜대기 시작한다. 어느 순간 교회는 제도적 성격의 조직체가 되고 만다.

비전이 소멸되는 또 다른 모습도 있다. 그것은 앞선 사례와 정반대로 교회가 규모 면에서 전혀 성장하지 않는 경우이다. 아무리 꿈을 꾸고, 나름 노력을 하고, 하나님께 부르짖어도 전혀 상황이 바뀌지 않는다. 더불어서 경제적인 어려움에 직면한다. 개척 목사는 서서히 지쳐간다. 현실 속에서 꿈만 먹고 살 수 없다는 것을 깨닫는다. 교회를 유지하기에 급급하게 된다. 몇 안 되는 교인의 헌금 봉투에 관심을 두기 시작한다. 교회 간판을 내리느냐 마느냐 사이에서 고뇌하게 된다. 교회 문을 닫는 것이 하나님께 큰 죄로 여겨지기에, 그래도 목사인데 교회 간판을 내리는 것이 소명을 저버리는 것 같기에 그는 죽을 힘을 다해 교회를 유지한다. 교회를 처음 개척할 때의 그 황홀한 하나님의 역사에 대한 꿈은 온데간데없다. 어느 순간 교회는 미확립 교회를 거쳐 불확립 교회가 되고 만다.

2. 스피릿이 있는 개척교회는 자발성에 의해 움직인다

스피릿은 교회개척자와 구성원을 자발적으로 만든다. 개척교회 스피릿이 있는 교회에는 놀라운 일이 많다. 아주 적은 수의 교인들임에도 불구하고 일꾼이 충분하다는 느낌을 받는다. 적어도 그 교회 규모에 맞는 목회를 하기에는 충분한 인적 자원과 물적 자원이 존재한다. (다만 목사가 교회의 역량을 고려하지 않고 지나치게 과한 사역을 하려다 보니 모든 것이 부족해 보일 뿐이다.) 왜냐하면 모두가 모든 일에 자원하기 때문이다. 목사가 굳이 시키지 않아도 된다. 스피릿이 있는 교회의 교인들에게는 자신이 교회에서 감당해야만 하는 일들이 저절로 보인다. 새로운 아이디어들이 마구 쏟아진다. 단지 아이디어를 표출하는 것만이 아니라 스스로가 그것들을 책임지려 하고 실천에 옮기려 한다. 목사나 교인들이 자발적으로 위험을 감수한다.

하지만 시간이 감에 따라, 그리고 교회가 성장하여 교인들이 많아짐에 따라 이러한 자발성은 공로의식과 텃세로 바뀐다. 자발성은 사라지고 말만 무성해진다. 어느 순간 초기 멤버들은 과거를 회상하고 과거 자신들의 헌신을 자랑하는, 전형적인 쇠퇴기 교회의 모습을 보인다. 이것은 교회의 역사의 장단과 상관없이 나타날 수 있는 현상이다. 3년이 안 된 개척교회에도 자주 나타나는 현상이다. 참으로 이해하기 어렵지만, 개척교회에서 한주 먼저 등록한 사람이 한주 뒤에 등록한 사람에게 텃세를 부리는 것을 보면 참 신기하기도 하다.

교회가 성장하지 못할 경우에는 다른 과정으로 인해 자발성이 사라진다. 교회가 성장하지 못하면 목사뿐만이 아니라 교인들까지도 지치게 된다. 끝이 안 보이는 헌신의 필요성은 아무리 자발적 헌신을 해 왔던 사람이라 할지라도 탈진하게 만든다. 어느 순간 교인들은 교회를 떠날 명분을 찾는다. 이때부터 목사는 교인 앞에서 약자가 되기 시작한다. 교인을 달래고 설득하여 어떻게든 붙잡으려 하고 일을 맡기려 한다. 이 부분에서 목사의 위엄이 훼손되기 시작한다. 이때부터 목사는 목사대로 교인들에게 상처를 받기 시작하고 이 상처가 내면에 쌓인다. 물론 이 상처는 설교에 반영되어 화살이 되어 교인들에게 날아간다. 악순환이 계속되는 것이다.

3. 스피릿이 있는 개척교회는 자기희생에 의해 움직인다

스피릿은 교회개척자와 구성원에게 희생을 감수하게 만든다. 이 희생은 앞에서 말한 자발성과도 연결된다. 특별히 시간과 물질에 있어서 과감한 희생을 자원한다. 필자의 경험에 의하면 스피릿이 지배할 때의 교인들은 그것이 공적인 비용임에도 불구하고 교회에 청구하지 않는다. 기쁨으로 물질을 희생하고 손 대접하기를 즐겨한다. 오히려 없어서 희생하지 못하는 것에 대해 진심으로 죄송스러워한다. 교인들은 평일임에도 불구하고 직장에서 퇴근하자마자 교회로 향한다. 혹은 직장에서 퇴근하자마자 교회로 출근한다. 그들은 외적인 어떤 보상도 기대하지 않는다. 그들은 자신들의 희생에 대한 내적인 보상, 즉 스스로 느끼는 보람과 만족, 그리고 천국에서 주님이 주시는 보상으로 충분히 만족한다. 스피릿의 지배를 받는 목사는 엄청난 에너지를 교회에 쏟는다. 교회를 위해 가정까지도 희생시키는 데 주저하지 않는다.

필자는 평생 잊지 못할 경험을 교회개척을 통해 경험했는데, 그것은 교회당 마련을 위한 헌금을 실행할 때이다. 헌금하는 주일에 교회 역사상 가장 많은 사람이 출석했다. 어린아이들부터 노년에 이르기까지 기의 100% 출석하였다. 모두가 헌금하기 위해서였다. 헌금하는 시간이 한 마디로 축제였다. 물론 헌금 총액도 필자가 예측한 바를 훨씬 뛰어넘는 액수였다. 믿음이 작은 필자였기에 직면한 결과 앞에서 "정말 이래도 되는가?"라는 의심의 질문을 던질 수밖에 없었다. 필자는 단지 교회당의 필요성을 역설한 것뿐이었는데……. 실로 지역 전체를 놀라게 한 사건이었다. 교인들의 놀라운 헌신이자 희생이었다.

하지만 이러한 희생도 교회가 성장해 가면서 점차 수그러들고 만다. 사람들이 자연스럽게 희생의 결과로 나타난 열매에 심취하기 때문이다. 그들의 희생은 조만간 자랑거리로 바뀐다. 내적인 보상으로 만족하던 사람들이 외적인 보상을 바라보게 된다. 희생을 상대적으로 많이 한 사람은 어느 순간 영향력을 갖게 되고 당연히 교회의 실세 노릇을 하려 한다. 교회를 개척할 때 큰 자산가가 있으면 여러모로 도움이 되는 것은 사실이다. 그러나 그가 어느 순간 자신의 희생에 대한 대가를 요구하면 목사는 무척 난감한 상황에 직면하게 된다. 목사와 동역자가 아닌 동업자 의식을 갖고 자기 몫을 요구하는 것이다. 필자 역시 이와 비슷한 경험을 했던 바가 있다. 스피릿이 있을 때와 없을 때는 이처럼 큰 차이가 발생한다. 그렇기에 어느 한 사람의 지나친 희생에 의존하는 개척교회는 건강한 개척교회의 모습이 아님이 사실이다.

4. 스피릿이 있는 개척교회는 관습과 전통에 메이지 않은 유연성에 의해 움직인다

스피릿은 교회개척자와 구성원을 관습과 전통으로부터 자유롭게 만든다. 스피릿이 있는 교회는 이슈나 사건 대응에 있어서 매우 유연하다. 절차가 복잡하지 않다. 필요성에 의해 결정이 이루어진다. 매우 실용적이고 실재적이다. 사람과 상황에 대해 관대하다. 매우 상황적이다. 상황에 대한 적응력이 뛰어나다. 현장에 즉각적인 대응을 한다. 어떻게 일하고 누가 일하느냐보다는 무엇을 이루려 하고 무엇이 이루어졌느냐에 관심을 둔다. 어떤 사람이라도 그들이 교회의 비전에 동의한다고 말하면 받아들인다. 비록 옆 교회에서 큰 문제를 일으킨 당사자라 할지라도 변화될 가능성을 보고 받아들인다.

필자 역시 개척교회를 목회하던 시기에 이런 스피릿이 인도하는 자유로움에 의해 몇 사람을 교회의 구성원으로 받아들였다가 나중에 실리적인 측면에서 후회하는 경험을 했다. 하지만 후회는 나중 문제였을 뿐, 그 당시에는 필자를 비롯한 모든 구성원이 아주 관대하게 그들을 환영했다. 당시 어떤 인간적 계산도, 사심도 없이 필자뿐만 아니라 전 구성원이 그들을 받아들였다. 물론 실리적인 측면에서 후회한 것은 사실이지만, 지금도 필자는 그들을 받아들인 것이 주님의 뜻이었다고 믿고 있다. 그렇다. 스피릿이 인도하는 교회는 자주 이상적ideal이고 순진한naive 결정을 내린다. 왜냐하면, 성경적 명분과 원리 그 자체만을 고려하기 때문이다.

하지만 시간이 가면서 스피릿이 점차 사라지게 되고 더불어서 유연성과 자유로움의 교회가 제도적 교회로 변모해 간다. 관행이나 절차가 중시되기 시작한다. 새 사람이 오면 "검증"이라는 절차를 거치도록 한다. "무엇"보다는 "누가"가 더 중시된다. "그렇게 해 본 적이 없다"라는 기준이 부언가를 결정하는 데 중요한 기준이 된다. "이제 등록한 사람이"란 말이 신입 교인의 봉사와 적응을 막아버린다. 결국, 절차가 복잡해지고 본질이 껍데기에 갇히는 현상이 일어난다. "매체는 메시지이다"The medium is the message라는 말이 있다. 메시지를 전달하기 위해 매체가 만들어졌는데, 시간이 흐르면서 어느 순간 원래의 메시지는 사라져 버리고, 도구였던 매체만 굳건히 남아 메시지 역할을 한다는 의미이다. 스피릿이 사라지게 되면 매체(전통, 관습, 도구)에 의해 어떤 새로운 것도 할 수 없는 유명무실한 불확립의 교회가 되고 만다. 이러한 현상은 교회가 개척된 후 부흥해도 일어날 수 있고 부흥하지 못해도 일어날 수 있다. 놀라운 사실은 교회개척 이후 2~3년밖에 안 되었고 교인 또한 불과 10여 명 정도밖에 모이지 않는 교회에서도 일어나는 현상이라는 점이다.

지금까지 개척교회 스피릿이 있는 개척교회의 특징을 살펴보았다. 동시에 스피릿이 떠났을 때 혹은 스피릿이 떠나는 과정에서 나타나는 부정적인 현상도 함께 살펴보았다. 관건은 어떻게 개척교회 스피릿을 최대한 오랫동안 유지하느냐이다. "비전에 이끌리는"vision-driven 교회, 자발성에 움직이는 교회, 자기희생이 계속되는 교회, 그리고 관습과 전통에 메이지 않는 유연한 교회로 남기 위해서는 개척교회 목사 자신이, 그리고 교회가 어떻게 이 개척교회 스피릿을 오랫동안 유지할 수 있느냐가 핵심이다. 그렇다면 어떻게 이 스피릿을 유지하게 할 수 있을까? 이 일은 전적으로 개척교회 목사에게 달려있다. (물론 성령의 역사 아래에서) 목사 자신이 먼저 스피릿을 잃어버리지 말아야 하는 것이다.

목사 자신이 스피릿을 잃어버리지 않기 위해서는 두 가지 측면에서 무장해야 한다. 첫째는 본질적 무장이다. 필자는 그것을 꺾이지 않은 소명의식, 분명한 성경적 교회론, 그리고 자기만의 목회 철학이라고 믿는다. 둘째는 환경적 무장이다. 생존, 가정, 연구, 쉼 등이 이에 포함된다. 예를 들어, 아무리 소명의식이 투철하다 하더라도 소명을 유지할 수 있는 생존 환경이 마련되지 않는다면 아사로 인한 순교(?) 아니면 소명 포기 둘 중의 하나이다. 둘 다 극단적일 뿐 아니라 비극적인 결과이다. 스피릿은 저절로 유지되거나 충만해지지 않는다. 스피릿이 배양되고 유지되고 충만해질 수 있는 환경이 필요하다. 교회개척자들이 등한시하는 부분이 바로 이 부분이다. 환경적 무장 없이 본질적 무장만으로 교회개척에 돌입하는 것은 진실로 큰 문제이다.

개척교회는 스피릿에 의해 움직이는 위대한 지상 교회이다. 초대 교회들의 모습은 모두 스피릿에 움직인 시끄러운 교회들이었다. 개척교회는 사람의 눈에는 허무맹랑하게 보일 정도의 비전으로 무장한 교회이다. 개척교회는 목사로부터 시작하여 모든 교인이 자발적으로 움직이고 희생하기를 주저하지 않는 교회이다. 개척교회는 현장에 상황화되는 유연성을 가진 교회이다. 교회개척자는 이 모든 것을 가진 그리스도 안에서의 자유자이다. 이러한 교회개척자, 그리고 그에 의해 시작된 개척교회가 어찌 주님의 위대한 교회가 아닐 수 있겠는가? 개척교회와 개척교회 목사는 이런 차원에서 자부심을 느껴도 된다. 자꾸만 물량과 크기와 숫자로 개척교회를 규정하다 보니, 개척교회라는 말에 온갖 불쌍한 이미지가 덧입혀지고 교회개척자는 지상에서 가장 불쌍한 사람이 되어버린 것이다.

당신이 섬기는 교회는 어떤 교회인가? 혹시 전통과 권위와 질서와 순종이 강조되고 있지 않은가? 규칙과 정책이 강력하게 자리 잡고, 조직이 방대하며, 의사 결정 절차가 복잡하지 않은가? 물론 이러한 제도적이고 조직적인 차원의 덕목들이 불필요하거나 무가치하다는 말은 결코 아니다. 그러나 스피릿이 사라지고 오직 이러한 제도적 요소만 남아 있다면, 당신의 교회는 조만간, 아니 이미 쇠퇴기를 맞이했다고 해도 과언이 아닐 것이다. 안타깝게도 스스로 개척교회라 여기면서도 사실은 이미 제도적 교회가 되어버린 개척교회 아닌 미확립 교회, 그리고 불확립 교회들이 이 땅에 많다는 사실이다. 교회개척자는 개척교회의 위대성을 인식하고, 할 수만 있으면 오랫동안 개척교회 스피릿을 유지하도록 해야 하겠다. 이를 위해서 개척교회 목사는 본질적으로, 그리고 환경적으로 철저한 준비가 필요하다.

교회를 오래 유지하기 위해 목숨 걸 필요는 없다

● ● ●

목회란 무엇인가? 목회란 단지 교회를 유지하는 것이 아니다. 많은 개척교회 혹은 미자립 교회 목회자들이 교회를 단지 유지하는 데 온갖 심혈을 쏟아붓는다. 빚더미 위에 올라도, 가정에 심각한 문제가 생겨도, 갖은 노력을 통해서 교회를 유지하려 한다. 그리고 그것만이 목회자의 자세이고, 사명을 성취하는 길이라고 여긴다. 하지만 목회라는 것은 단지 교회를 유지하는 것이 아니다. 목회는 영혼을 구원하여 제자로 만들어 재생산자로 만드는 것을 의미한다. 따라서 목회자가 단지 교회를 오래 유지하는 데 목숨을 걸지 않아도 된다.

목회는, "하나님 나라"를 하나의 거대한 벽이라고 했을 때, 단지 몇 개의 벽돌을 쌓는 것으로 여기면 된다. 어떤 목회자는 다른 목회자들보다 조금 더 많은 벽돌을 쌓을 수도 있다. 어떤 목회자는 다른 목회자들보다 훨씬 더 적은 양의 벽돌을 쌓을 수도 있다. 중요한 사실은 이 땅의 그 어떤 목회자도 벽을 완성하는 목회자는 없다는 사실이다. 문제는 자신이 벽을 완성하겠다고, 혹은 완성하였다고 생각하는 목회자들이다. 이러한 목회자는 성공할 경우 제왕적 목회를 하는 자들이 되고, 실패할 경우 소명 의식까지도 잃어버리고, 가정적으로 그리고 경제적으로 심각한 질곡에 빠지는 자들이 된다.

이 땅의 모든 생명체가 건강하고 장수하는 것이 하나님의 뜻이 아니다. 어떤 사람은 태어나자마자 죽기도 하고, 어떤 사람은 사고로 죽기도 하고, 어떤 사람은 병으로 죽기도 한다. 살아 있으나 살아 있음을 드러내지 못하는 사람도 있다. 이 모든 것이 생명체에 대한 하나님의 섭리이다. 매우 자연스러운 현상이다. 죽음은 매우 자연스러운 하나님의 섭리이다. 누군가가 일찍 죽을 경우, 그것이 인간적으로 서운한 일임에는 분명하지만, 그렇다고 이상한 일은 아니다.

지상 교회 역시 마찬가지이다. 지상의 모든 가시적 교회들이 잘되고 번성하는 것만이 하나님의 계획이 아님이 분명하다. 어떤 교회는 추생한 지 불과 몇 달 만에, 혹은 길어야 2~3년 만에 문을 닫는다. 괜찮다. 그럴 수 있다. 그것은 실패가 아니다. 단지 다른 사람에 비해 벽돌을 조금 덜 쌓았을 뿐이지 문제가 되는 것은 아니다. 어차피 지상 교회는 끝이 있다. 영원히 존속하는 지상 교회는 없다. 반드시 그 죽음이 있다. 문제는 단지 교회를 유지하려는 데만 목표를 두고 목회를 하는 목회자들이다. 결국 돈 문제로 연결된다. 그러다 보면 세속화의 길을 걷는다. "하나님을 위한 세속화"라는 모순적 목회 형태에 빠진다.

"세습"에 관해 나름의 의견을 나도 갖고 있다. 그런데 세습 옹호자들이 주장하는 하나의 논리가 목사의 아들이 담임이 되지 않으면 교회가 어려워진다는 주장이다. 이러한 주장은 성경적으로, 그리고 신학적으로 우습기 그지없는, 지독히 세속적인 주장이다. 지상 교회를 단지 유지시키기 위한다는 인간적 목적을 위해, 하나님 나라에 큰 해를 입히고, 전도의 문을 막고, 교회의 사회적 책임을 무시하는 행태는 결코 하나님의 뜻이 아니라고 본다. 목사의 아들이 와야만 생존할 수 있도록 목회한 아버지 목사의 잘못된 제왕적 목회가 문제의 근원이다. 교회가 문을 닫을 수도 있다. 아니, 문을 닫을 때는 닫아야 한다. 안 죽기 위해 안달하는 것은 오히려 부자연스러운 것이다. 물론, 그때는 아주 특별한 시대라는 전제를 붙인다고 하더라도, 바울이 그가 세운 어린 교회들을 두고 떠날 수 있었던 것은 교회를 향한 성령님의 간섭을 믿었기 때문이었다. 바울은 "나 아니면 이 교회가 문을 닫는다"라는 걱정도 두려움도 없었던 것으로 생각된다. 그는 그가 세운 교회의 생과 사를 그 자신이 결정하려고 하지 않았다.

교회의 생과 사는 하나님의 섭리 속에 있다. 물론 모든 생명체는 살기 위해 몸부림쳐야만 한다. 지상 교회도 살아남기 위해서 최선의 노력을 해야만 한다. 너무 쉽게 교회 문을 닫으려 해서는 안 된다. 그러나 교회를 단지 유지하는 것을 주님이 주신 사명으로 여겨서는 안 된다. 죽을 때가 있으며, 죽을 때는 죽음을 받아들이는 것 또한 목회자가 할 수 있는 일이다. 오늘날 변형된 교회성장론과 성장주의와 성공주의에 기초한 목회론은 자꾸만 가시적 교회의 번성을 목표로 해서 목회하도록 만든다. 거룩으로 덧입혀진 지독히 세속적인 목회론이다.

6장
교회개척을 위해 무엇을 준비해야 하는가? (1)

목회하다 보면, 어떤 일은 하나님의 뜻이라고 100% 확신하는 일임에도 불구하고 이루어지지 않는 경우가 허다하다. 그러한 경우 당혹스럽다. 하나님께서는 왜 하나님께 유익이 되는 이 일을 이루어지지 않게 하신단 말인가? 왜 하나님께서는 소명을 주셔서 나를 부르셨고, 분명한 사명을 주셔서 이 일을 하게 하셨는데 결과는 실패하게 하신단 말인가? 이러한 질문은 필자가 교회개척과 목회하는 과정에서 수없이 던졌던 질문이었다. 그런데 이러한 질문은 하나님의 원대한 계획을 나의 이기주의 안에 가두려는 질문이었음을 곧 깨달았다.

태어난 모든 어린아이가 건강하지는 않다. 이 세상의 모든 사람이 행복하지는 않다. 이 땅의 모든 교회가 건강하지는 않다. 어떤 어린이는 태어난 지 수개월 후에 세상을 떠나기도 하고, 어떤 사람은 그가 성도임에도 불구하고 전 재산을 투자한 사업이 불과 수개월 만에 파산하기도 하고, 어떤 교회는 하나님께서 주신 비전을 수행하려 하다가 오히려 분열되기도 한다. 우리는 이러한 원치 않은 현상을 어떻게 보아야 할까? 필자는 한 마디로 "자연스럽게" 보아야 한다고 생각한다.

우리는 하나님의 심오한 의도를 모르지만, 결국은 우리의 어떤 실패까지도, 나아가서 우리 눈에 없었으면 더 좋았을 뻔한 불행한 일까지도 하나님의 통치와 섭리 안에서 보면 조화롭고 유익하다는 사실을 안다. 우리는 이 모든 실패와 불행을 완전히 이해할 수 없지만, 하나님께서는 그분만의 목적을 위한, 그리고 그분이 이루시려는 궁극적인 선을 도모하기 위한 방편임을 안다.

　필자가 왜 이렇게 소위 말해 신정론(神正論)에 기초한 장황한 사설을 늘어놓겠는가? 그 이유는 교회개척이 이 땅의 관점으로 볼 때 실패할 수 있다는 것을 말하기 위함이다. 그리고 그것은 자연스러운 현상이라는 것이다. 교회개척은 하나님의 소원이다. 그러나 모든 교회개척이 성공하지 않는다. 모든 개척교회가 살아남는 것이 하나님의 뜻은 아니라고 본다. 하나님께서는 오직 그분의 목적에 의해서 하나님 나라를 통치하실 뿐이다. 때문에, 어떤 교회개척이 성공하는 것은 큰 영광이지만, 어떤 교회개척이 실패하는 것 또한 "자연스러운" 현상이다. 다만 그 실패가 나의 실패이기에, 그리고 내 교회가 문을 닫는 것이기에 불행하고 절망스러울 뿐이다.

　그렇다면, 이렇게 실패한 교회개척자는 도대체 무엇인가? 교회개척에 실패한 사람은 단지 하나님의 주권에 의한 희생물인가? 정직하게 말한다면, 어떤 면에서 불경스러운 태도일 수 있지만, 수많은 개척교회가 문을 닫는 것을 보면서, 필자는 지금도 이 질문을 하나님께 조금은 항의조로 여쭙는다. 한 개인의 실존적 위기 앞에서 "하나님은 무조건 옳으시다"라는 신정론적 권면이나 위로가 당사자들에게 큰 도움이 되지 않는다는 사실을 종종 경험했다. 그래서 지금도 질문한다. "하나님께서 저이를 부르셨고, 당신께서 당신의 소원인 교회개척을 하도록 하셨는데, 왜 교회 문을 닫아야 한단 말입니까?"

　필자는 바로 여기에서 "하나님의 주권"과 동전의 양면을 이루는 "인간의 책임"이란 논제를 시작한다. 하나님의 주권 영역은 하나님께 맡겨놓자. 다만 인간이 할 수 있는 일은 실패하지 않기 위하여, 불행한 일을 당하지 않기 위하여 최선을 다해 준비해야 하는 책임이 있다. 즉, 하나님의 주권이라는 우산 아래서 인간은 그 책임을 다해야 한다는 것이다. 하나님께서 인간을 기계로 창조하지 않으시고, 생각할 수 있는 능력을 소유한 이성적 존재로 창조하셨다는 사실은 인간에게 책임을 주셨고, 인간은 그 책임을 감당해야 하며, 책임 감당 여부에 따라 결과까지도 달라질 수 있음을 의미한다. (이러한 사실을 필자는 4장에서 "교회개척은 사람[교회개척자]이 수행하는 일이다"라는 소제목으로 설명한 바 있다.)

그러므로 교회개척자는 교회개척이 실패하지 않게 하도록 최선을 다할 책임이 있다. 그렇다면 그 책임이 무엇인가? 바로 잘 준비하는 것이다. 다수의 교회개척자들이 단지 하나님의 인도하심만을 바라면서 교회개척 현장에 뛰어드는 경향이 있다. 그렇다면 교회개척자가 교회개척을 실행하기 전에 무엇을 준비해야 하는가? 이 질문에 대해 명확한 답변을 할 수 있는 자는 비교적 생존율이 높은 교회개척을 할 수 있는 자라고 믿는다.

먼저는 충분한 시간을 갖고 여유 있게 교회개척에 임하라고 말하고 싶다. 교회개척자들이 소명에 심취되어 혹은 상황에 몰두하여 너무 급하게 교회개척에 임하는 경향이 있다. 다시 말하지만, 분명 하나님의 주권적인 인도하심이 있으며 또한 그분의 은혜가 필요하다. 그러나 인간이 감당해야 할 일과 책임 또한 분명히 있다. 그것이 바로 준비하는 시간을 가져야 한다는 것이다. 전문가들은 교회개척자가 교회의 첫 예배를 시작하기launch 전, 계획plan 단계에 6~9개월, 배양development 단계에 3~6개월, 그리고 실행pre-launch 단계에 1~3개월 등 적어도 10개월 이상의 시간을 가지라고 말하고 있다. 그만큼 준비하는 시간을 충분히 가지라는 의미이며, 이것은 시간의 장단을 의미하기도 하지만, 보다 중요한 사실은 질quality 좋은 준비를 하라는 의미이다.

물론 하나님께서 하시는 일이 때로는 순식간에 이루어진다는 것을 절대 부인하지 않는다. 하지만 하나님께서 일반적으로 일하시는 방법은 인간의 역할을 최대한 사용하시는 방법이다. 개인적으로 경험한 필자의 하나님은 오히려 어떤 일을 위한 필자의 짧지 않은 준비와 인내를 보시다가 마지막 순간에 개입하셔서 순식간에 일을 이루시는 하나님이셨다. 따라서 교회개척자는 하나님의 일반적으로 일하시는 방법에 순응할 필요가 있다. 보통으로 일하시는 하나님께 순응할 때, 즉 교회개척자가 자신의 역할과 책임을 다하고 있을 때, 때로 그는 하나님 나라의 특별한 주인공이 될 수 있다. 보편적이고 자연법칙적인 삶에 충실하지 않은 자를 하나님께서 특별하게 사용하시는 경우는 없다고 본다. 그런데 많은 교회개척자가 하나님의 특별한 은혜를 자신은 받게 될 것이라는 믿음으로 교회개척에 임한다. 이것은 앞글에서도 이미 말했듯이 믿음이라기보다는 자기 과신으로 인한 도박이 되기 쉽다.

충분한 시간을 갖고 준비하라는 의미는 또한 지금부터 준비하라는 의미이기도 하다. 장차 교회개척을 계획하고 계시는 분들이 있을 것이다. 그리고 지금은 모르지만, 미래에 어쩔 수 없이 교회개척으로 나아갈 분들도 있을 것이다. 두 경우 모두 지금의 현장에서부터 교회개척 준비를 해야만 한다. 왜냐하면 당면해서 준비하는 것은 늦을 수 있기 때문이다. 장차 자신이 교회개척을 하게 될 경우를 가상하고 현재의 목회 현장을 대면해야 한다. 현재의 목회 현장에 충실하지 않고 배우지 않으면서 "나중에 내 목회는 잘할 수 있다"라고 말하는 것은 전혀 근거가 없는 확신이다. 지금의 현장에서 자신만의 스토리를 만들어야 한다. 또한, 지금의 현장에서 실수와 실패를 경험하고, 지금의 현장에서 시행착오를 겪으면서 나중을 준비해야 한다. 교회개척자이든 아니면 담임목사이든, 마지막 책임자로서 자신이 겪는 실패와 시행착오는 자신의 목회를 완전히 망가뜨릴 수 있는 결과를 가져올 수 있다. 현장은 담임목회자가 시행착오를 통해 배울 수 있도록 기다려 주는 데 매우 인색하기 때문이다.

그렇다면, 충분한 시간을 갖고 여유롭게 무엇을 준비해야 하는가? 필자는 "자기만의 교회개척"을 준비하라고 매우 강하게 강조해서 말하고 싶다. 사실 이 말은 이 땅의 모든 목회자에게 하고 싶은 말이다. "자기만의 목회"를 해야 한다. 누군가를 흉내 내는 목회는 통하지 않을뿐더러, 하나님께서 이 세상에 오직 하나뿐인 당신을 부르신 그 목적에도 어긋난다. 당신은 하나님의 유일무이한 독특한 창조물이다. 당신은 당신만의 기질을 가졌고 당신만의 고유한 성품과 환경과 은사와 재능을 가졌다. 그러한 당신을 하나님은 목회자로 부르셨다. 그 말인즉슨 당신만의 목회를 하라는 의미이다. 누군가를 흉내 내는 목회를 하라고 부르신 것이 아니다. 당신이 고(故) 옥한흠 목사님을 존경하고 한 모범으로 삼을 수는 있지만, 옥한흠 목사님이 되고 그분처럼 목회하라고 부름을 받은 것은 아니다. 다양성을 즐기시는 하나님께서는 당신만의 목회를 하라고 당신을 부르셨고, 그렇기 때문에 당신은 당신만의 목회를 감당해야 한다. 당신이 교회개척자라고 한다면 당신은 당신만의 교회개척론과 방법과 삶을 준비해야만 한다.

그런데 많은 교회개척자가 자신에게 주어진 자산을 기초로 한 "창조적"creative이고 "다르게"different 교회개척을 시도하기보다는 천편일률적인 교회개척 방법을 사용한다. 선배들이 하는 방식을 그대로 답습하는 전통적인 교회개척 방법을 그대로 따라가고 있다. 그런데 모두가 같은 방법을 사용함에도 불구하고 누구는 성공하고 누구는 실패한다. 왜냐하면, 방법이야 동일하지만 그 방법을 사용하는 사람이 다르기 때문이다. 결국 성공과 실패는 방법에 있다기보다는 그 방법을 사용하는 사람에 달려 있다고 보는 것이 더욱 옳다. 그러므로 교회개척자는 하나님께서 자신에게 주신 독특한 자산을 활용하고 자신에게 맞는 자신만의 교회개척을 시도해야 한다. 즉, 자기의 몸에 맞는 옷을 입고 자신의 발에 맞는 신발을 신고 달리는 것이 효과적이고 편하고 더 오래 달릴 수 있다는 것이다.

필자의 유학 시절, 석사 과정 첫 학기에 〈목회신학 세미나〉를 수강했었다. 필자는 그때의 경험을 아직도 잊지 않고 있으며, 지금 후학을 가르칠 때 적용하고 있다. 우리는 보통 목회학에 접근할 때 하나님께서 우리를 부르셨다는 소명을 강조하고, 그렇기에 하나님께서 원하시는 일은 무엇이든지 사명으로 여기고 순종하겠다는 방식으로 접근한다. 그런데 당시 담당 교수님은 목회학을 "부르신 하나님"으로부터 시작하지 않고, "부름을 받은 우리"로부터 시작하셨다. 첫 수업 세 시간을 나의 정체성, 나의 기질, 나의 환경, 나의 약점과 강점 등을 돌아보고 분석하는 데 온통 사용하셨다. 그리고 결론은 그렇게 독특한unique 나를 사용하여 하나님께서 주신 소명을 이루라는 것이었다. 강력한 인상을 남긴 수업이었다. 사실 이러한 신학 방법론은 폴 틸리히Paul Johannes Tillich 같은 진보 진영 쪽에서 즐겨 쓰는 방법론이기에 필자에게는 익숙하지 않았다. 이와 같은 방법론은 신론으로부터 시작하여 인간론으로 이어지는 전통적인 방법론이 아니라, 인간론으로부터 시작하여 신론으로 나아가는 실존주의적 방법론이라 하겠다. 하지만 필자가 공부했던 학교는 매우 보수적인 칼빈주의 학교였고, 교수님 또한 철저한 칼빈주의자였다. 결국 교수님의 방법론은 철저히 하나님의 주권을 전제하여, 소명자가 자기 자신을 정확히 알아야만 하나님께서 부르신 그 소명을 온전하게 이룰 수 있다는 것을 말하는 방법론이었다.

이제 자신만의 교회개척 혹은 목회를 실행하기 위해 점검할 것이 무엇인지를 살펴볼 차례이다. 많은 것들이 있지만, 이번 글에서는 교회개척자가 가진 두 가지 무형 자산, 즉 선천적으로 주어진 것과 후천적으로 획득한 자산에 관해서 설명하려 한다. 먼저 교회개척자에게 선천적으로 주어진 자산들이다. 그것은 기질과 재능과 은사이다. 기질과 재능은 육신이 태어날 때 주어지며, 은사는 영혼이 거듭날 때 주어진다. 교회개척자는 자신의 이러한 것들에 대한 분석과 인지가 필요하다.

우선 기질에 관하여 살펴보도록 하자. 자신이 어떤 기질을 갖고 태어났는가에 대해서는 본인의 책임이 없다. 그러나 그 기질을 인지하고 관리하는 것은 본인의 책임이다. 목사를 포함한 모든 인간은 누구나 한 가지 이상의 악한 기질을 갖고 태어난다. 그 악한 기질과는 당연히 싸워야 한다. 악한 기질은 목사를 습관적인 실수나 습관적인 죄에 연루되도록 하기 때문이다.

누구나 한두 번은 같은 실수를 저지를 수 있다. 그래서는 안 되겠지만, 누구나 한두 번 똑같은 죄에 연루될 수도 있다. 그러나 그 동일한 유의 실수나 죄가 정기적으로 혹은 간헐적이라도 반복된다면, 그래서 그것이 하나의 라이프 스타일로 굳어진다면 그것은 목사로서 보통 큰 문제가 아니다. 그러한 반복성은 그의 기질 때문이다. 어떤 목사든지 한두 번은 성도와 관계가 악화될 수 있고, 목사를 대적하는 성도를 만날 수 있다. 그러나 그 일이 자꾸만 반복되어 일어난다면, 그 원인을 목사 자신의 기질 때문이라고 보는 것이 옳다. 어떤 목사는 목회 현장에서 "뿔난 양"들만 계속해서 만난다고 투덜거린다. 그런데 만약 그 말이 사실이라면, 그 목사는 뿔난 양을 만나는 것이 아니라 뿔난 양을 생산하고 있을 확률이 높다. 즉, 목사의 기질이 보통의 선한 양을 목사에게 대드는 뿔난 양으로 만든다는 소리이다. 한 마디로 모든 반복성은 기질과 관련이 있다.

물론, 성령 충만했을 때는 악한 기질이 작동하지 못한다. 오히려 유익하게 쓰이기까지 한다. 예를 들어 기질상 성격이 급한 사람의 경우, 성령의 온전한 지배를 받을 때는 그 급한 성격이 하나님의 일을 하는 추진력으로 사용된다. 그러나 대체로 그런 경우는 그리 오래 가지 않는다. 그 급한 성격으로 인해 목회가 엉망이 되는 경우가 다반사 발생한다. 긴 목회 여정에서 목사가 언제나 성령 충만하지 않기에, 때로는 목회가 잘됨으로 인한 느슨함 때문에, 때로는 목회가 되지 않음으로 인한 낙심 때문에, 잠자고 있던 그 악한 기질이 깨어나 작동하여 목사를 몰락으로 이끈다.

어느 목회자가 동일한 실수를 하고 싶겠는가? 어느 목사가 동일한 죄에 연거푸 빠지고 싶겠는가? 어느 목회자가 사람들과의 관계가 나쁘기를 바라겠는가? 그러나 그렇게 작동하는 자신의 기질 때문에 그 일들이 반복되는 것이다. 따라서 교회개척자는 자신의 기질을 간파해야 한다. 이것은 교회개척을 위한 매우 중요한 준비이다. 자신을 넘어뜨리는 기질을 알고 성령님의 도우심을 통해 그것과 철저히 싸워야 한다. 자신의 악한 기질이 작동할만한 상황이나 환경 자체를 아예 만들지 말아야 한다. 동시에 일반적이고 좋은 기질은 최대한 활용해서 자신만의 자연스러운 교회개척과 목회를 준비해야 한다. 교회개척의 성공과 실패의 원인 대부분은 가시적인 환경이나 자원 때문이라기보다는 오히려 불가시적인 교회개척자의 기질 때문일 경우가 많음을 보게 되는 것은 결코 우연이 아니다.

   교회개척자는 자신의 기질뿐만 아니라 재능과 은사가 무엇인지도 인지하고 있어야 한다. 앞에서 말했듯이 재능과 은사 역시 주어지는 것이다. 재능은 선천적으로 주어지며 은사는 교회의 지체가 될 때 주어진다. 다시 말해, 기질과 마찬가지로 재능과 은사 역시 비록 주어진 것이지만, 관리할 책임은 받은 자에게 있다. 선한 쪽으로 사용하여 더 개발하고 발전시킬 책임이 있다. 아무리 주어진 것이라고 하지만 사용하지 않으면 소멸하고 만다. 또한 탁월한 재능과 은사를 가지고 오히려 세상을 시끄럽게 하고 교회를 무너뜨리는 경우가 허다하다. 교회개척자는 자신의 재능과 은사를 정확히 인지하고 그것을 활용해서 교회개척에 임하는 준비가 필요하다. 재능과 은사는 분명 다르다. 가장 이상적인 것은 타고난 재능이 구원받은 후 은사화 되는 것이다. 이러한 재능과 은사를 통해 자기만의 독특한 교회개척과 목회를 준비하는 것은 매우 지혜로운 일임이 분명하다.

   여기서 한 가지 매우 중요한 내용을 덧붙이고자 한다. 그것은 교회개척자가 자신 못지않게 가족들의, 특별히 배우자의 기질과 재능과 은사를 파악해야 한다는 사실이다. 교회개척은 목회자 홀로 할 수 있는 것이 아니다. 그렇기에 거의 모든 교회개척 전문가들은 한결같이 건강한 부부 관계를 교회개척자의 필수 자격으로 꼽고 있다. 간혹 배우자를 비롯한 가족을 자신의 소명 수행에 무조건 순종해야 하는 부속물로 여기는 목사들을 만나곤 한다. 이러한 모습은 심히 교만한 모습이라고 필자는 생각한다.

한때 필자 또한 그리했다. 필자는 과거 교회개척을 위해 이사를 해야만 했는데, 당시 초등학생이었던 아들의 동의를 구하지 않는 실수를 했다. 지금 생각하면 당연히 그에게 동의를 구하고 그를 설득하는 과정이 있어야만 했다. 그런데 당시 필자는 오직 사명에 대한 열정 때문에 앞만 보고 갔을 뿐 주변을 돌아보지 못했다. 익숙하고 정든 모든 것과 이별하게 만들었던 그 이사는 아들에게 정말 큰 상처였다. 이것은 아들의 청소년기와 20대까지 영향을 주었다. 필자가 이러한 사실을 알게 된 것은, 그때로부터 20여 년이 흐른 뒤, 서른 살이 넘은 아들이, "그래서 그동안 아빠를 미워했다. 이제 그때 아빠의 결정을 이해하게 되었고, 아빠를 미워했던 지난날에 대해 용서를 바란다"라는 내용이 담긴 장문의 편지를 통해서였다. 그랬던 그 아들이 신학을 공부했고 아마도 조만간 목사 안수를 받을 것이다. 그동안 교회개척에 있어서 가족을 고려해야 한다는 내용을 얼마나 많이 가르쳤던가? 그런데 정작 필자 자신이 과거 가족을 고려하지 않았다는 사실을 깨닫지 못하고 있었던 것이다.

교회개척에 있어서 배우자의 소명, 기질, 재능과 은사는 자신의 것만큼이나 중요하고 영향력이 크다. 물론 근래와 와서 목회자의 배우자 역할이 크게 변하고 있음이 사실이지만, 교회개척 현장에서 배우자의 기질은 가히 절대적인 영향을 끼친다. 자칫 배우자가 목회자의 십자가가 될 수도 있다. 그러니 그 모든 것을 고려하고 그에 맞는 교회개척과 목회를 택해야 한다. 배우자가 교회개척을 반대하거나, 목회 자체나 목회의 방향에 대해 동의하지 않는 경우, 목사는 기도 중에 기다리고 설득해야 한다고 필자는 확신한다. 배우자는 자신의 목회를 방해하는 사탄이 결코 아니다. 때로는 부부 관계를 위해 목회 현장에서 잠시 물러나는 것도 지혜로운 일이다. 목회 때문에 부부라는 한 몸이 훼손되는 것을 하나님은 바라시지 않을 것이라고 믿기 때문이다.

기질을 파악하고 은사를 확인하는 도구tool나 테스트 키트kit, 그리고 이론들이 많이 있다. 조금만 노력하면 이러한 도구들의 도움을 받을 수 있을 것이다. 특별히 영어권에서 교회개척자를 위해 고안된, SHAPE assessment, Ridley assessments, 남침례교의 church planter candidate assessment 등은 매우 유용한 도구가 된다고 생각한다. 물론 이러한 도구들이 100% 정확히 한 사람의 기질과 재능과 은사를 밝혀 줄 수 없다. 그러나 어느 정도 도움을 받을 수는 있다.

지금까지 교회개척자는 선천적으로 주어진 무형의 자산을 분석하고 인지해야 한다는 사실을 다소 장황하게 말했다. 그만큼 중요한 내용이라고 믿고 있기 때문이고, 교회개척자들이 자기 자신이 이미 훌륭한 자원임을 인식하고 있지 않음에 대한 안타까움이 있기에 사설이 길어졌다. 그런데 교회개척자가 자기를 분석하는 데 있어서 중요한 더 많은 영역이 있다. 이러한 영역은 대체로 태어난 이후 획득한 무형의 것들인데, 이것들은 타고난 기질과 어울려 지금의 자기 정체성 형성에 영향을 주고, 그리고 미래의 삶을 얼추 짐작할 수 있게 해 준다.

우선 자신의 문화적 배경을 분석하고 인지해야 한다. 자신이 어떤 환경 속에서 자랐는지, 시골인지 도시인지, 어떤 문화권 속에서 살아왔으며, 어떤 문화에 익숙하고 편한지를 인지해야만 한다. 문화적 차이는 인간이 극복하기에 대단히 힘이 든다. 불편한 문화권에 거한다는 것은 맞지 않는 옷을 입고 있는 것과 같다. 인간이기에 다른 문화에 점차 적응하게 되겠지만, 그래서 평상시에 문제가 없어 보이지만, 목회가 어떤 위기 상황에 직면하면 결국은 자신에게 익숙한 문화에 의한 행동을 하게 된다. 이 문화에는 자신의 자라난 환경과 경험한 상처까지도 포함된다. 자신이 받은 상처를 잘 해결하면 그 누구도 할 수 없는 자기만의 독특한 목회를 할 수 있다. 자신의 상처를 누군가를 공격하는 화살로 사용할 것인가 아니면 누군가를 품는 목회 그릇으로 사용할 것인가는 전적으로 목사 자신에게 달렸다. 결국 자신이 경험한 문화는 자신만의 목회 도구가 된다.

자신의 타고난 소통 스타일을 분석하고 인지해야 한다. 모든 목회자에게 있어 마찬가지이겠지만, 특별히 교회개척자는 소통의 달인이 되어야 한다. 많은 교회 안의 문제들이 목사와 성도들 혹은 목사와 리더 간의 소통 부족 때문에 일어난다. 권오서는 "[목사는] 말을 잘해서 좋은 프로그램을 추진할 수 있어야 하고, 또한 경청함으로 계획을 추진할 수 있어야 한다"라며, 소통을 "말을 잘함"과 동시에 "경청"을 잘해야 하는 것으로 정의했다.[37] 그런데 목회자마다 소통 스타일이 다르다. 어떤 이는 일대일 소통에 능하고, 어떤 이는 일대다(多) 소통에 능하다. 그렇다면 전자는 제자훈련 형식의 목회를, 후자는 대중집회 형식의 목회를 지향해야 할 것이다. 결국 자신의 소통 스타일에 의해 목회 전략이 달라진다는 것이다.

자신의 리더십 스타일을 분석하고 인지해야 한다. 모든 목회자는 저마다 리더십 스타일이 다르다. 정말 다양한 리더십 스타일들이 연구되고 정리되어 있다. ①진실 리더십authentic ②섬김 리더십servant ③감성지능 리더십emotional intelligence으로 구분하기도 하고, ①코치형 ②참모형 ③권위형 ④개척가형으로 나누기도 하고, ①독재형 ②민주형 ③자유방임형으로 분류하기도 하는 등, 이 외에도 다양하게 리더십 스타일을 구분한다. 어떤 리더십 스타일도 완벽할 수 없다. 교회개척자는 자신을 객관화하여 자신이 어떤 리더십 스타일의 소유자인지를 분석하

---

37. 권오서, 『교회 행정과 목회』 (서울: kmc, 2012), 131.

고, 자신의 리더십 스타일을 발전시켜 현장에서 무기화해야 할 것이다.

필자가 강조하고 싶은 핵심은 바로 자기만의 교회개척을 계획하고 시도하라는 것이다. 결코 맹목적으로 다른 사람을, 성공한 사람을, 유명 강사를 흉내 내지 말라는 것이다. 흉내를 내더라도 자기 것을 먼저 무기화한 다음에 그 위에 다른 사람의 것을 접목하라는 것이다. 하나님이 당신의 기질과 재능과 은사와 문화와 리더십 스타일과 소통 스타일을 인정하셨고, 그것들을 사용하시고자 부르셨다. 때문에, 당신은 당신만의 독특한 목회를 할 수가 있고 또 그래야만 한다. 그러기 위해서 당신은 지금 당신에게 주어진 기질을 비롯하여, 당신에게 이미 장착된 무기들을 분석하고 인지하는 동시에 싸우면서 그것들을 사용해야 한다. 당신은 정말 하나님의 최고 작품이다. 당신이 부러워하는 그 사람이 가진 것들에 못지않은 것들을 이미 당신은 가졌다. 왜 자기를 허비하는가? 자기 몸에 맞는 옷을 입고 자기 발에 맞는 신발을 신고 뛰어라. 목회는 경쟁이 아니라 자기만의 코스를 달려가는 것이다. 순위가 매겨지는 것이 아니라 결승점을 통과하는 것이 목적이며, 결승점을 통과한 사람은 모두 우승자이다. 가장 당신다운 교회를 구상하고 그런 교회를 개척할 준비를 하라. 자기만의 개척과 목회를 준비하라.

다른 목사 흉내 내는 목회를 할 필요는 없다

● ● ●

　미국으로 유학을 가서, 첫 학기에 목회학 세미나를 수강했다. 그때 나는 강의계획표를 보고 매우 부자연스러움을 느꼈었다. 왜냐하면, 목회학 세미나의 처음 두 시간의 주제가 "내가 누구인가?"였기 때문이다. 그때까지의 내 관념에 의하면 목회학 강의의 시작은 소명, 즉 하나님의 부르심으로부터 시작해야만 했다. 그런데 그곳에서의 목회학은 자신을 분석하는 것부터 시작했다. 자신의 성격, 자질, 재능, 능력, 교육과 문화적 배경, 그리고 구원받은 자로서 자기 정체성 등을 집중적으로 분석하도록 만들었다. 그러고 나서야 비로소 하나님의 부르심을 비롯하여 목사와 목회에 관한 일반적인 주제들을 한 학기 동안 다루었다.

　당시 나로서는 왜 이런 과정으로 목회학을 하는지 생각해 보거나 의문을 가질 엄두조차도 내지 못했던 것이 사실이다. 언어와 문화 장벽으로 인해 그저 수업을 따라가기도 벅찼기 때문이다. 그런데 훗날, 목회학을 가르치는 교수가 된 지금은 더더욱, 왜 그때 교수가 그러한 순서로 목회학 강의에 접근했는지 충분히 이해하고 있다. 그것은 바로 "당신다운, 당신에게 맞는, 당신의 존재 자체를 활용하는 목회를 계획하고 실행하라"라는 것이었다. 그러기 위해, 다른 위대한 목회자를 만나기 전에, 그리고 탁월한 목회 이론을 배우기 전에, 먼저 자기 자신을 배우게 했던 것이었다. 나는 지금도 그때의 경험을 기억하고 있으며, 나 자신에게 적용하려고 애쓰고, 내가 만나는 학생들에게 강조하고 있다.

　나는 매우 독특한 존재이다. 하나님께서 그렇게 나를 만드셨다. 세상에서 유일무이한 성격과 기질과 품성을 주셨다. 이 세상에 나와 동일한 영적인 그리고 육적인 질을 소유한 사람은 없다. 나와 똑같은 배경을 가진 사람은 이 세상에 없다. 심지어 내가 경험한 열등감, 패배감, 상처까지도 유일무이한 나만의 것이다. 하나님께서는 그러한 나를 목사로 부르셨다. 왜냐하면, 하나님께서 그러한 나를 사용하시기로 계획하셨기 때문이다.

때로 다른 사람을 흉내 내려 하는 목사들을 보게 된다. 누군가의 목회를 부러워하고 흉내 내려 한다. 소위 말해서 성공한 목사들을 모델로 삼고 그렇게 목회하려고 한다. (어쩌면 그러한 목사가 만들어 낸 결과를 닮으려고 하는 것일지도 모른다.) 그러나 그 목회는 그의 목회일 뿐이다. 그가 그러한 목회를 할 수 있는 것은 그러한 목회를 가능하게 하는 그만의 독특함이 있기 때문이다. 그가 아닌 내가 그의 목회를 흉내 내려 할 때 결과적으로 망할 수밖에 없다. 또한, 그렇게 성공한 목사들과 비교하여 자신을 비하하거나 열등하게 여기는 목사들도 만나게 된다. (물론 겸손의 모습일 수도 있다.) 이러한 모습들은 자칫 다양성을 즐기시는 하나님의 속성에 대한 무지함이 될 수 있고, 나아가 하나님의 완벽한 창조를 모독하는 자세가 될 수도 있다고 생각한다.

물론 목사에게 멘토가 필요하고 나아가 좋은 모델은 필요하다고 본다. 그러나 그 누구도 자신이 모델로 삼은 그 사람이 될 수는 없다. 교수 생활을 하다 보면, 많은 학생이 이미 소천하신 ○○○ 목사님을 존경한다고 말하는 것을 보게 된다. 그분처럼 목회하고 싶다고 말하는 학생들이 많다. 그러나 이 세상의 그 누구도 ○○○ 목사님이 될 수 없다. 그분처럼 목회할 수 없다. 누군가의 흉내를 내는 목회는 단명할 수밖에 없다고 본다. 문제는 ○○○ 목사님을 닮아 가려는 데는 관심이 있으면서, 자신에게 주어진 목회적 도구들에 관심을 두지 않는다는 것이다.

자신에게 가장 맞는 목회를 구상했으면 좋겠다. 자신이 가장 잘할 수 있는 목회, 자신에게 가장 자연스러운 목회를 계획했으면 좋겠다. 자신이 익숙하고 편안한 문화 속에서 목회할 것을 계획했으면 좋겠다.

경주에 나설 때, 자기 발에 맞는 신을 신고, 자기 몸에 맞는 옷을 입고 뛰는 것이 결승점까지 갈 수 있는 최선의 길이다. 목회는 등수 안에 드는 것이 목표가 아니라, 결승점까지 가는 것이 목표라고 생각되기 때문이다.

다음과 같은 몇 가지를 분석하고 인지하기를 권면하고 싶다. ①자신의 문화적, 학문적, 성격적 배경 등을 분석하고 인지한다. ②자신과 가족이 어떤 형편과 환경 속에 있는지를 현실감을 갖고 분석하고 인지한다. ③자신의 타고난 소통 스타일을 분석하고 인지한다. ④자신의 리더십 스타일을 분석하고 인지해야 한다. 이것을 위해 각종 은사 확인, 적성 검사 키트를 사용할 수 있으며, 부모나 형제를 비롯한 측근들이나 선배 목사님들의 조언을 참고할 수 있을 것이다.

물론 우리의 존재는 완벽하지 않기에 분명 개선하고 발전시켜야 할 것들이 있으며, 또한 싸워서 극복해야만 하는 기질과 성품도 있다. 그렇기 때문에 끊임없이 변화를 추구해야 한다. 그러함에도 불구하고 하나님께서 창조하신 지금 자신의 존재를 활용하는 것이, 즉 가장 자기다운 목회를 하는 것이 자연스럽지 않겠는가? 그것이 하나님께서 모든 소명자들에게 기대하시는 바가 아니겠는가? 하나님께서는 나의 존재 자체를, 심지어 나의 과거의 실패와 상처까지도 사용하심을 나는 배웠다. 하나님께서는 당신께서 선택하여 부르신 자의 과거를 낭비하시는 분이 결코 아니시다. 하나님께서는 당신을 당신이 되게 하려고 부르셨지, 당신더러 그 누군가가 되라고 부르신 것은 아니다.

겉옷이 필요 없다고까지 말할 필요는 없다

● ● ●

겨울 추운 날에는 방한용 겉옷이 필요하다. 아니, 어느 계절이든 간에 그 계절에 맞는 겉옷이 필요하다. 그래서 사람들은 겉옷을 마련하기 위해 비용을 지출한다. 심지어 다음 겨울을 위하여 이번 겨울이 지난 직후 싸게 파는 여벌의 겉옷을 사놓기도 한다. 이러한 여벌의 겉옷이 필요 없다고 말할 필요까지는 없다고 본다. 그것이 낭비라고 말할 수는 더더욱 없다고 본다. 기회가 되고 값싸게 사들일 수 있다면, 자신의 형편 안에서 여벌의 겉옷을 준비해 놓는 것이 좋다고 본다.

적지 않은 숫자의 학생들, 그리고 목사님들께서 나에게 조언을 구하는 주제가 있다. 그것은 학위와 관련된 것, 즉 공부를 계속하여 학위를 갖는 것에 대한 것이다. 사실 요즘은 학위 인플레이션의 시대이다. 과거에는 목회학 석사M. Div. 학위만으로도 목회하기에 충분했다. (물론 지금도 충분하다고 믿는다.) 신학 석사Th. M.(혹은 이에 준하는 학위) 이상의 학위를 위한 공부는 교수 요원을 꿈꾸거나, 학문에 대한 특별한 열정의 소유자들이 하는 과정이었다. 그런데 근좌에는 신학 석사 이상의 학위가 목사들에게 보편화되고 있는 듯하다. 담임목사 청빙에 응하기 위해서는 목회학 석사 학위만으로는 경쟁이 안 된다는 것이 오늘날 통념이다. 아무튼 스펙을 위해서든, 학문 탐구를 위해서든, 아니면 하나님의 영광을 위해서라는 거창한 동기에 의해서든, 많은 분이 목회학 석사 이상의 학위를 가져야 하느냐에 관한 조언을 구해 온다.

나는 목회학 석사 이상의 학위를 여벌의 "겉옷"이라고 말하고 싶다. 그리고 이 여벌의 겉옷을 할 수만 있으면 준비해 놓으라고 말하고 싶다. 기회가 되고 형편이 된다면, 때로는 기회와 형편을 만들어서라도 준비하라고 말하고 싶다. 당장 이 겉옷을 입지 않더라도 언제가 필요할 때 꺼내어 입을 수 있기 때문이다. 물론 겉옷이 사람의 인격과 경건을 보여 주는 것은 아니다. 이 겉옷이 목회적 능력을 드러내는 것도 아니다. 이 겉옷 때문에 오히려 쇠락한 사람도 있다. 그러나 적어도 나의 제한된 경험과 가치관에 의하면, 이 여벌의 겉옷을 준비해 놓으면 언젠가 그것들을 입을 날들이 한두 번 찾아온다는 것이다. 그것도 인생의 결정적인 순간에 하나님께서 그 겉옷을 입은 그를 사용하실 수 있으시다는 것이다.

하나님께서는 자기의 종으로 택하신 자들의 과거를 낭비하지 않으신다. 비록 우리가 생각하기에는 허비한 시간 같지만, 하나님은 우리의 과거를 사용하신다. 과거의 아픔과 상처까지도 하나님은 목회의 도구로 사용하신다. 그런 차원에서 목회자들의 과거는 무한한 가치가 있다. 마찬가지로 하나님께서는 우리가 준비하고 입은 겉옷을 사용하신다. 하나님께서는 결코 그분의 자원을 낭비하지 않으신다고 믿는다. 그렇기에 기회가 된다면 학위 공부를 하라고 나는 권면한다.

굳이 학위가 필요 없다고, 누구누구는 학위가 없는데도 목회만 잘한다고, 제도권 안에서 공부하지 않아도 스스로 얼마든지 공부할 수 있다고 주장하면서 학위 공부를 거부할 필요까지는 없다고 본다. 사실 목회 현장 가운데서 스스로 공부하기가 여간 어렵지 않다. 그렇다면 제도권 안으로 들어와 공부하는 것도 나쁘지 않다. 학위를 요구하는 시대의 요구와 흐름을 받아들이는 것이 악이라고 말할 수도 없다. 학위를 결코 내세우지는 않지만, 그 학위가 풍기는 무언의 위엄(?)이 목회 현장에서 발휘되는 것을 일부러 부인할 필요도 없다고 본다. 자기 발전과 자기만족을 위해서, 목회 과정의 매너리즘 극복과 탈진 방지를 위해서 학위 공부를 하는 것이 하나의 좋은 방편이 될 수도 있다. 이러한 동기들을 굳이 세속적이라고 말할 이유는 없다고 본다. 삭개오가 예수님을 보고자 했던 동기 역시 지극히 세속적이었다. 예수님은 삭개오의 그 세속적인 동기를 사용하셨다는 사실을 기억할 필요가 있다.

이러한 겉옷의 문제는 단지 학위만의 문제가 아니다. 많은 목회자들이 자신의 과거 독특한 전공, 기술, 경력을 "배설물"로 여기고 묻어버리는 것을 보면서 조금은 안타깝게 생각한다. 바울은 부르심 받은 후에 그의 가말리엘 문하생이라는 학위와 그의 장막 만드는 기술을 사장하지 않았다. 성경의 사람들을 보면 많은 이들이 세속에서 다져진 그들만의 독특함을 주님의 부르심 후에 그대로 사용했다. "배설물"의 의미는 단지 우선순위와 가치관의 문제가 아니었을까……. 훌륭한 겉옷이 될 수 있는 과거의 많은 것들을 단절하고, 그 단절이 거룩을 의미하는 것으로 여기는 것은 너무 지나친 문자적 해석이 아닐까.

7장
교회개척을 위해 무엇을 준비해야 하는가? (2)

앞 장에서는 교회개척을 준비하는 자가 고려해야만 하는 몇 가지 사항을 살펴보았다. 교회개척자는 교회개척을 위해 충분한 준비 기간을 가져야 한다는 사실과 자기만의 독특한 목회를 염두에 둔 교회개척이어야 한다는 사실을 말했다. 그러기 위해서 자신에게 선천적으로 주어진 자산과 후천적으로 주어진 자산을 인지하고 사용할 준비를 해야 한다고 역설했다. 이제 계속해서 교회개척자가 교회개척을 위해 준비해야만 하는 몇 가지 사항을 더 살펴보려 한다. 아무래도 이번 장의 내용은 반드시 교회개척자에 관한 내용이 아니라 모든 목회자에게 해당하는 내용이 될 것 같다. (사실 교회개척은 모든 목회의 기본이기에, 교회개척에 준비된 자는 모든 형태의 목회에 준비된 자이고, 교회개척 준비는 모든 목회에 대한 준비이다.)

1. 목회백서를 준비하라

교회개척자뿐만 아니라 모든 목회 준비자에게 요구되는 사항이 있다. 그것은 목회백서(牧會白書)를 준비하는 것이다.[38] 이것은 적어도 세 종류의 활자화 된 문서로 구성되는데, 첫째는 교회론이며, 둘째는 목회

---

38. 양현표, 『사도적 교회개척: 신학과 실천과 방향』, 179-185.

철학서이며, 셋째는 마스터플랜이다. 필자는 이 세 종류의 문서들을 통틀어 목회백서라고 부른다.

어떤 목회자이든 자신의 목회 현장에 들어가기 전과 후에 이 세 종류의 문서는 마련되어야 한다고 단언한다. 신학교를 졸업한 후부터 자신의 목회 현장에 입문하기 전까지 적어도 70~80% 완성된 목회백서를 준비해야 한다. (나머지 20~30%는 자신의 목회 현장에 들어간 뒤에 현장을 고려해야 하는 부분이다.) 필자는 그러한 자를 목회를 위해 준비된 자라고 부르기에 주저하지 않는다. 이 정도의 문서를 준비하는 것은 부르심을 받은 목회자들의 기본적인 책임이자 하나님 앞에서의 예의이다. 거듭 강조하는 말이지만, 하나님의 은혜와 인도하심을 예단하고 의존함으로 인해 하나님 앞에서의 인간의 책임과 예의를 저버리지 말아야 한다. 믿음을 빙자하여, 목회를 투기 혹은 도박으로 만들지 말아야 한다.

당연히 이 백서는 활자화 된 문서이어야 한다. 많은 목회자가 자신의 교회론과 목회 철학을 자신의 머릿속에 담아 둔다. 하지만 머릿속에 담아 둔 교회론은 실제로는 정리가 되지 않은 교회론이다. 머릿속의 목회 철학은 상황에 따라 바뀔 수밖에 없는 목회 철학이다. 자신의 교회론과 목회 철학을 성문화(成文化)해서 객관화시켜야 한다. 그래야만 그것들이 복잡한 목회 현장에서 객관적인 지표가 되고 평가 기준이 될 수 있다. 목회자는 목회백서를 성문화해서 손이 닿는 곳에 비치해야 한다. 복잡한 목회 상황 속에서의 모든 판단과 결정을, 가시적으로 확인되는 목회백서를 기준으로 삼는 것이 매우 지혜로운 방법이다. 머릿속의 교회론과 목회 철학은 큰 이익이 오가는 상황 앞에서, 또는 매우 큰 위기 속에서 현실과 타협할 가능성이 매우 크다. 만약 목회자가 자신의 교회론에 변화가 생겼다거나 목회 철학을 수정해야만 하는 상황이 발생한다면, 먼저 목회백서를 수정하는 것으로부터 시작해야만 한다. 이것이 안전하고 일관성 있는 자기만의 목회를 할 수 있는 첩경이라 하겠다. 사실 목회자는 목회백서뿐만이 아니라 모든 생각과 관찰을 글로 적고 정리하는 습관이 필요하다. 이것은 매우 번거롭고 고된 일이다. 하지만 글로 적고 정리하는 이것이야말로 목회 현장의 다양한 상황을 명쾌히 분석하고 판단하는 좋은 방법이며 나아가 순간순간 역사하시는 하나님의 뜻을 분명하게 아는 방법이다. 사유(思惟)를 객관화하라. 이제 목회백서의 내용을 구체적으로 살펴보겠다.

1) 교회론을 정리한다

교회론은 교회가 무엇이며, 무엇을 해야만 하는지를 규정하는 자기만의 이론이다. 교회개척자는 자신의 교회론 정립이 필요하다. 페인이라는 교회개척 전문가는 교회개척자에게 있어서 교회론의 중요성을 다음과 같이 말했다.

> 교회론을 어떻게 정의하느냐는 교회개척을 위한 당신의 모든 행위를 결정할 것이다. 그 정의는 당신이 교회개척을 위한 모든 노력에 영향을 줄 것이다. 그것은 전술에 영향을 줄 것이다. 그것은 동원 가능한 자원, 방법, 그리고 새로운 교회를 누가 목회 할 수 있을 것인지에 대해 영향을 줄 것이다. 교회론은 매우 중요하다. 이것은 모든 것을 결정한다.[39]

당연히 이 교회론은 성경으로부터 나와야 할 것이다. 성경으로부터 교회론을 추출하기 위해서 필요한 것이 바로 신학이다. 신학은 성경을 해석하기 위한 안경이다. 필자는 여기서 어떤 신학이 옳고, 따라서 어떤 교회론이 바른 교회론인지를 논할 생각은 없다. 중요한 것은 신학이고, 신학이 다르면 교회론이 다를 수밖에 없는데, 모든 목회자는 자신

---

39. Payne, *Apostolic Church Planting*, 21.

이 장착한 신학의 가치를 인정하고 그 신학에 근거한 교회론을 확립할 필요가 있다는 것이다. 그러므로 교회론은 목회자가 지금까지 습득한 모든 신학적 이론을 기초로 한다. 목회자에게 있어서 모든 신학 수련 과정은 목회 현장에서 필요한 교회론을 만들기 위해서라고 말해도 과언은 아니다.

본인의 목회 현장을 눈앞에 둔 목회자가 자신의 교회론을 분명하게 말할 수 없다면 그것은 분명한 문제이다. 오늘날 현장에 있는 목회자들이나 현장을 준비하는 목회자 중에서 얼마나 많은 사람이 자기 자신의 교회론을 횡설수설하지 않고 분명하게 말할 수 있을까? 목회자는 자신의 교회론을 한 시간 이상 강의할 수 있어야 한다. 반대로 단 몇 분만 주어지더라도 요약해서 말할 수 있어야 한다. 간혹 머릿속에 자신의 교회론이 충분히 정리되어 있다고 착각하고 있는 목회자들을 종종 목격한다. 그들에게 본인의 교회론을 말해 달라고 하면, 대부분 두세 문장 외에 들을 만한 내용이 없다. 그렇기에 목회를 준비하는 분들은 자신의 모든 신학적 지식을 통해서 자신만의 교회론을 구축해야 한다. 목회자라 한다면 적어도 A4 용지 다섯 페이지 이상 분량의 신학적이고 실용적인 교회론을 체계적으로 작성해야 한다고 생각한다.

2) 목회 철학서를 작성한다

목회 철학은 "목회자가 목회와 삶을 위해 갖고 있는 뚜렷한 원칙이다." 목회 철학은 목회자가 자신의 교회론을 목회 현장에서 구현하기 위한 실제적인 원리들이다. 목회 철학은 목회자가 목회 현장에서 해석하고, 결정하고, 행동하는 목회자 자신만의 규칙들이다. 따라서 목회 철학은 목회자의 우주관 혹은 인생관이라 할 수 있다. 실제로 모든 목회자는 자신의 목회 철학에 따라서 목회한다. 즉, 목회 현장에 들어선 모든 목회자는 자신만의 목회 철학을 이미 갖고 있다는 의미이다. 다만 어떤 이의 목회 철학은 명확하지도 않고 체계적이지도 않을 뿐이다. 심지어 어떤 이가 목회 철학이 없이 목회하는 것 역시 그 나름대로 하나의 목회 철학이다.

한번은 어떤 목사님께서 목회 철학이란 말 자체가 신성모독이라고 하면서 오직 성경으로 목회해야 한다고 적어 놓은 글을 읽었다. 그런데 그렇게 주장하는 것은 사실 말장난에 불과하다. 성경은 그 성경을 바라보는 사람의 해석이 없이는 종이와 문자일 뿐이다. 물론 그 해석의 과정에 신학이 개입되고, 때론 성령님의 조명하심이 개입되지만, 그런데도 결과적으로 드러나는 결론은 한 인간의 해석이다. 그렇기에 성경 자체는 무오류임에도 불구하고, 성경대로 한다는 사람의 판단과 행동에 엄청난 오류가 있는 것이다. 결국, 성경대로 목회한다는 말은 성경을 어떤 식으로든 자기만의 해석을 통해 얻은 그 메시지에 의해 목회한다는 말이다. 그리고 그것이 바로 목회 철학이다.

목회 철학이 세워지는 바탕이 몇 가지 있다. 당연히 가장 우선적인 바탕은 성경이다. 성경으로부터 목회 철학이 형성되어야 한다. 목회 철학이란 단지 한 개인의 고상한 세계관이 아니라, 반드시 성경적 세계관이어야 한다. 둘째는 교회론이다. 자신이 규정해 놓은 이 교회론을 구현하기 위한 목회 철학이어야 한다. 셋째는 자신의 경험이다. 경험에는 개인의 학교에서의 배움과 목회 현장에서의 희로애락, 인생에서의 성공과 실패 등이 포함된다. 넷째는 자신의 기질이다. 가장 자기다운 목회를 위한 목회 철학은 본인의 기질을 바탕으로 한 목회 철학이다. 마지막으로 자신의 목회 현장이다. 목회 철학은 자신의 책상 앞에서 약 70~80%만 완성하라고 말하고 싶다. 나머지는 목회 현장의 상황을 가미하라는 말이다. 때로 목회자들이 교회에 부임하여 자신의 목회 철학을 고집하다가 교회를 분란으로 이끄는 경우가 있다. 자신의 목회 철학이 그 교회의 역사와 전통과 환경에 맞지 않을 경우 일어나는 일이다. 목회 철학은 얼마든지 수정이 가능하다. 목회 철학을 절대화하지 말아야 한다.

목회 철학과 관련하여 한 가지 주의사항을 말하고 싶다. 그것은 자신의 상처를 목회 철학에 반영하는 것을 조심하라는 것이다. 모든 목회자들은 목회자 후보생 시절을 포함하여 사역을 감당하는 과정에서 성도들로부터 혹은 동료로부터 상처를 받는다. 그 상처가 흉터로 남아서 목회 철학이 되는 경우가 있다. 즉, "구더기 무서워 장 못 담근다" 혹은 "자라 보고 놀란 가슴 솥뚜껑 보고도 놀란다"식의 목회 철학이다. 구역장의 반란(?)으로 구역원들이 대거 교회에서 이탈한 경험이 있는 목회자는 구역장에게 어떤 권한도 주지 않는 것을, 심하면 구역 제도 자체를 거부하는 것을 목회 철학화 해 버린다. 상처가 목회 철학의 기초가 된 것이다. 사실 이는 잘못된 목회 철학이다. 소그룹으로 인해서 아무리 어려움을 겪었어도 그러나 소그룹 제도는 성경적인 제도이기 때문이다. 목회자가 경험한 상처는 목회의 도구가 되어야 한다. 하지만 때로 목회자들이 그 상처를 공격용 화살로 사용한다.

3) 마스터플랜을 작성한다

보통 목회 계획이라고 불리는 마스터플랜은 목회자가 갖고 있는 교회론과 목회 철학에 근거하여, 정해진 기간의 목회 사역과 교회 행정을 총체적이며 조직적으로 정리한 청사진이다. 목회에 있어서 이러한 청사진을 갖고 있으면, ①사역의 방향과 분명한 목표가 결정되고, ②목회 집중력에 있어서 효율적이며, ③과정에 있어서 사역 평가의 기준이 되며, ④목회 전략 수립과 수정에 도움을 준다. 목회자가 목회하면서 적어도 1년간의 단기 마스터플랜을 비롯하여 3~5년간의 중기 마스터플랜, 그리고 10년을 내다보는 장기 마스터플랜 정도는 마련해야 한다.

마스터플랜 작성은 믿음의 상상을 종이 위에 멋지게 그리는 한 폭의 모자이크 그림이다. 모자이크의 한 조각은 예쁘지 않다. 그러나 모자이크 조각들을 붙여 한 폭의 그림을 완성하면 비로소 아름다움이 드러난다. 그것도 멀리서 볼수록 모자이크화의 진수가 드러난다. 마찬가지이다. 목회의 한 조각 한 조각은 어설프고 멋이 없다. 그러나 그 조각들을 조합해 놓을 때 느껴지는 벅찬 소망의 감정은 마스터플랜을 작성해 보지 않은 사람은 모를 것이다. 그래서 필자는 마스터플랜 작성을 "침대 위에서 꿈꾸는 목회"라고 부른다. 장차 되어질 목표를 향해 꿈꾸는 신나는 작업이다.

그럼에도 불구하고 마스터플랜이 허망하고 근거 없는 꿈을 나열하는 것은 아니다. 자신의 목회 현장을 정확히 분석했을 때만이 실현 가능한 마스터플랜을 작성할 수 있다. 자신의 교회론, 목회 철학, 그리고 목회 현장의 형편, 즉 뒤에서 언급할 목회 현장에 주어진 자원들을 고려해야만 한다. 이 모든 것에 대해 더 많은 분석과 정보가 있을수록 더 현실적 realistic인 마스터플랜을 세울 수가 있다. 종종 목회자 청빙 광고에서 지원자에게 목회 계획서를 제출하라고 하는 것을 본다. 사실 이것은 있을 수 없는 요청이다. 목회 현장을 모르는데 어떻게 목회 계획서를 세울 수 있겠는가? 지원자의 교회론이나 목회 철학서를 제출하라는 요청은 매우 타당하지만, 목회 계획서를 제출하라는 말은 따르기 불가능한 일이다. 그럼에도 불구하고, 지원자 목사는 어떻게든 목회 계획서를 작성하여 제출하고, 청빙 된 이후에는 그 계획서대로 목회하려고 하지도 않고, 교회 또한 그 계획서대로 따라가 주지도 않는 모습을 보면서 실소를 금할 수 없다. 현장을 고려하지 않은 마스터플랜은 의미 없는 낙서일 뿐이다.

2. 주어진 물리적 자원을 점검하고 활용할 준비를 한다

교회개척자가 준비해야만 하는 또 하나의 중요한 사항은 하나님께서 자신에게 주신 자원이 무엇이고, 그 양이 어느 정도인지를 점검하는 것이다. 먼저 교회개척자가 알아야만 하는 사실은 하나님께서 어느 한 교회나 개인에게 모든 종류의 자원을 무한히 주시지 않는다는 사실이다. 온 세상이 하나님의 소유임에도 불구하고(시 50:10-12), 하나님께서는 그 중 일부만을 당신의 각 종들에게 허락하신다. 그렇기에 모든 종류의 사역을 다 감당하는 교회는 이 땅에 없으며, 하고 싶은 모든 사역을 다 할 수 있는 목회자는 이 땅에 없다. 단지 할 수 있는 사역만 할 수 있다. 작은 교회일수록 목회 사역에 있어서 선택과 집중이 필요하다. 백화점식 목회 사역을 할 수 있는 교회는 정말 소수에 불과하다. 따라서 주어진 자원의 종류와 양은 목회자의 외적 소명을 확증하는 도구가 되기도 한다.

교회개척자가 점검해야 하는 중요 자원은 아마도 인적 자원human resource과 물적 자원material resource일 것이다. 목회 사역을 위해 동원될 수 있는 사람은 얼마나 되고, 그 사람들의 상황은 어떠한가를 알고 분석해야 한다. 동시에 주어진 재정과 주어질 재정의 출처를 분석하고 예상해야 할 것이다. 주어진 자원을 확인한 후에는 그 자원을 관리해야 한다. 자원은 그것 자체로는 생산적으로 될 수 없다. 자원을 관리해야 하나님 나라 확장의 도구가 될 수 있다. 바로 이 자원 관리가 바로 목회자의 능력이며 충성된 청지기가 되는 기준이다.

교회개척자가 자원을 관리함에 있어서 절대 금기사항이 "무리"라고 생각한다. 자원을 동원하여 사용함에 있어서 무리하면 안 된다. 무리하는 것은 인간 욕심의 발로이다. 교회개척자의 많은 실패가 믿음과 비전을 빙자하여 욕심부릴 때 발생한다. 물론 비전과 욕심을 구별하기 어려울 때가 많다. 대체로 결과로만 그것이 비전이었는지 욕심이었는지가 규명된다. 무리한 인적 자원의 활용은 그들을 탈진하게 한다. 무리한 물적 자원 활용은 교회를 빚더미에 안게 하고 결국은 파산하게 한다.

3. 목회술(牧會術)⁴⁰을 장착한다

교회개척자가 준비해야 하는 매우 중요한 것이 또한 목회술이다. 목회는 영적인 것만으로 되지 않는다. 교부 크리소스톰John Chrysostom은 목회는 영성으로만 되는 것이 아니라고 하면서, 영성이 뛰어난 수도사가 오히려 목양에는 실패한다고 지적했다.⁴¹ 그는 목회자에게는 목회를 위한 "다른 능력"들이 필요하다고 했다. 종교개혁자 부처Martin Bucer는 목회에는 두 측면이 있는데, "교육과 영성 훈련의 목회"와 "몸의 필요를 위한 목회"⁴²라고 했다. 그는 이 두 종류의 목회가 조화되어야 한다고 했다. 본회퍼Dietrich Bonhoeffer 역시 두 종류의 목회를 언급했는데, "선포와 목회"와 "섬김의 목회"이다. 그는 선포의 목회만으로는 불충분하며, 선포의 목회가 효력이 있게 하도록 섬김의 목회가 필요하다고 했다.

그렇다면 크리소스톰이 말한 "다른 능력", 부처가 말한 "몸의 필요를 위한 목회", 그리고 본회퍼가 말한 "섬김의 목회"란 무엇을 의미하는가? 그것은 바로 목회 현장에서 실제로 필요한 목회 방법, 즉 목회술을 의미한다. 목회 현장에서는 여러 영역의 전문적인 목회술이 필요하다. 신학 이론이야 두말할 것도 없이 중요하다. 그러나 그에 못지않게 목회술 또한 중요하다. 목회자라는 직업은 프로페셔널professional한 직업이다. (프로는) 당연히 론(論)과 술(術)의 달인이어야 한다. 그런데 문제는 여기에 있다. 많은 목사가 이론에는 능하나 기술에는 능하지 못하다는 것이다. 예를 들어, 회의를 진행 하나, 원칙대로 그리고 전문가답게 진

---

40. 필자는 "목회방법론"이라는 학문적 표현보다, "목회술"이라는 다소 세속적인 표현을 의도적으로 사용한다. 술(術)이란 단어는 재주, 기술, 방법 등을 매우 명확하게 의미하는 단어이다. 목회 현장에서는 각종 전문적인 목회기술이 필요하다.
41. John Chrysostom, *On the Priesthood*, chapter Ⅲ, 제15항목을 참조하시오.
42. Martin Bucer, *Concerning the True Care of Souls*; 신현복 역, 『영혼을 돌보는 참된 목회자』(서울: 아침영성지도연구원, 2013), 69-84.

행하지 못하는 목사가 많다. 회의를 진행하다가 교회를 분쟁으로 이끄는 미숙한 목사들이 많다. 이들은 당연히 신령한 목사들이다. 바른 신학을 견지하고 있다. 목회에 대한 열정도 대단히 뛰어나다. 문제는 이들에게 목회술이 장착되어 있지 않다는 것이다. 설교는 문제 삼지 않아도, 주보에 기재된 자신의 이름이 틀렸거나 헌금자 명단에 자기 이름이 빠졌을 경우에는 심각하게 문제를 삼는 곳이 바로 목회 현장이다.

이 글을 쓰면서 옆에 있는 아내에게 별생각 없이 질문 한 가지를 툭 던졌다. 교회개척자의 아내가 교회개척 현장에서 필수적으로 갖추어야 할 기술이 무엇이냐고. 필자의 아내는 교회개척의 현장과 목회 현장을 필자와 함께 지나온, 적어도 필자의 눈에는 꽤 괜찮은 목회 전문 평신도이다. 아내는 잠시 주저하더니, 교회개척자 아내는 대화하는 상대방보다 2% 부족한 자리에 서서 상대방의 말을 경청해 주는 기술을 갖추어야 한다고 말했다. 기대감 없이 던진 질문에 필자는 엄청난 인사이트를 주는 답변을 들었다. 그렇다. 많은 교회개척자들이 경청하는 기술이 장착되어 있지 않다. 그래서 관계가 깨지고 사람을 잃는다.

교회개척자는 최소한 자기만의 전도법, 새신자 정착법, 양육법, 소통법을 비롯하여 교회 행정에 관한 기술을 갖추어야 한다. 이러한 기술을 자기 것으로 만들기 위한 좋은 기회가 바로 부교역자 기간이다. 적용해 보고, 실험해 보고, 결과를 만들어 보고, 실패를 경험해 보는 것이다. 안타깝게도 이러한 것들은 신학교에서 가르쳐 주지 않는다. 스스로가 자기 것을 만들어야 한다. 현재 현장에서 사용되는 많은 기존의 목회술들을 자기 것으로 삼는 것도 지혜로운 방법이다. 자신만의 것을 개발하는 것이 가장 바람직하지만, 그것은 시행착오라는 과정을 거쳐야 하는 부담이 있다.

앞 장과 이번 장을 통하여 필자는 교회개척자가 교회개척에 실제로 임하기 전에 무엇을 준비해야만 하는지에 대해서 역설하였다. 정리하면, 교회개척자는 교회개척을 위해, 첫째, 충분한 시간을 들여 최선을 다해 전략적으로 준비해야 한다는 것, 둘째, 자기만의 교회개척을 위해 충분한 시간을 가지고 객관적으로 분석해야 한다는 것, 셋째, 목회백서를 준비해야 한다는 것, 넷째, 주어진 자원을 검토하고 그 자원을 관리해야 한다는 것, 그리고 마지막으로 목회술을 개발하고 습득하여 자기 것으로 만들어야 한다는 것이었다. 사실 이러한 준비는 비단 교회개척자만이 아니라 모든 목회자가 준비해야만 하는 사항이라고 여겨진다. 오늘날 많은 교회개척자들이 갑자기 교회개척 현장에 들어가기도 하고, 혹은 하나님께 모든 책임을 미루고 자신은 믿음 하나로 나아가는 무모한 교회개척에 임하기도 한다. 그래서 실패한다. 교회개척 현장에는 엄연한 실패가 실존한다는 사실을 인지하고 모든 교회개척자들은 철저한 준비로부터 시작해야 한다. 조금 늦게 시작하고 조금 천천히 가도 되는 것이 교회개척이고 그 현장임을 기억했으면 좋겠다.

끝으로 필자는 한국적 교회개척과 성경에 나타난 사도들의 교회개척을 비교해 보려고 한다. 획일적으로 말하기는 어렵지만, 지금까지의 한국 교회의 교회개척은 대체로 특정한 장소 중심, 기신자 중심, 이벤트/프로그램/시설 중심 등, 사람들이 교회로 오도록 하고 또 오기를 기다리는 교회개척이었다. 그러나 사도들이 사용한 교회개척 방법은 특정한 장소보다는 사람이 있는 곳을, 기신자보다는 비신자를, 이벤트/프로그램/시설보다는 그리스도의 복음과 그들의 삶을 통해 세상으로 나가는 교회개척이었다.

한국적 교회개척을 다소 부정적으로 묘사해 보면, 어쩔 수 없는 형편 속에서, 삼사일의 금식 기도나 집중 기도를 통해 교회개척을 사명화하여, 본인이나 주변의 가용 재정을 총동원해서 장소를 마련한 후 교회 간판을 걸고, 자기 주변의 소수의 기신자들을 중심으로 예배드리기 시작하는 교회개척이다. 그리고 사람들이(기신자들이) 오기를 기다리는 교회개척이다. 이러한 교회개척은 교회개척의 본질이라 할 수 있는 비신자들의 구원이 전혀 고려되지 않는 교회개척이다. 물론 이렇게 시작하는 교회개척이 지난 30여 년간 우리나라에서 통했음이 사실이다. 경제개발 정책과 인구의 도시 집중화 등으로 교회 간판만 걸어도 사람이 찾아오던 과거 30여 년이었다. 그렇기에 교회들마다 장소와 건물에 투자했다. 고객을 유혹할 수 있는, 그리고 고객이 왕이 될 수 있는 시설과 프로그램을 양산했다. 그리고 이에 대한 결과가 불행히도 오늘날 한국교회의 생태계이다. 그러나 이러한 교회개척과 목회는 현시점에서 더는 통하지 않는다. 이제는 사도적 교회개척과 사도적 목회로 다시 돌아가야 한다. 사도적 교회개척을 위해서는 당연히 많은 영적이고 현실적인 준비가 필요하다. 그중 하나가 바로 교회개척자의 재정과 관련된 부분이다. 사도적 교회개척을 위해서는 목회자의 생존이 보장되어야 한다. 이 문제를 다음 장에서 다루려고 한다.

자신의 목회 철학을 절대화할 필요는 없다

●●●

　목사가 자신의 목회 현장에 들어가기 전에 반드시 준비해야만 하는 문서 세 가지가 있다고 생각한다. 그것들은 교회론과 목회 철학과 마스터플랜이다. 나는 이 세 가지를 "목회백서"라고 부른다. 목사는 적어도 이 세 가지를 머릿속에서가 아니라 문서로 준비해서 늘 머리맡에 두고 자신의 목회의 방향과 지침과 평가의 도구로 삼아야 한다고 믿는다. 이 세 가지가 준비되었을 때 비로소 "준비된 목회자"라고 감히 말할 수 있을 것이다.

　교회론은 교회가 무엇이며, 교회가 왜 존재하며, 무엇을 해야만 하는지를 규정하는 문서이다. 이 교회론은 성경으로부터 나온다. 때문에 교회론을 정립하는 데는 신학이 필요하다. 그리고 어떤 신학인가가 중요하다. 왜냐하면 신학에 따라 같은 성경에서 각기 다른 교회론이 나오게 되고, 그 결과 목회의 형태가 완전히 달라지기 때문이다. 나는 개혁신학에 의해 정립된 교회론을 갖고 있다. (우리가 종종 만나게 되는, 성경만 있으면 됐지 무슨 신학이 필요하냐고 하는 신학무용론자들은 사실은 자기 마음대로의 교회론을 세우고, 자기 마음대로 목회하겠다는 것과 별반 다르지 않다고 본다.)

　목회 철학은 이미 정립한 교회론을 목회 현장에서 구현하기 위해 확립한 "목회와 삶을 위한 자기만의 뚜렷한 원칙"이라고 할 수 있다. 보다 광의적으로 말한다면, 목사의 우주관 혹은 인생관이라 하겠다. 목회 철학 형성에는 신학을 배우는 전 과정의 지식과 깨달음, 그리고 목사 자신의 개인적 경험이 지대한 영향을 준다. 모든 목사들은 자신만의 목회 철학을 기초로 해서 목회한다. 비록 어떤 목사에게는 그 목회 철학이 불명확하고, 성문화 되어 있지 않으며, 불충분할 뿐 아니라 매우 간단하다 하더라도, 그 역시 그만의 목회 철학에 의해 목회한다.

　마스터플랜은, 목사가 갖고 있는 교회론과 목회 철학에 근거하여,

자신의 특정 목회 현장에 맞는 목회 사역과 교회 행정을 총체적으로 그리고 조직적으로 정리한 청사진이라 하겠다. 목사가 목회를 함에 있어서 이 청사진을 갖고 있으면, 사역의 방향과 분명한 목표가 결정되고, 목회 집중력에 있어서 효율적이며, 과정에 있어서 사역 평가의 기준이 되며, 목회 전략 수립과 수정에 도움을 준다. 마스터플랜에는 단기, 중기, 그리고 장기 마스터플랜이 있으며, 이러한 마스터플랜의 확정은 목회 현장이 주어진 이후 수개월 혹은 그 이상의 시간을 통해 만들어진다. (종종 담임목사 청빙 광고에 목회 계획서를 제출하라는 내용이 있는데, 사실이는 목회 현장에 들어가지 않고서는 만들어질 수 없는 것으로서 제출 불가능한 요구이다.)

목회 현장의 목사들이 이 세 가지의 문서를 자신의 눈길이 머무는 곳에 비치하고 활용하는지 모르겠다. 많은 목사들이 적어도 이 세 가지가 자신의 머릿속에는 있다고 말할 것이다. 그러나 머릿속에만 있는 목회백서는 크게 도움이 되지 않는다. 머릿속의 자료는 상황과 감정에 따라 다르게 사용되고 다르게 해석되기에 객관적 기준이 되지 못한다.

이러한 세 가지 문서 중에서도 특별히 목회 철학이란 것이 자주 문제가 된다. 목회 철학 절대주의 목사들이 존재하기 때문이다. 이들은 자신의 목회 철학을 절대화하여, 그 목회 철학으로 목회 현장을 개조해 가려는 목사들을 의미한다. 그들은 자신의 목회 철학을 성경의 권위보다도 상위에 두려고 한다.

목회 철학은 권위의 측면에서 볼 때, 성경과 교회론 다음으로 제3의 권위이다. 성경의 권위는 하나님으로부터 시작된다. 교회론의 권위는 신학으로부터 시작된다. 그러나 목회 철학의 권위는 목사 자신으로부터 시작된다. 성경과 교회론은 목사가 만들지 않았다. 그러나 목회 철학은 목사 자신이 만들었다. 따라서 목회 철학은 가변적이다. 수정 가능하다. 목회 현장을 고려해야만 한다. 목회 철학을 완성하여 목회 현장에 임하는 목사가 있다. 그리고 자신의 굳어진 그 목회 철학에 의해 목회 현장을 단 시간에 바꾸려 한다. 이러한 자세는 지혜롭지 못하다. 어디 목회 현장이 목사의 생각에 따라 쉽게 바뀌는 곳이던가?

전통적인 교회에 새로 부임한 목사들이 자신의 목회 철학을 내세워 교회를 개조하려다가 교회에 분란이 생기는 경우가 너무나 많다. 물론 교회는 늘 개혁되어야 한다. 그러나 동시에 수십 년 동안 존재해 왔던 목회 현장을 있는 그대로 존중하는 자세도 목사에게 필요하다. 그렇기에 청빙 받아 부임한 목사의 목회가 쉽지 않다는 것이다. 어떤 명분이든지 간에, 비록 수년 동안 발전이 없는 정체된 교회라 할지라도, 그 안의 영혼들이 평안하게 교회생활을 해 왔었는데, 새로 부임한 목사의 목회 철학으로 인해 그 평안이 깨진다면, 그 목사는 당연히 주님 앞에 서는 날 변명거리를 찾아야 할 것이다.

오늘날 교회론 부재의 목회 철학, 성경보다 우월하게 취급되는 목회 철학, 그리고 목회 현장을 고려하지 않은 목회 철학을 소유한 목사들이 꽤 많음을 보게 된다. 아직 신학의 기초도 마치지 못한 신학도들이 자신의 확신과 고집을 목회 철학이라 부르고, 그것을 절대화하는 것을 볼 때는 많이 답답하다. 또한 교회와 목사에 대한 자신의 부정적 경험으로 인해 만들어진 확신을, 그것이 성경의 원리와 상반됨에도 불구하고, 목회 철학으로 굳히는 것을 볼 때도 답답하다.

목회 철학은 절대적이 되어서는 안 된다. 목회 철학은 융통성을 전제해야 한다. 성경에서 새로운 원리와 가치들을 발견했을 때, 목회 현장에 새롭게 반응해야만 할 때, 그리고 자신의 정체성이나 사명이 재규정되어야 할 때 얼마든지 수정될 수 있다. 목회 철학을 절대화 할 필요는 없다. 현명한 농부는 늙은 소와 보폭을 맞추어 쟁기질을 한다고 한다.

8장
교회개척자와 재정

　필자는 목사가 가난하게 사는 것이 필수적이라고 말하지는 않지만, 그렇게 사는 것이 바람직하다고 본다. 교회 규모의 크고 작음이나 사례비의 많고 적음에 상관없이, 목사가 그 문화권에서 가난하게 산다는 소리를 듣는 것이 매우 바람직하다고 생각한다. 교회가 부자가 되고 목사가 세상의 상류층이 되는 것은 결코 성경적인 현상이라고 볼 수 없다. 목사는 그가 목회하는 지역의 수준에서 가난하게 사는 것이 좋다. 많은 것을 소유하지 않은 단순한 삶을 사는 것이 좋다. 가난하게 산 결과로 혹여라도 남는 것이 생겼다면, 그것을 세상으로 흘려보내는 것이 목사의 삶이라고 본다.

　이처럼 목사가 어쩔 수 없이 가난할 수도 있고, 혹은 자원해서 가난할 수도 있지만, 그리고 그러한 삶이 목사로서 바람직한 삶이라고 믿지만, 그럼에도 불구하고 목사가 생존의 위협을 받을 정도로 가난해서는 안 된다고 본다. 목사와 그의 가족이 생존의 위협을 받을 정도로 가난하다면 그것은 매우 위험한 현상이라 하지 않을 수 없다. 목회가 활발하게 되려면 목사의 가정이 경제적으로 버틸 수 있어야 한다.

　교회개척 현장에서 회자되는 매우 불경스러운 한 마디가 있다. 그것은 "월세가 소명보다 힘이 더 세다"라는 말이다. 이 말은 교회개척자가 아무리 소명 의식이 투철하다 하더라도 그달의 임대료를 내지 못하면 교회 간판을 내리고 목회를 접어야만 한다는 의미이다. 돈의 위력이 소명의 능력보다 강력하다는 현장의 쓸쓸한 자조 섞인 푸념이다. 그렇다. 교회개척자의 생존이 가능하지 않으면 교회개척이 가능하지 않다.

신약 성경에 나타난 사도들의 교회개척을 보면, 교회개척에 있어서 돈이 그렇게 중요한 요소가 되지 않았다. 1~3세기에는 손님을 대접하는 사회적 풍습이 있었고, 교회는 가정 교회 형태의 소규모 교회였으며, 모임 장소는 성도의 가정집 혹은 공공장소였다. 이러한 사실은 당시 교회개척에 큰 비용이 소요되지 않았음을 시사한다. 따라서 당시 교회개척자들은 기존 교회들의 작은 후원만을 가지고도(빌 3:15-16), 혹은 바울처럼 스스로의 노동을 통해서도(행 20:34-35) 생존과 교회개척에 별 무리가 없었다.

필자는 오늘날 교회개척에도 초기 교회의 이러한 교회개척 원리가 적용되어야만 한다고 절대적으로 믿는다. 즉, 사도적 교회개척이야말로 성경적인 교회개척이라고 믿는다는 것이다. 사도적 교회개척은 돈을 들여서 하는 개척이 아니다. 다만 오늘날 사도적 교회개척을 실행하면서 한 가지 고려해야만 하는 것은, 교회개척자의 생존 문제만큼은 당시 사도들의 상황과 많이 달라졌다는 점이다. 오늘날 교회개척자의 생존은 그리 쉽지 않다. 교회개척자의 생존이 저절로 해결되지 않는다. 따라서 교회개척자는 생존에 대한 대안을 갖고 교회개척에 임해야만 한다. 이제 성경이 허용하는 목사의 생존 방법을 먼저 살펴보고, 교회개척자가 어떻게 재정을 마련할 수 있는지 그 방법과 그에 따른 유의사항 등을 풀어보려고 한다.

1. 목사가 생존하는 형태

1) 전업(한 직업)/전액 보조single-vocational/fully funded 형태의 생존

이 형태는 목사가 자신의 생존을 전적으로 교회에 의존하는 것이다. 교회가 충분한 재정적 능력을 갖고 있어서 목사의 생존을 전적으로 책임을 지는 형태이다. 사실 이 형태가 가장 바람직한 목사의 생존 형태라고 판단되며, 모든 교회개척자가 목표로 삼는 생존법이라 하겠다.

2) 믿음 의존faith mission[43] 형태의 생존

이 형태는 목사가 자신의 생존을 전적으로 하나님의 주권적 공급에 의존하는 것이다. 필자는 이러한 형태의 생존법을 "까마귀 의존" 생존법이라 부른다. 하나님께서 까마귀를 통하여 엘리야에게 음식을 공급하셨던 것처럼(왕상 17:4-6), 하나님이 공급해 주시면 살고, 그렇지 않으면 죽는 형태이다.

3) 겸업(두 직업)/부분 지원bi-vocational/partially funded 형태의 생존

이 형태는 목사가 자신의 생존을 교회가 완전히 해결해 주지 못하기에 교회 밖의 다른 직업에 의존하는 것이다. 이러한 형태의 생존법을 사용하는 목사를 가리켜 흔히 겸직 목사, 자비량 목사, 전문직 목사, 텐트 메이킹 목사, 이중직 목사 등으로 부른다.

이상의 세 가지 형태 중에서 하나 혹은 그 이상의 형태를 통해 목사

---

43. "faith mission"이란 "중국내지선교회"(China Inland Mission)를 결성하였던 제임스 허드슨 테일러(James Hudson Taylor)가 그의 선교사들에게 적용했던 선교 원칙이었다.

는 생존한다. 중요한 사실은 이 세 가지가 모두 성경의 지원을 받는다는 점이다. 물론, 지역과 문화에 따라 어느 형태는 금기시되고, 어느 형태는 장려되는 등의 차이점은 분명 있다. 예를 들어, 우리나라는 겸직/두 직업 목사를 터부시하는 대표적인 (필자의 견해에로는 유일한) 나라이다. 그럼에도 불구하고 이 세 가지 목사 생존 형태는 모두 성경적이다. 세 가지 모두 성경의 지원을 받는다.

전업 목사는 성경의 여러 곳에서 그 정당성을 인정받는다(고전 9:7; 딤전 5:18). 믿음 의존 목사의 대표적인 경우는 이미 말한 바와 같이 엘리야이며, 하나님의 신비적이고 예상하지 못한 직접적 개입에 의해 생존하였던 성경 속 인물들과 사건들은 허다하다(출 16:31; 왕상17:16; 요 6:13). 겸업/두 직업 목사의 성경적 근거는 사도 바울이 그 자체이며, 성경의 여러 인물들이 자기의 직업을 갖고 있었고, 교회사 속에서 겸업 목사의 형태를 찾기란 그리 어렵지 않다고 하겠다.

동시에 이 세 가지 생존 형태 모두가 위험한 요소들을 내포하고 있다. 전업 목사는 생존이 보장된다. 따라서 그들은 쉽게 교만해질 수 있으며, 매너리즘에 빠질 수 있다. 믿음 의존 목사는 실제로 위험하고 과격한 형태의 생존 방법에 의존한다. 많은 믿음 의존 목사들이 비교적 짧은 시간 안에 목회를 포기해야 하며, 어떤 경우에는 소명이 회복되지 못하고 그들의 가정이 해체되기도 한다. 두 직업 목사는 말 그대로 두 개의 직업을 갖는다. 따라서 당연히 돈과 명예에 빠질 수 있는 위험성을 갖고 있으며 목회에만 전념할 수 없다는 단점을 갖고 있다.

2. 교회개척자의 재정 마련 방법

1) 교회개척자 스스로 재정을 마련하는 방법이다

이 방법은 교회개척자 본인이 무한 책임을 지고 본인과 교회의 생존을 위한 모든 재정을 마련하는 것이다. 쉽게 말하면 축적된 개인 자산을 사용하든지, 아니면 스스로 일해서 해결하는 방법이다. 하지만 축적된 자산을 활용하여 교회개척을 하는 경우는 매우 특별한 경우로 봐야 할 것이다. 대부분 본인(혹은 배우자)이 일해서 해결하는, 소위 말해 겸업/두 직업 목사 형태가 이 경우의 대부분이다.

비커Dennis W. Bicker는 두 직업 목사를 "교회에서 유급 목회 위치에서 봉사하면서 동시에 다른 개인적 소득원을 가진 사람"[44]이라고 정의했다. 두 직업 목사는 자신의 소명을 성취하기 위해서 생활비 일부분이나 아니면 전체를 목회 이외의 직업을 통해서 조달하는 목사를 말한다. 물론 두 직업 목사가 반드시 생존만을 위해서 택하는 것은 아니다. 대부분이 "생계형 두 직업 목사"이겠지만, 그러나 소명 자체가 교회에 생계를 의존하지 않는 것이라고 확신하는 "자비량형 두 직업 목사"가 있으며, 어느 지역의 복음화를 위해 교회보다 직업 현장에 먼저 뛰어드는 "전략형/선교형 두 직업 목사"가 있고, 지역의 이슈나 토산물 공동 판매에 개입하는 "지역 공동체 운동 참여 두 직업 목사" 등 목적에 따라 두 직업 목사를 다양하게 구분할 수 있다.

교회개척과 관련한 재정을 교회개척자 스스로 모색해야만 하는 구조는 실상은 바람직하지 않은 구조이다. 교회개척은 개인 소명자들의 문제이기도 하지만 사실은 교단이 주관해야 할 일이다. 필자가 경험한 어느 미국 교단의 경우, 교단 차원에서 교회개척자를 선별하고, 훈련하여,

---

44. Dennis W. Bicker, *The Work of the Bivocational Minister* (Vally Forge, PA: Judson Press, 2007), 2.

가장 적절한 지역에, 적어도 3년의 생존이 가능한 재정과 함께 파송한다. 이를 보며 필자는 상당히 부러운 시스템이라 생각했다. 하지만 한국의 경우 교회개척은 개인 소명자들의 책임으로 여겨지고 있다. 개척자 개인이 모든 재정을 확보해야만 하는 무한 책임을 떠안고 있다. 현실적으로 교단적 지원은 매우 미미하다. 거의 없다고 봐도 무방하다. (교단 재정은 교회개척, 목회자 연장 교육, 그리고 목사 후보생 교육에 투자되어야 한다고 필자는 주장한다.)

이러한 구조에서는 교회개척이 성공해도 문제가 되고 실패해도 문제가 된다. 성공하면 교회개척자의 공로가 강조될 뿐만 아니라 교회개척자가 교회에 대한 소유욕을 갖게 된다. 결과적으로 제왕적 목회를 추구하게 되며, 은퇴할 때에 응분의 보상을 요구하게 되는 불상사가 일어난다. 반면, 실패했을 경우 엄청난 빚을 떠안고 인생의 패배자가 되어 수면 밑으로 가라앉는다. 개척자 본인은 재기할 수 없을 정도의 소명감 상실을 경험하고, 가족들은 깊은 상처와 패배감으로 심한 경우 우울증과 같은 심각한 정신적 질병을 경험한다.

꿈이 있으면 그 꿈을 이루기 위해 재정을 준비하는 것이 일반적이다. 거리에서 조그마한 좌판 장사를 계획하는 사람도 그것을 위한 자본을 저축한다. 일을 이루기 위해 재정을 미리 준비하는 것은 인간의 당연한 행동이고 보편적인 책임이다. 그런데 목회를 준비하는 목회자 후보생을 비롯한 목사들만은 미래를 위한 자본을 준비하지 않는 경향이 있다. 목회는 거룩하고 영적인 일이지만, 그러나 그 목회는 당연히 땅 위에서 이루어지는 것이고, 목회가 땅 위에서 이루어진다는 사실은 반드시 재정이 관여됨을 의미한다. 따라서 목회를 준비할 때에 당연히 재정 문제도 포함시켜야 한다. 그런데 대부분의 목회를 준비하는 사람들이 재정 문제를 "하나님께서 인도하시고 베풀어 주실 것이다"라고 하면서 하나님께 돌리고 만다. 그러한 자세는 바르지 않다고 본다. 전도사 시절부터 목회 비용을 준비해야 한다. 비록 그것이 얼마 되지 않는다고 하여도 그 위에 하나님께서 은혜를 베풀어 주실 것이다. 이러한 자세는 인간의 최소한의 의무이자 책임이다.

2) 여러 후원을 통해 재정을 마련하는 방법이다

재정 후원을 받는 것은 하나님 나라 자원을 공유한다는 차원에서 성경적이다. 하지만 재정 후원에는 언제나 "관계"가 동반되기에 유의할 사항 또한 많다. 교회개척자의 가장 일반적인 후원자는 개인적 관계 속의 후원자들로서, 혈연에 기초한 가족들, 친구, 친지 등일 것이다. 또한 사역을 통해 관계를 맺은 성도들도 일반적인 후원자에 포함된다. 하지만 이러한 개인적인 후원자들과의 지속적인 관계를 위해서 지혜가 필요함은 당연하다. 지나치게 부담을 주거나 강요를 하게 되면 관계가 깨질 수도 있다. 후원 때문에 사람을 잃어서는 안 된다는 점을 교회개척자는 기억해야만 한다. 또한 이전에 섬겼던 교회의 성도로부터의 개인적인 후원을 받을 경우 더욱 주의가 필요하다. 자칫 후원자가 속한 교회의 담임목사와의 관계까지도 어긋날 수 있기 때문이다. 후원금에만 지나치게 매달림으로 말미암아 후원자와의 관계가 깨지면 안 된다는 것이 중요하다. 재정 후원을 받는 것보다 더 중요한 것은 목회 윤리임을 잊지 말아야 한다.

모교회의 후원, 개인적으로 관계된 교회의 후원, 그리고 노회나 총회의 후원 등을 확보하는 것도 교회개척자에게 매우 중요한 재정 확보 방안이다. 물론 이러한 기관 후원의 경우 일반적으로 후원 기한이 정해져 있기 때문에 이에 대한 대안이 필요함이 사실이다. 최근에는 크라우드 펀딩crowd funding을 통해 재정을 마련하는 새로운 방법이 자리잡아가고 있다. 이는 온라인을 통해 소액 후원자를 모집하는 것이다. 교회개척자의 교회론과 목회 철학 그리고 비전 등을 공유함으로 이에 동의하는 자들의 후원을 구하는 것이다. 문제는 후원하는 그들이 누구인지 모르며 후원금이 어떤 돈인지를 모른다는 것이다. 자칫 이단에 속한 돈이 위장되어 개입할 소지를 주는 위험성도 있다.

교회개척자가 개인이나 기관에 후원을 요청할 때 주의사항이 있다. 첫째는 후원을 요청하는 데 있어서 주저하지 말고 다소 공격적이어야 한다. 후원을 요청하는 데 두려워하지 말아야 한다. 요청하면 누군가가 후원을 할 것이다. 누군가가 스스로 알아서 도와주지는 않는다. 도움을 요청하는 것은 교회개척자가 해야만 하는 일이다. 문제는 자원이 없다거나, 후원자가 되려는 사람이 없다는 것이 아니라, 교회개척자가 후원을 요청하지 않거나 잘못 요청하는 것이다(약 4:2-3). 교회개척 전문가 스테쳐Ed Stetzer는 말하기를 "하나님의 백성들이 교회개척자의 삶의 헌신이 그들의 후원과 물질적 도움을 받을 만한 가치가 있다고 생각하면 그들은 참여할 것이다."[45]라고 했다.

둘째는 땀 흘리는 노력이 필요하다. 어떤 이들은 자신은 기도만 했을 뿐인데 하나님께서 기적적으로 물질을 제공해 주셨다고 간증한다. 이것은 참으로 귀한 간증이다. 그런데 더 가치 있는 간증이 있다. 그것은 교회개척자가 하나님의 교회를 위해 발로 뛰어다니면서 확보했다는 간증이다. 땀 흘려서 후원을 받는 것은 자신의 기질과 자존심까지도 극복해야만 하는 사명 감당의 위대한 몸부림이다. 어떻게 보면 재정을 위해 기도만 하는 것, 그것이 가장 쉬운 방법이며 재정 공급에 대한 책임을 회피하는 가장 그럴듯한 명분이다. 당연히 기도해야 한다. 그러나 기도만 하는 것은 바른 신앙인의 모습이 아니다. 최선을 다한 준비와 지혜로운 전략을 통해 후원을 요청해야 한다.

셋째는 교회개척자가 후원을 요청할 때 마치 구걸하듯 하는 모습이서는 안 된다. 절망스러운 형편을 호소하면서 애걸하듯 도움을 요청하지 말라는 것이다. 동시에 하나님을 들먹이면서 겁박하거나 의무감을

---

45. Ed Stetzer, *Planting Missional Church* (Nashville: B&H Academic, 2006), 225.

강조하거나 죄책감을 갖게 하거나 조작된 방법manipulation을 사용해서는 안 된다는 것이다. 그러할 경우 당장은 한 번의 재정 도움을 받을 수 있지만, 두 번의 도움은 없을 것이며 조만간 인간 관계까지도 끊어질 확률이 대단히 높다. 재정 후원 요청은 당당하게, 열정적으로, 그러나 겸손하게 자신을 통해 하나님께서 지금까지 해 오셨고 앞으로 하실 일에 대한 생동감 있는 간증이나 비전을 공유하는 것이다. 비전은 전염되는 법이며 비전이 공유될 때 물질적 후원이 이루어진다.

3) 교회 자립을 통해 재정을 마련하는 방법이다

이 방법이야말로 재정 마련의 가장 이상적인 방법이라 하겠다. 그런데 "교회 자립"을 어떻게 정의할 것인가? 교회개척자는 교회 자립의 정의를 잘 내려야 한다. 교회개척자는 교회 자립의 기준을 소박하게 설정할 필요가 있다. 교회개척 초기에는 교회가 단순히 연명되고, 목사가 생존할 수 있는 최소한의 조건만 갖추어져도 자립이라 할 수 있다. 이런 수준의 자립은 실제로 단지 다섯 가정만의 십일조를 통해서도 가능하다. 처음부터 자립의 기준이 높으면 목회가 결코 행복하지 않다. 즉, 현재 상황을 잘 살피고 그 안에서 만족하는 교회개척이 되어야 한다는 말이다. 그리고 점차 상황에 따라 상향되는 자립 목표를 세워가라는 의미이다.

교회 자립은 개척 멤버core group의 헌신 혹은 교회의 성장을 통해 가능하다. 그러나 이것만이 교회 자립의 길은 아니다. 다른 방법으로도 교회가 자립할 수 있다. 예를 들어, 수익 사업을 통해서 혹은 수익 사업을 겸한 사역을 통해서도 교회 자립이 가능하다. 오늘날 카페와 교회, 공부방과 교회, 도서관과 교회 등 각종 수익을 창출하는 사업과 교회가 결합되어 자립을 시도하고 있다. 그뿐만 아니라 교회를 중심으로 한 협동조합의 조직, 국가의 예산을 사용하는 노인 사역과 어린이 사역 등 사역과 자립이라는 두 마리 토끼를 잡을 수 있는 많은 방법이 있다. 결국, 교회 자립을 위해 교회개척자의 창의력이 필요하다.

　물론 이러한 교회개척 방법 혹은 목회 방법을 세속적인 방법이라고 여겨서 부정적으로 바라보는 시각이 있다. 하지만 그러한 시각은 단지 전통에 익숙해진 사람들의 편향된 시각일 뿐이다. 교회의 본질을 훼손하지 않는 한, 다른 모양의 교회나 다른 형태의 목회는 얼마든지 가능하다. 오늘날 우리가 매우 익숙한 교회의 모습, 그리고 목회 방법 역시 사람이 형편에 따라 만든 것이라는 사실을 알아야 한다. 교회개척자는 교회의 자립을 위해 교회의 본질을 훼손하지 않는 범위 내에서 창의력을 발휘해야만 한다. (물론, 교회의 모습과 목회 방법이 교회의 본질을 훼손하지 않게 하기 위해서는 분명한 교회론 정립이 우선되어야 함은 당연하다.)

　개척된 교회가 가능한 빠르게 자립 교회로 가기 위해서는 목사의 역할이 지대함을 부인할 수 없다. 목사의 역할과 자세에 따라 교회 자립을 앞당길 수도 있으며, 영구히 미자립 교회로 굳힐 수도 있다. 교회 자립을 조금이나마 앞당기기 위한 목사의 자세 한 가지가 있다. 그것은 교회개척자가 재정 운영에 있어서 매우 투명하고 공개적이어야 한다는 것이다.

　필자가 목회 현장에 있을 때, 선교사들을 후원하면서 늘 궁금한 것이 한 가지 있었다. 그것은 우리 교회가 후원하는 그 선교사님이 실제 한 달에 후원받는 총액이 얼마나 되느냐는 궁금증이었다. 그런데 후원을 받는 그 어느 선교사도 자신이 후원받는 선교비의 총액이 얼마인지 공개하지 않았다. 소위 말해 후원받는 선교비 총액은 선교사들에게는 일급비밀이었다. 필자가 이러한 것에 관심을 두게 된 이유가 있다. 그것은 선교사들 사회에서도 빈익빈 부익부 현상이 있음을 알았기 때문이다. 정치력과 경제력이 있는 선교사는 더 자주 미국에 들어와 더 많은 교회에 선교 보고를 하고, 그 결과 더 많은 후원금을 지원받지만, 그렇지 못한 선교사는 미국에 들어올 경비도 없고 인맥도 없어서 선교지에 머물 수밖에 없으며, 그 결과 후원금은 갈수록 줄어드는 현상을 보았기 때문이다. 따라서 필자는 필자의 교회가 후원할 선교사를 직접 찾는 수고를 아끼지 않았다. 심지어 한 달에 200달러를 후원하기 위해 2,000달러의 경비를 들였던 기억도 있다. (물론 이러한 관점은 일개 지역 교회 목사의 관점임을 분명하게 밝힌다. 분명 선교사들의 관점에서는 후원 선교비 총액을 밝히지 못하는 이유가 있으리라 믿는다.)

필자의 경험을 왜 이리 장황하게 늘어놓겠는가? 이야기 중의 선교사는 교회개척자로, 필자의 관점은 개척교회 성도들의 관점으로 비유된다는 사실을 말하기 위해서이다. 개척교회 성도들은 목사가 어떻게 생존할 수 있는지에 대해 궁금해 한다. 자신들의 헌금하는 양에 비해 목사가 훨씬 잘 살고 있음을 보고 성도들은 의아해한다. 전국의 맛집을 꿰뚫고 있으며, 최신식 전자기기를 사용하고, 자녀들에게 상대적으로 과한 투자를 하는 목사의 삶을 보면서, 성도들은 헌금할 필요성과 책임성을 전혀 느끼지 못한다. 결국, 성도들은 최소한의 헌금을 하게 되고, 따라서 교회 자립은 요원하게 된다.

때문에 교회개척자는 처음부터 후원액을 공개하고 투명하게 집행해야 한다. 단지 당신을 안다고 당신에게 돈을 거저 주는 사람은 없다. 당신이 목사이고 당신이 교회를 개척했기에 당신에게 돈을 주는 것이다. 그러니 그 후원금은 당연히 공적인 돈이다. 따라서 후원금은 처음부터 목사 개인 계좌로 입금될 것이 아니라 교회의 계좌로 입금되어야 할 것이며, 재정의 모든 집행은 반드시 공적인 절차를 거쳐야만 한다. 사례비 역시 공적으로 책정되어 후원자로부터가 아닌 교회로부터 받아야 할 것이다. 이것이 교회개척자의 바른 재정 운영이다. 동시에 성도들과의 협의로 후원금을 점차 줄여 나가야 할 것이다. 당연히 줄인 후원금만큼 목사와 성도가 더 부담하고 희생한다는 각오가 전제되어야 한다.

하지만 목사 입장에서는, 특별히 교회개척자에게는 이 모든 절차가 매우 불편한 과정이다. 그러나 교회 자립을 조금이라도 앞당기고 싶은 교회개척자라면 이 불편을 감수해야만 한다. 진정으로 현명한 목사는 불편함이라는 브레이크 시스템을 자발적으로 자신의 목회 현장에 장착하는 목사이다. 브레이크 시스템이 없는 목사는 결국에 가서 패망한다. 그러한 경우를 우리 모두가 너무나 자주 봐오지 않았던가? 켈러Timothy Keller는 외부로부터 재정 보조를 받는 교회는 운동 역동성movement dynamic이 사라지게 된다고 강조했다. 그렇다. 외부 후원을 기대하는 교회의 성도는 절대로 헌금하지 않으며, 그 결과 자립하지 못하게 되고, 시간이 갈수록 역동성을 잃어버리고, 어쩌면 영구히 미확립 교회로 자리를 잡을 수 있다.

교회개척을 준비할 때부터 재정과 관련하여 교회개척자가 주의할 사항이 있다. 그것은 초기 투자를 최소화하라는 것이다. '제발 그렇게 하지 말라'는 교회개척 방법이 있다. 그것은 평생을 통해 비축한 재산, 친인척으로부터 빌린 돈, 그리고 금융권으로부터 융자 받은 돈 등을 긁어모아 그럴듯한 공간을 임대하고, 음향시설을 비롯하여 최고급 시설을 갖추고 시작하는 교회개척이다. 교회개척자는 하나님의 집을 최고급으로 꾸며야 한다는 성전주의를 극복해야 한다. 재정적으로 무리하면 안 된다. 재정적으로 무리하면 결과는 망하는 것이다. 재정 문제를 하나님께서 해결해 주실 것이라는 지나친 믿음과 낙관주의를 피해야 한다. 교회개척이 분명 영적인 일이지만, 그러나 현실을 기초로 한다는 사실을 잊지 말아야 한다. 따라서 돈의 막강한 힘을 무시해서는 안 된다. 감당할 수 없는 빚을 져서는 안 된다. 적어도 3년간의 총예산을 예측하고, 처음부터 그에 대한 대비책을 갖고 시작해야 한다. 돈으로 개척하면 후에 본전 생각나는 것이 인지상정이다. 빚에 쪼들려 성도를 돈이 나오는 원천 혹은 생계의 수단으로 보게 되는 순간, 바른 교회론이 구현될 수 없고, 진정한 목양이 이루어질 수도 없으며, 오직 생존을 위한 투쟁과 타 교회와의 경쟁만이 남게 된다. 욕심내지 않고 빚 없이 가는 원칙을 세우라. 교회당 없는 교회개척을 생각해 보라.

굳이 까마귀만을 기다릴 필요는 없다

•••

　오늘날의 대한민국 목회 생태계에서, 목사와 그 가족의 생존 여부는 대단히 중요한 이슈가 된다. 개척교회를 포함하여 미자립 교회의 비율이 80%에 육박하는 현실 속에서 목사와 그 가족의 생존 문제는 결코 가볍게 여길 문제가 아니다. 각 교단은 이 문제에 대해 깊이 고민해야 하며 대안을 제시해야만 한다. 왜냐하면 이 문제는 결코 목사들 개인의 문제가 아니라 교단, 나아가 한국 교회의 구조적 문제이기 때문이다.

　목사의 생존 방법은 세 가지로 정리할 수 있다. 첫 번째는 교회가 자립함으로 목사의 생존을 책임지는 것이다. 이렇게 생존을 해결하는 목사를 영어로는 "fully funded pastor"라고 부른다. 이 방법은 어떤 면에서 바람직하고 자연스러운 것으로서, 오늘날의 모든 목사가 소망하고 있는 방법이다. 이러한 방법은 "곡식을 밟아 떠는 소에게 망을 씌우지 말라"는 말씀(신 25:4; 고전 9:9)이나 사도행전 9장에서 바울이 제시한 논리 가운데 잘 나타나 있다.

　목사의 생존을 해결하는 두 번째 방법은 오직 하나님만을 의존하는 것이다. 마치 엘리야가 죽기를 바랄 때 하나님께서 까마귀를 통해 그의 생존을 해결해 주신 것과 같이, 하나님이 까마귀를 보내 주실 때까지 믿음으로 기다리는 방법이다. 이렇게 생존을 해결하는 목사를 영어로는 "faith mission pastor"라고 부른다. 역사적으로 "중국 내지선교단"China Inland Mission을 만든 허드슨 테일러James Hudson Taylor가 사용한 생존 방법이다.

　목사의 생존을 해결하는 세 번째 방법은 목사가 스스로 일함으로 자신의 생존을 해결하는 방법이다. 즉, 목회 외에 다른 직업을 가짐으로 자신과 가족의 생존을 해결하는 방법이다. 영어로는 "bi-vocational pastor"라고 부르는데, "두 직업 목사"로서 이중직, 겸직, 텐트 메이킹 등 다양하게 불린다. 사도 바울이 대표적인 모델이며, 성경과 역사 속에 그 증거들이 차고 넘친다. 사실 이 방법이 목사 생존을 위한 오리지널 형태라고 주장하는 데 있어서 나는 조금도 주저함이 없다.

목사는 위의 방법들 중에서 한 가지 이상의 방법을 사용하여 생존한다. 어떤 방법이든지 그것은 목사의 신학적 확신과 신앙 색깔에 의해서 선택할 수 있는 자유이다. 세 가지 방법 모두 성경과 기독교 역사의 강력한 후원과 보장을 받는다. 문제는, 이것들 중의 하나만이 성경적 방법이고 그렇기에 목사는 반드시 그 방법대로 살아야 한다고 주장하는 것이다.

한국 교회에서는 까마귀를 의존하고, 교회자립을 통해 생존을 해결하는 것만이 성경적인 방법이라고 믿는 경향이 매우 농후하다. 다시 말하면, 두 직업 목사에 대한 심한 편견과 정죄 의식을 갖고 있다. 그러나 이러한 자세는 성경적인 근거가 없는 옳지 않은 생각이다. 우리나라에서 목사가 다른 직업을 갖지 않게 된 역사적 배경이 있을 것이다. 그럼에도 불구하고 두 직업 목사를 정죄하는 곳은 적어도 내 상식으로는 우리나라가 유일하다.

사람들은 목사가 직업을 가지면 돈맛을 알게 되고 세속화되어, 목회에 전념할 수 없을 것이라고 하는 위험성을 두 직업 목사를 금지하는 근거로 제시한다. 그러나 알아야 할 것이 있다. 위에서 언급한 목사의 세 가지 생존 방법이 모두가 동일하게 절대적 위험성을 갖고 있다는 사실이다. 특별히 까마귀 의존 목사의 위험성은 이루 말할 수 없다. 수많은 목회자들이 까마귀를 의존하다가 생이 파괴되고, 가정이 해체되고, 교회의 문을 닫는다. 결국에는 소명의식까지 잃어버리고 모든 책임을 스스로에게 뒤집어씌운 채 수면 밑으로 가라앉는다. 간혹 가다가 나타나는 성공한 까마귀 의존 목사는 일약 스타가 되어 여기저기서 간증을 하고 돌아다닌다. 그는 마치 목회자의 모델처럼 간주된다. 안타깝게도 한 명의 성공자 뒤에는 수 명의 실패자들이 존재한다는 사실을 간과한다.

까마귀를 기다려도 되는 목회 생태계가 과거에는 있었다. 그러나 지금은 생태계가 바뀌었다. 더 이상은 까마귀를 의존하는 방법이 목사의 생존을 해결하는 보편적인 방법이 될 수 없는 생태계가 되었다. 생태계가 바뀌면, 그 생태계 안에서 생존할 수 있는 방법을 찾고 사용해야 한다. 일단은 살아남아야 더 좋은 생태계를 만들 수 있다. 그런데, 지금의 생태계를 누가 만들었는가? 까마귀를 의존했던 분들이 만들었다. 그들은 이러한 생태계를 만든 데에 대한 책임을 져야 한다. 그런데 그보다는 자신들이 만든 생태계에서 더 이상 작동하지 않는 과거 자신들의 생존 방법을 강요한다.

적어도 두 직업 목사를 정죄해서는 안 된다고 생각한다. 두 직업 목사는 성경이 보장하는 목사의 삶의 방법이다. 나는 까마귀를 의존해서 성공한 목사의 간증보다는, 일하면서 교회를 지키고 가정을 지키는 목사의 간증이 더 가치 있다고 확신한다. 먹고 사는 문제는 하나님이 인간에게 부여하신 신성한 일이다. 생존의 몸부림은 거룩한 행위이다. 삶이 점점 피폐해지는 목회 현장에서, 굳이 까마귀만을 기다릴 필요는 없다. 나가서 일하는 방법을 택하는 것도 거룩한 일이다. 목사이기 전에 남자이다. 남자에게 주어진 보편적 사명을 기억해야만 한다. 남자에게 주어진 보편적 사명 가운데 하나는 가족의 생계를 책임지는 것이다. 배우자는 밖에 나가 일함으로 가족의 생계를 위해 애쓰는데, 정작 자신은 "목사이기 때문에"라는 이유로 아무런 일도 하지 않는다면 그것이야말로 비성경적이다. 굳이 까마귀만을 기다릴 필요는 없다.

9장
교회개척 형태

교회를 개척하는 형태는 실로 다양하다 하겠다. 교회개척자에 따라, 그리고 교회가 개척되는 지역의 교회 생태계의 문화와 전통에 따라 교회가 개척되는 방법과 형태는 확연히 다르다. 이번 장에서는 그러한 교회개척 형태를 설명하려고 한다. 먼저는 성경 안에서 교회가 개척된 형태 네 가지를 살펴보고, 그리고 실제 오늘날 현장에서 교회가 개척되는 형태 세 가지를 살펴보려고 한다. 교회개척자는 자신이 시도하는 교회개척 방법이 적어도 어떤 형태인지를 인식할 수 있어야 한다. 그래야만 정당한 원리를 적용할 수 있으며 바른 방법론을 사용할 수 있기 때문이다.

1. 신약 성경에 나타난 교회개척 형태

신약 성경을 보면 다양한 형태의 교회개척이 묘사되어 있다.[46] 대표적인 형태가 예루살렘 교회, 에베소 교회, 로마 교회, 그리고 서신서의 수신 교회들이라 하겠다. 예루살렘 교회는 베드로를 중심으로 한 사도들에 의해 시작된 교회이며, 에베소 교회는 디모데에 의해 확립된 교회

---

46. Stetzer, *Planting Missional Churches*, 53-75; Clifton, *Church Planting Thresholds*, 136.

이고, 로마 교회는 무명의 평신도들에 의해 세워진 교회이며, 서신서의 수신자 교회들은 사도 바울에 의해 세워진 교회들이다. 이제 이러한 교회들이 개척되는 과정을 간단히 살펴보고, 이러한 개척 형태가 오늘날 어떻게 적용되고 있는지 살펴보겠다.

1) 예루살렘 교회

예루살렘 교회는 베드로를 중심으로 한 사도들이 개척한 교회이다. 교회를 개척한 이후 베드로는 예루살렘을 떠날 때까지(행 12:17) 상당 기간 오늘날의 담임목사 역할을 감당했다. 이러한 형태를 "베드로식 교회개척"이라 부를 수 있으며, 이것은 목회자에 의해 교회가 시작되는 형태를 일컫는다. 오늘날 대부분의 교회개척이 목회자에 의해 시작된다는 점에서 볼 때, 베드로식 교회개척은 전통적이고 어떤 면에서 매우 자연스러운 교회개척 형태라고 할 수 있다. 이 형태는 오늘날 한국 교회에 굳건하게 자리를 잡은 교회개척 형태로서, 한국의 교회개척은 대부분 목회자가 교회를 개척하고 상당 기간 (혹은 은퇴할 때까지) 담임목사로서 주도적인 목회를 감당하는 형태이다.

2) 에베소 교회

에베소 교회는 디모데에 의해서 자리를 잡았다. 하지만 에베소 교회가 디모데에 의해서 시작된 교회는 아니다. 에베소 교회는 브리스길라와 아굴라(행 18:18-19), 아볼로(행 18:24-26), 그리고 바울의 사역 등에 의해 시작되었다. 즉, 디모데가 에베소 지역에 도달하기 전에 이미 에베소 지역에 교회(공동체)가 형성되어 있었다는 것이다. 다만 에베소 교회가 활기찬 교회는 아니었던 것으로 판단된다. 디모데는 단지 에베소 교회를 재생하는 사명을 이루기 위해 바울에 의해 파송되었을 뿐이다.

즉, 에베소 교회는 훈련된 교회개척자를 이미 형성된 공동체에 파송하는 교회개척 형태의 모델이다. 따라서 디모데는 보기에 따라 교회개척자일 수도 있고 아닐 수도 있다. 이러한 방법을 "디모데식 교회개척"이라 부를 수 있을 것이며, 오늘날 한국 교회 생태계에 절실한 교회개척 형태라 할 수 있다. 오늘날 유명무실한 교회들이 많다. 특별히 도시 지역에는 의식과 운동 기능을 상실한 수많은 식물 교회가 즐비하다. 이런 교회들을 다시 살려내야 한다. 하지만 이러한 교회들이 자체의 내적인 힘으로 재생하기는 불가능하다고 필자는 생각한다. 결국은 외적인 충격이 필요한데, 가장 자연스럽고 충격이 적은 방법이 바로 리더십의 교체이다. 이러한 방법을 "재개척"replanting이라고 부른다. 디모데식 교회개척은 오늘날 한국 교회에 절대적으로 필요한 교회개척 형태이다.

3) 로마 교회

로마 교회는 오늘날의 관념과 비교할 때, 다소 낯선 방법으로 개척된 교회이다. 성경 속의 교회들은 대부분 사도들에 의해 개척되었다. 그런데 사도들이 아닌 평신도들에 의해 개척된 교회가 더러 있는데, 로마 교회가 그 대표적인 교회이다. 로마 교회는 특정 사도에 의해서 개척된 교회가 아니다. 로마 교회는 스데반의 순교를 기점으로 해서 흩어진 성도들이(행 8:1) 로마에 정착함으로 인해 자생한 교회였으며, 사도 바울이 로마서를 기록할 때는 이미 상당한 역사와 체계를 갖추고 있었던 평신도 주축의 교회였다.

빌립 집사를 평신도로 볼 수 있느냐는 논란이 있을 수 있음에도 불구하고, 빌립을 중심으로 한 평신도들에 의해 개척된 사마리아 교회 역시, 로마 교회와 동일한 경우로 취급할 수 있다. 박해로 인해 흩어진 성도 중의 일부가 사마리아 지역으로 유입되었고(행 8:4-5), 그들은 특정 사도의 지도가 없는 상태에서 사마리아 교회를 형성하였다. 교회가 개척된 이후에서야 비로소 예루살렘의 사도들은 그 소식을 듣게 되었고, 즉시로 베드로와 요한을 파송하여 사마리아 교회를 공적인 교회로 인증했음을 알 수 있다(행 8:14).

근현대로 와서, 미국의 서부 개척 시대에 세워진 많은 교회가 안수받은 목회자들에 의해서라기보다는 평신도들에 의해 자생한 교회들이었다. 여기에 안수받은 목사들이 합류하여 체계를 갖춘 교회로 발돋움한 것이다. 초창기의 많은 해외 한인 이민 교회들 역시 목회자에 의해서라기보다는 평신도들의 자발적 모임으로 시작되었다. 이처럼 평신도들에 의해 자생적으로 개척된 교회들을 교회사 속에서 찾는 것은 그리 어렵지 않다. 하지만 이러한 평신도 중심의 교회개척 형태를 오늘날에는 거의 찾아볼 수 없게 되었다. 부정적으로 보면 교회가 지나치게 제도적으로 되었으며 나아가 성직주의가 절대화되었기 때문일 것이고, 긍정적으로 보면 교회개척이 그만큼 전문화되었다고 할 것이다. 주의할 점은 성령의 자유로운 역사가 제도나 성직주의에 의해 제한을 받는 일이 없어야 한다는 것이다.

4) 사도 바울에 의해 개척된 여러 교회

사도 바울에 의해 개척된 서신서의 수신 교회들은 바울만의 독특한 방법에 의해 개척된 형태이다. "바울식 교회개척"이라고도 할 수 있는 이 형태는 교회개척자가 어느 한 지역으로 들어가, 복음 전파를 통해 회심자들을 얻고, 그 회심자들과 더불어 교회를 시작하고, 그들 중에 리더를 세우고, 그리고는 바로 떠나는 교회개척 형태이다. 사도행전에 나타난 바울의 교회개척 기록을 살펴보면, 바울은 비시디아 안디옥 교회개척을 위해 2주(행 13:44), 데살로니가 교회개척을 위해 3주(행 17:2-4), 고린도 교회를 위해서는 1년 6개월(행 18:11), 그리고 가장 오래 머물렀던 에베소 교회를 위해서는 약 3년(행 20:31)을 필요로 했다. 사도행전의 기록에서 유추할 수 있는 정황을 고려한다면, 정확한 기간을 알 수는 없지만, 단 수일 만에도 교회를 개척하고 떠났음을 합리적으로 추측할 수 있다.

때문에, 사도 바울을 "창업가형 교회개척자"entrepreneur planter라고 부르기도 한다. 일반적으로, 창업가형 교회개척자(목회자)는 새로운 도전과 개척을 매우 즐긴다. 당연히, 개척하는 것은 즐기지만 그 교회에 남아 오랫동안 담임목사로 사역하는 것은 기질적으로 지루해 한다. 그렇기에 이들은 대체로 교회가 완벽하게 조직화 되기 전에, 보통은 개척한 이후 3년에서 5년 사이에 떠나는 경향이 있다. 이들은 대체로 높은 수준의 교육을 받은 목사들이며, 기질적으로 창조적이고 열정적인 사람이다. 이들은 끊임없이 새로운 도전에 나선다. 이러한 창업가형 교회개척 형태를 일반 목회자에게 적용한다면, 이러한 목회자는 비록 교회를 쉽게 떠나지는 않지만, 그러나 쉴 새 없이 새로운 사역과 프로그램과 이슈와 사업을 펼쳐나간다.

물론 바울식 교회개척을 오늘날의 표준으로 삼을 수는 없다. 적어도 필자의 견해에 의하면 당시에는 복음을 전파하여 교회를 확장해야만 하는 하나님의 특별하신 계획과 간섭이 있었다고 믿는다. 바울이 자신이 개척한 그 어린 교회들을 뒤로하고 과감히 다음 목적지로 이동할 수 있었던 것은 성령께서 그 어린 교회들을 붙잡으시리라는 사실을 이미 알고 있었기 때문이었으리라. 따라서 그 특별한 시기의 바울식 창업가형 교회개척 형태가 오늘 한국 교회에 그대로 적용되기는 어렵다고 본다. 하지만 우리나라에 복음이 전파되어 정착되는 초창기에는 바울식 교회개척자들이 많았음이 사실이다. 그들은 평생 수 개에서 수십 개의 교회를 개척하곤 했다. 하지만 근자에 들어와 이러한 교회개척자들을 보기가 매우 드문 것 또한 사실이다. 아마도, 복음이 어느 지역에 정착되는 초창기에는 하나님께서 바울식 교회개척자들을 보내시지 않는가 하는 추측을 해 본다.

2. 오늘날 현장에서 발견되는 교회개척 형태

지금까지 신약 성경에 나타난 교회개척 형태를 살펴보았다. 이제 한국 교회 생태계에서 발견되는 교회개척 형태를 살펴보려 한다. 현장에서의 교회개척 형태는 구분하는 방법에 따라 다양하게 구분할 수 있다. 여기서는 교회를 시작하는 주체가 누구인가를 살펴봄으로 교회개척 형태를 구분하고자 한다.

1) 개별 교회개척

개별 교회개척은 교회개척자 본인이 교회개척의 모든 과정과 결과에 대한 무한 책임을 갖는 형태이다. 이러한 개별 교회개척은 오늘날 한국에 가장 많은 형태로, 교회개척을 전적으로 개인의 소명과 사명에 의한 선택으로 여기는 형태이다. 때문에, 교회개척에 따른 인적 자원과 물적 자원의 확보 역시 교회개척자가 전적으로 책임을 져야만 한다. 필자는 이러한 교회개척 형태를 다른 말로 "단신 교회개척" 혹은 "각개전투 교회개척"이라고 부르기도 한다. 이런 형태의 경우, 교회개척이 실패하면 당연히 심각한 문제가 되고, 성공한다고 하여도 문제가 될 여지가 크다. 따라서 개별 교회개척은 위험 부담이 매우 크다고 하겠다.

첫 번째 위험은 바로 실패할 확률이 크다는 것이다. 세간에 회자되는 교회개척 실패율이 있다. 개척교회가 성공하기 어렵다는 통념에 근거한 절망적인 교회개척 실패율 수치들이 난무하고 있다. 심지어 250개 교회가 개척되면 오직 하나의 교회만 살아남는다는 말까지 있다. 필자가 보기에는 대체로 근거가 빈약한 추측성 수치들이다. 그럼에도 불구하고 교회개척 성공률이 25%를 밑도는 것은 사실이다. 적어도 네 교회 중의 세 교회는 수년 내에 문을 닫는다.

물론 이러한 사실을 근거로 교회개척의 당위성이 없다고 말해서는 결코 안 되지만, 그런데도 교회개척 성공률이 이처럼 낮은 것은 문제이다. 이렇게 낮은 교회개척 성공률은 전적으로 교회개척이 한 개인의 무한 책임 아래서 이루어지기 때문이다. 교회개척이 마치 있는 돈, 없는 돈 긁어모아 식당 하나 개업하는 것과 같은 시스템이 되었기 때문이다. 교회개척이 실패했을 경우, 교회개척자와 그의 가정은 실패자로서 목회 현장에서 물러난다. 신용불량자가 되고, 인생 패배자가 되어, 심한 경우 온 가족들이 정신적 트라우마까지 겪으면서 물러난다. 최악의 경우 가정이 해체되기까지도 한다.

두 번째 위험은 교회개척이 성공했을 경우에 뒤따를 수 있는 보다 심각한 현상이다. 그것은 바로 개척자의 교회에 대한 소유욕과 그 결과로 인한 제왕적 목회이다. 교회개척이 성공했을 경우, 개척 목사의 교회에 대한 소유욕은 참으로 제어하기가 힘들다. 더구나 그 소유욕이 책임감이나 사명감 혹은 교회에 대한 사랑과 헌신으로 위장되어 있을 경우, 교회개척자 본인은 자신의 소유욕을 인식하기가 불가능하다. 마치 사업체 하나를 시작하여 성공한 사장의 자세가 되기 쉽다. 더군다나 목사가 은퇴할 때 당연히 보상을 요구하게 되어 있다. 때문에, 개척하여 성공한 교회의 목사가 은퇴할 때 돈과 관련하여 불미스러운 일이 자주 발생하는 것이다. 소유욕과 제왕적 목회, 그리고 보상 심리 등은 개별 교회개척이 성공했을 경우 맞이하게 되는 위험성이라 할 수 있다.

더욱 바람직한 교회개척 형태는 한 개인에게 교회개척에 대한 무한 책임을 맡길 것이 아니라, 노회나 총회에서 주관하는 것이다. 국가가 책임져야 할 국민 복지를 국민 개인에게 떠넘긴다면 그것은 바람직하지 않다. 마찬가지로 교단이 책임져야 할 교회개척 사역을 개인의 소명과 선택 영역으로 떠넘기고 있는 한국 교회 교단들의 모습은 결코 바람직하다고 할 수 없다.

2) 팀team 교회개척

팀 교회개척은 개인들이나 교회들이 팀을 만들어 교회개척에 임하는 형태를 의미한다. 팀 교회개척은 다양한 은사가 활용될 수 있으며 책임이 분산되고 자원 분배와 활용에 있어서 유익하다는 점 등의 장점이 있다. "팀 교회개척이 성경적 교회개척 방법이고, 홀로 개척할 경우 많은 책임이 뒤따르기 때문에 처음부터 팀을 구성하는 것이 가장 좋은 방법이다."[47] 무엇보다도 교회개척이라는 사역에 있어서 팀 구성원들이 서로 의지하고 힘이 되어 준다는 차원에서 최상의 교회개척 형태이다. 필자의 개인적인 경험에 의하면, 교회개척은 참으로 외롭고 두려운 일이다. 팀 교회개척은 이러한 교회개척자의 외로움과 두려움을 극복할 수 있는 좋은 방안이다. 교회개척 전문가였던 바울조차도 교회개척 현장에서 그토록 동역자를 그리워했다는 사실은(행 17:15; 18:5; 딤후 4:9) 오늘날의 교회개척자들에게 시사하는 바가 크다고 하겠다. 또한 이것은 "공유 리더십"이 요구되는 현대인들의 의식 구조에도 부합되는 교회개척 형태라 하겠다.

하지만 팀 교회개척에 장점만 있는 것이 아니다. 팀 목회가 성경적이고 바람직한 목회 패러다임이지만, 현실화하기에는 여러 장애물을 극복해야만 한다. 동등한 보수 체계, 영역에 대한 전문성 인정과 정확한 위임, 세밀한 소통 시스템, 신학과 목회 철학의 동일화, 모든 것을 공유한다는 공동체 의식 등을 준비하고, 받아들여야 할 것들이 너무나 많다. 또한, 팀 교회개척이나 목회를 위해서는 각 교단의 제도적 뒷받침이 필요하다. 대부분의 장로교회 교단에서는 복수의 담임목사를 인정하지 않고 있다. 따라서 제도적으로 팀 목회가 가능하지 않다. 결국 사도 바울의 팀과 같이 일인 중심의 팀을 구성할 수밖에 없다. 현재 우리

---

47. Payne, *Apostolic Church Planting*, 118.

나라의 거의 모든 교회가 일인 담임목사 아래 여러 부교역자가 포진한 팀 형태를 이루고 있음이 사실이다. 다만 오늘날 담임목사를 중심으로 한 팀이 진정한 의미에서 팀 사역인지는 재고해 볼 필요가 있다.

팀 교회개척의 더욱 심각한 문제점은 시간이 지남에 따라 팀원 간에 균열이 생기고 역학 관계가 발생하여 팀이 와해될 수 있다는 점이다. 하재성은 말하기를 "동등한 힘을 가진 두세 사람의 공동적 팀 목회가 실현되기 어려운 이유는 그 두세 사람 사이에 힘의 차이가 나타날 수밖에 없기 때문이다"[48]라고 한다. 필자는 팀 목회가 3년을 넘기는 경우는 보지 못했다. 결국은 다른 팀원은 모두 떠나고 한 사람이 모든 것을 떠맡게 됨으로써 개별 교회개척 형태가 되고 만다. 우리 주변에서 팀 교회개척이나 팀 목회의 성공 사례를 찾기 어려운 이유가 바로 이 때문이다.

단지 신학적 소신이나 목회 철학이 같다고 해서 의기투합해 팀 교회개척에 도전하면 분명 실패한다. 팀이 해체되는 이유는 신학이나 목회 철학이 달라져서가 절대 아니다. 그것보다는 팀원이나 그 가족들의 인생관, 가치관, 습관에 있어서 단순하고 사소한 차이점 때문에 무너진다. 많은 경우에 있어서 목사들 간에는 문제가 없지만, 팀원들 각 가족 간의 갈등으로 인해 팀이 와해되는 것을 본다. 때문에, 팀 교회개척이나 목회를 생각하는 자들은 소통이라는 도구를 통해서 팀에 관련된 모든 이의 라이프 스타일을 공유화하는 작업이 필요하다. 이것이 되지 않는다면 팀 교회개척이나 팀 목회는 서로 간에 상처만 남기고 끝나고 만다. 팀 목회는 단지 물리적인 의기투합이 아니라 모든 사역에 있어서 공동으로 책임을 지고, 서로가 서로에게 삶과 사역의 동반자로 살아가기로 결단하고 헌신하는 것이다.

---

48. 하재성, "팀 목회, 왜 이상에 그치는가?," 「목회와 신학」 vol. 338 (2017.8): 55.

3) 파송(후원) 교회개척

파송(후원) 교회개척은 교회개척자가 모 교회, 노회, 총회, 선교 기관, 혹은 독지가에 의해 파송을 받아 어느 지역에 교회를 개척하는 형태를 의미한다. 파송이라는 단어 안에는 당연히 교회개척자의 생존을 위한 경비를 포함하여 개척비용 전체 혹은 일부를 일정 기간 (대체로 3년) 동안 파송 주체에서 책임을 진다는 의미가 담겨 있다. 파송 교회개척 형태는 교회개척자에게 소속감과 안정감을 가져다주어서 교회개척에 전념할 수 있도록 하는 장점이 있다. 하지만 파송 주체가 교회개척자를 먼저 찾는 경우는 거의 없고, 교회개척자가 파송 주체를 찾아야만 한다는 현실을 볼 때, 파송 교회개척자 역시 실제로 개별 교회개척자의 입장과 별반 다르지 않다고 보인다. 또한 파송 주체의 후원이 전액 후원이 아닐 경우 나머지 후원을 교회개척자가 마련해야 한다는 점, 그리고 보통 후원 기간이 정해져 있기 때문에 그 기간 안에 자립하지 못할 경우에도 개별 교회개척자가 될 수밖에 없다는 점에서 교회개척자를 조급하게 만드는 단점이 있다.

필자는 파송 교회개척 형태가 미국 교계에 잘 정착되어 있음을 경험했다. 미국의 교단들은 (물론 모든 교단이 그러한 것은 아니지만) 대체로 교회개척을 교단의 중요한 프로젝트로 여기고 교회개척자 선발로부터 시작하여 그들에 대한 교육, 개척 후보지 선정, 개척 과정과 사후 점검, 그리고 목회자의 생활에 이르기까지 전적인 관리total care를 하고 있다. 사실 이렇게 하는 것이 진정한 의미에서의 파송 교회개척이라 하겠다. 우리나라에서도 교회개척이 교단적 프로젝트가 되어야 할 필요가 있다고 본다. 물론 우리나라에서도 파송 교회개척의 일종으로 볼 수 있는 형태가 자리를 잡아가고 있다. 즉, 일반적으로 많은 교회개척자들이 과거에 섬겼던 교회로부터 어느 정도의 후원을 받고 있다. 그러나 그 후원이 대부분 한시적이고 부분적이라는 데 문제점이 있다.

4) 분립/분리 교회개척

분립/분리 교회개척은 "교회가 교회를 개척"하는 형태를 의미한다. 이미 형성된 교회가 인적 자원과 물적 자원을 분배하여 새로운 교회를 개척하는 것이다. 다만 그것이 의도적이라고 한다면 "분립"이 될 것이고, 의도하지 않은 불상사, 즉 분란이나 갈등으로 교회가 나뉘는 경우는 "분리"라고 할 것이다. 필자는 본 장에서 원치 않은 분리로 교회가 분열되는 것 또한 교회가 하나 생겨났다는 차원에서 분립 교회개척에 포함하려고 한다.

분립 교회개척은 교회개척에 있어서 가장 바람직한 방법이자 성공 확률이 대단히 높은 방법이며, 성경적 당위성이 있는 교회개척 형태이다. 교회는 하나님께서 제정해 놓으신 복음전도의 대행 기관이다. 하나님께서는 전도의 도구로 삼으시려고 교회를 이 땅에 세우셨다. 따라서 교회는 또 다른 교회를 출산하는 church-planting church 사명을 감당해야만 한다. 우리나라에서도 이러한 분립개척이 점차 증가 추세에 있다고 보인다. 필자의 수업을 듣는 학생들에게 부과하는 과제물이 하나 있는데, 바로 5년 미만 개척교회의 목회자를 인터뷰해 오는 것이다. 이 인터뷰를 통해 알게 된 사실이 있는데, 그것은 약 10% 정도의 개척교회가 모 교회로부터 분립한 교회였다는 사실이다. 수년 전만 하더라도 분립 교회개척은 몇몇 대형 교회를 중심으로, 어떤 면에서는 오래 근속한 부교역자에게 주는 혜택(?) 정도의 교회개척 방법이었는데, 이제는 많은 교회들이 분립 교회개척을 꿈꾸고 있다. 비로소 분립 교회개척에 관한 체계적인 연구가 필요한 시대가 되었다.

분립 교회개척은 크게 두 가지로 분류할 수 있다. 하나는 "완전 분립개척"이다. 이것은 모 교회에서 개척 멤버와 재정을 제공하여 완전히 독립된 또 하나의 교회를 개척하는 분립개척 방안이다. 모 교회는 신생 교회에 대하여 정치적으로, 재정적으로 그리고 목회적으로 전혀 간섭하지 않는 특징을 갖고 있다. 또 다른 하나는 "지교회 분립개척"이다. 이것은 모 교회가 개척 멤버와 재정을 제공하여 신생 교회를 개척하고, 신생 교회는 모 교회에 완전히 소속되거나, 혹은 재정 영역과 같은 일부 영역이 모 교회에 종속되는 분립개척 방안이다.

이러한 두 종류의 분립개척을 보다 안전하게 하기 위해 최근에 분립을 시도하는 교회들이 인큐베이팅 분립 교회개척을 시도하고 있다. 이는 모 교회 안에 분립할 교회를 개척하게 하고, 상당 기간 모 교회가 어린 교회를 품고 있는 방안이다. 모 교회 안에서 개척 멤버도 모집하고 교회 조직도 완성하면서 안전하게 성장한 후에 분립하는 방안이다. 매우 안전하고 바람직한 방법으로서 분립개척 목사를 검증하고 분립개척 성도들을 훈련하는 좋은 형태이다.

물론, 분립 교회개척이 안전하고 생존율이 높은 교회개척 형태라 하더라도 이것이 언제나 성공하는 것은 아니다. 지면 관계상 본 장에서 자세히 논할 수는 없지만, 모 교회로의 귀환 본능, 준비되지 않은 미숙한 분립개척자, 절박함이 부족한 분립개척자의 스피릿, 모 교회의 분립 교회에 대한 소유욕, 모 교회의 미숙한 부모 역할, 모 교회 출신 성도와 새로 합류한 성도들 간의 갈등 등 여러 실패 요인들이 상존한다. 분립 교회개척이 성공하기 위해서는 그 시작부터 모 교회는 모 교회대로, 분립개척자는 그 나름대로 최선의 전략적 준비를 해야만 한다. 중요한 핵심은 분립 교회개척은 모 교회의 복제가 아니라 파송으로서 교회개척이어야 한다는 점이다.

흔히 분립 교회개척은 대형 교회들만이 할 수 있는 일이라고 생각한다. 하지만 분립 교회개척은 어떤 규모의 교회이든지 가능하다. 자녀 교회를 출산하는 것은 모든 기존 교회들이 마땅히 감당해야만 하는 일이다. 교회들이 교회 성장이라는 이름 아래 출산보다 비대(肥大)를 추구하는 것은 심각한 문제이다. 많은 기존 교회들이 하나님의 자원인 인력과 재력을 마치 자신들의 소유인 것처럼 여기고 있다. 그렇기에 그것들을 나누어 주려고 하지도 않고 빼앗기려 하지도 않는다. 이 때문에 교회들이 분립 개척을 생각조차 하지 못한다. 교회들이 당연히 감당해야만 하는 출산의 의무를 기피하고 있다. 분립시킬 교인이 없다는 이유로, 분립에 필요한 돈이 없다는 이유로, 교회가 아직 분립을 위한 준비가 되지 않았다는 이유 등을 대지만 실제로는 자신들만의 비대한 성castle을 건축하고 싶어 하는 것이다. 하지만 이것이야말로 지독한 개교회 이기주의이다. 교회들이 하나님의 나라 관점에서 자신들에게 주어진 자원들을 바라본다면 분립 교회개척은 훨씬 더 활성화될 것이라고 믿는다.

장차 목회를 준비하고 교회개척을 꿈꾸는 자들은 적어도 섬기는 교회로부터 분립 개척을 제의받을 수 있을 정도로 지금의 현장에 충실해야 할 것이다. 더 나아가 분립 교회개척 목회자가 되었을 때, 성도들 가운데 적어도 10여 가정 이상이 합류하겠다고 나설 수 있을 정도로 지금 사역에 충실하고 목사로서의 인격과 경건을 갖추어야 할 것이다.

지금까지 교회가 개척되는 여러 형태를 살펴보았다. 신약 성경에 나타난 여러 방법과 오늘날의 현장에서 발견되는 형태를 살펴보고 그 장단점을 살펴보았다. 교회개척자에게는 교회개척을 위한 창의력이 필요하다. 단순히 과거의 형태를 답습하는 것은 교회의 생존력을 약화시킨다. "다르게"는 하나님께서 교회개척자에게 요구하는 필수 사항이다. 진리를 훼손하지 않는 범위 내에서 실패를 각오하고서라도 지금까지와는 다른 방법을 모색하는 도전적인 태도가 필요하다. 모든 인생이 살아가는 방법이 다르듯이, 생명체인 교회 역시 교회마다 다른 형태를 띠는 것이 지극히 당연하다. 하나의 진리를 하나의 형식으로 오해하는 일이 없었으면 좋겠다. 현장에서 다양한 형태의 교회개척이 시도되는 것을 꿈꾸어 본다.

신본주의를 앞세운 제왕적(帝王的) 목회를 꿈꿀 필요는 없다

● ● ●

목회 현장에는 다양한 스타일의 목사 리더십이 존재한다. 그중에서도 강력한 리더십을 행사하며 교회를 일사불란하게 이끌어 가는 목사들이 있다. 소위 말해 제왕적 리더십이다. 목회 현장의 많은 목사들이 이러한 강력한 리더십을 갖기 원하는 것 같다. 또한, 이러한 강력한 리더십을 행사하는 목사들은, 자신의 의지대로 교회가 일사불란하게 나아가는 모습을 신본주의에 기초로 한 성경적인 교회의 모습으로 보고 자랑하기까지 하는 경향이 있다. 당연히 하나님 나라의 확장을 위해 고군분투하며 강력하게 교회를 이끌어 가는 그러한 리더들의 공헌을 결코 가볍게 여기지 않는다.

그런데 이러한 강력한 리더십의 제왕적 목회의 결과가 반드시 긍정적인 것만은 아니라는 사실을 간과해서는 안 된다. 제왕적 목회는 상당히 매력적이고 편리한 목회 같지만, 결과적으로 보았을 때, 목사 자신에게나 그가 목회하는 교회에 유익이 되지 못하는 점이 자주 관찰되기 때문이다.

하나님께서 왕정 제도를 싫어하셨음은 주지의 사실이다(삼상 8장). 마찬가지로 오늘날 제왕적 목회도 하나님께서 좋아하는 목회 형태는 아닐 것이라는 생각이 든다. 제왕적 목회는 인간의 탐욕이 만들어 낸 목회 형태일 수 있다. 제왕적 목회는 하나님의 자리를 차지하게 될 위험성이 다분하다. 제왕의 위치가 되면 가장 우선적으로 자원의 소유권과 집행권을 거머쥔다. 그리고 그것들을 집행하는 재미에 빠진다. 쉽게 말하면 교회의 물적 자원과 인적 자원을 자기 마음대로 쥐락펴락하게 된다. 그 결과, 제왕적 목회가 돈 문제와 이성 문제로 연결되어 그 끝이 좋지 못하게 된다.

제왕적 목회자가 은퇴할 때 나타나는 비정상적인 모습 또한 적지 않다. 행사했던 권세를 포기하는 대가를 지나치게 요구하곤 한다. 제왕적 목회의 결과가 세습으로 연결될 확률 또한 적지 않다. 세습은 제왕적 권세를 포기하지 않으려는 또 다른 결과일 뿐만 아니라, 제왕적 통치에 길들여진 교회를 유지하기 위한 어쩔 수 없는 선택이 될 수밖에 없다. 설사 세습이 안 되었다고 하더라도 제왕적 목회자 후임이 목회에 성공하는 경우는 극히 드물다.

대체로 제왕적 목회를 하시는 분들이 신본주의라는 말을 좋아한다. 그런데 신본주의라는 말은 교회 정치 체제에서는 없는 말이다. 신본주의라는 말을 부정적으로 본다면, 사실은 목사 마음대로 하겠다는 의미일 수도 있다고 조심스럽게 말하고 싶다. 역사적으로, 지상 교회를 위한 여러 정치 체제가 수립되어 발전되어 왔다. 이러한 다양한 정체 체제의 공통점은 하나님께서 직접 교회를 통치하시기보다는, 하나님께서 특별한 인간들에게 (장로교적 표현으로 "교회의 직원") 권위를 위임하여 그들을 통해 교회를 통치하신다는 점이다. 하나님께서 어느 한 인간에게만 (담임목사에게만) 하나님의 모든 뜻을 알려 주신다고 볼 수 없다. 그래서 장로교회에는 하나님의 권위를 위임받은 사람들이 모인 당회가 존재하는 것이다. 장로교는 신본주의가 아니라 성경의 원리를 기초로 한 대의 민주주의이다. 목사의 목회는 신본주의적 통치를 기초로 하지 않는다.

목사로서, 제왕적 목회가 매우 매력적임은 분명한다. 그러나 제왕적 목회자가 되는 것을 목표로 할 필요까지는 없다. 하나의 목표를 이루기 위해서 교회 안의 반대자들을 달래고 설득하느라 에너지를 소진하고 가슴앓이하는 것은 목사에게 매우 불편한 일이다. 그러나 그것이 성육신적 목회라는 생각이 든다. 뭐 하나를 간신히 성취하는 목사! 사람이 없어서, 자원이 없어서, 그리고 있는 것들조차도 마음대로 되지 않아서 하나님께 눈물로 매달리는 목사! 뭔가를 하나 시작하기 위해서 부족한 자원 때문에 속상해하고, 마음대로 되지 않은 성도들로 인해 마음 상하는 목사! 그래서 때로는 시작도 못해 보는 목사! 그 목회가 화려하지는 않지만 아름다운 목회가 아닌가 생각한다. 그는 정말 큰 상급이 예비된 목사라는 생각이 든다. 목회는 원래 마음대로 되지 않는 것이 아니겠는가?

그런데 특이한 사실은 큰 교회 목사가 제왕적 목회를 한다는 것은 편견이라는 점이다. 실상 작은 교회에 제왕적 목회자가 더 많다. 제왕적 목회를 못해서 민주적 목회자가 되는 것이 아니라, 제왕적 목회의 신학적 오류와 실제적 위험성을 인식하고 목사의 권한을 스스로 제한하는 민주적 목사가 바람직하다고 본다. 아무튼 제왕적 목회는 매우 매력적이다. 그러나 굳이 제왕적 목사가 되는 것을 꿈 꿀 필요는 없다. 그저 은혜가 필요한 피조물의 위치에 서 있는 목사였으면 좋겠다.

교회 비대(肥大)를 목표로 삼을 필요는 없다

● ● ●

"교회 성장"은 목회하는 모든 목사의 목표이다. "교회 성장"이란 성경적으로나 신학적으로 합당한 용어이다. 하나님의 나라가 확장되는 모습을 가시적으로 표현한 용어가 교회 성장이라는 용어이기 때문이다. 따라서 교회 성장이야말로 하나님의 소원이라고 감히 말할 수 있겠다. 그리고 교회 성장은 당연히 구원받은 사람들의 숫자가 늘어나는 것을 의미한다.

그런데 여기서 우리가 알아야만 하는 사실은 교회 성장이 하나의 지역 교회가 커짐을 의미하는 것이 아니라는 것이다. 물론 한 교회가 거대해지는 것 역시 일정 부분은 교회 성장이라고 말할 수 있다. 그러나 진정한 교회 성장은 한 교회가 커지는 것이 아니라 하나님의 교회의 수가 많아지는 것이다. 한 교회가 지나치게 커지는 것을 "교회 비대"라고 말할 수 있다. 진정한 교회 성장은 하나님 나라kingdom의 확장이지, 단순히 하나의 지역 교회castle가 비대해지는 것이 아니다.

우리 한국 교회는 지난 30여 년 동안 변형된 교회 성장 신학의 지배를 받았다고 보인다. "교회 성장 신학"은 명실상부한 신학으로서 성경에 그 뿌리를 두고 있다. 그런데 한국에 유입된 교회 성장 신학은 '어떻게 하면 한 교회를 키울 수 있는가'에 초점이 맞춰진 "방법론"으로서의 교회 성장 신학이었다. 즉, 교회 비대를 목표로 한 교회 성장 신학이었다고 단언할 수 있다. 물론 개교회의 비대를 추구함이 한국 교회의 양적 성장에 이바지한 바가 없다고는 말할 수 없다. 그러나 그러한 교회 비대에 초점이 맞추어진 교회 성장 신학의 결과 때문에 오늘날의 열악한 교회 생태계가 형성되었음을 직시해야만 한다. 생물체든 혹은 조직체든 간에, 몸의 비대는 그 내적인 건강을 유지하기 어렵게 만드는 본질적 요소가 된다. 비대해진 생물체나 조직은 건강을 잃어버리게 되어 있다. 그렇기에 어느 조직이든 대형화가 되면 불법과 편법이 자리 잡지 않을 수 없다.

물론 대형 교회의 긍정적인 역할도 있음을 인정한다. ①풍부한 인적, 물적 자원을 통해 다양한 봉사와 사역을 위한 기회와 현장이 주어진다. ②우수한 하드웨어와 소프트웨어의 활용으로 효과적인 사역을 실행할 수 있다. ③다양한 그룹의 존재로 인한 친교가 쉽다. ④잘 짜인 조직과 리더십 체계로 인한 효과적인 사역을 감당할 수 있다. ⑤일시에 더 많은 사람에게 더 효과적으로 사역을 할 수 있으며, ⑥사회에 대한 영향력을 극대화할 수 있다.

그러나 이러한 긍정적 측면은 대부분 "효과적"과 연결된 실용주의 측면의 유익함이라 할 수 있다. 우리는 교회에 유입된 실용주의가 가져오는 부정적 결과를 직시해야만 한다. 교회가 비대해짐으로 인한 부정적 결과는 교회를 그 본질에서 훼손시킨다. 교회가 비대해지면, ①그 비대함을 유지하기 위해 막강한 권력이 필요하게 된다. 결국, 제왕적 목회가 자리 잡을 수밖에 없다. ②교회가 비대해지면, 그 비대함을 유지하기 위해 막대한 경비가 필요하게 된다. 결국, 건강하지 못한 재정 운영이 나타날 수밖에 없다. ③교회가 비대해지면, 그 비대함을 유지하기 위해 개교회주의가 될 수밖에 없다. 결국, 주변의 작은 교회의 형편을 돌아볼 여유가 없는 것이다. 대형 버스를 운행하지 않을 수 없다. 마치 부자가 자신의 부를 유지하기 위한 경비 때문에 상대적 빈곤감이 더 크고, 더 불안해져서 더욱 탐욕스럽게 되는 원리와 같다. ④교회가 비대해지면, 그 비대함을 유지하기 위해 성경이 말하고 있는 "지역 교회"가 될 수 없게 한다. 결국, 대한민국 전체를 교구로 삼는, 그래서 다른 지역의 교회들까지도 존재 자체를 위태롭게 만드는 결과를 가져온다. ⑤교회가 비대해지면, (자세한 설명을 생략하겠지만) 많은 목회자가 실업자가 되고 만다. 오늘날 목회자가 임지를 찾지 못하고 남아도는 이유 중의 중요한 요소 하나가 바로 교회가 비대해졌기 때문이라고 생각한다.

하나님께서는 창조 시에 모든 생명체에게 가장 적당한, 가장 아름다울 수 있는, 가장 건강할 수 있는 크기를 규정하셨다. 개는 개의 크기를, 고양이는 고양이의 크기를 규정하셨다. 그렇기에 모든 생물체는 일정 크기까지 자라면 더는 커지지 않는다. 고양이가 호랑이처럼 커지면 그것은 비정상으로서 우리는 그것을 돌연변이라고 부른다. 그리고 돌연변이는 생태계를 파괴하는 법이다. 여기에 질문이 하나 있다. 하나님께서 유기체인 교회를 이 땅에 남기실 때 그 크기를 어느 정도로 규정하셨을까? 나는 그 크기를 "작은 교회"라고 규정한다. 그리고 그 "작은 교회"는 한 목회자가 목양할 수 있는 크기라고 생각한다. 그리고 한 목회자가 목양할 수 있는 크기는 "나는 내 양을 알고 양도 나를 아는"(요 10:14) 정도의 크기이다. 놀랍게도 많은 목사가 "목회"를 하고 싶어 한다. 즉, 대형 교회가 되기를 바란다는 것이다. 그러나 성경은 목사에게 말하기를 "목양"을 하라고 명하신다. 즉, 목양이 가능한 크기를 유지하라는 것이다. "목양"의 단계를 통과하여 "목회"의 단계로 들어선 목사를 성공한 목사로 여기는 한국 교회의 현실을 어떻게 봐야 하는가? 목양의 단계를 빨리 통과한 목사야말로 능력이 출중하고 성령 충만한 목사로 여겨지는 이 비성경적인 현상을 어떻게 할 것인가? 어쩌면, "인간의 끝없는 대형화 추구와 그 대형화 뒤에 숨어 있는 인간의 탐욕과 오만과 타락을 징벌하시는 하나님의 통치"를 인류 역사로 정의할 수도 있을 것이다. 이러한 해석은 성경의 여러 사건, 예를 들어 바벨탑 사건 등을 통해서 충분히 가능하다.

실제로 우리는 대형 교회가 출현하기 시작했던 90년대 후반부터 한국 교회의 부흥이 정체되기 시작했다는 점을 기억할 필요가 있다. 하나님의 창조 원리에 어긋난 돌연변이는 생태계를 파괴하고 궁극적으로 그 종(種)의 쇠퇴를 가져온다는 명확한 사실을 기억해야만 한다. 모두가 대형 교회가 되는 것을 목표로 할 필요는 없다. 자신의 목양 능력에 맞는 크기를 추구하는 것이 바람직하다. 부흥이란 이름으로 대형을 추구하다가, 즉 교회 비대를 목표로 하다가, 오늘날 교회는 세상으로부터 성공주의, 성장주의, 물질주의, 혹은 번영신학이라는 비판을 면치 못하고 있다.

진정한 교회성장학이 다시 회복되어야 할 필요가 있다. 교회의 성장, 특별히 양적 성장은 하나님의 간절한 소망이라고 확신한다. 그러나 그것이 한 교회의 비대를 의미하는 바는 아니다. 더 많은 영혼이 구원되어 더 많은 교회가 생겨나야 한다. 성도는 성도를 낳고, 교회는 교회를 낳음으로 하나님의 나라는 더욱 성장하고, 개교회는 적당한 목양 규모가 유지되는 건강한 교회 생태계가 다시 만들어지기를 소망해 본다.

10장
교회개척자의 동기와 윤리

이번 장은 필자의 개인적 이야기로 시작하려고 한다. 필자는 이민 교회 목회자 출신이다. 새천년이 시작되는 2000년 1월 1일에 필자는 교회를 개척하였다. 하나님께서 교회개척으로 인도하심이 너무나 확실했다. 적어도 필자의 주관적 해석으로는 필자에게 "베드로와 고넬료의 사건"이 일어났으니 교회개척을 확신하지 못할 이유가 없었다. 그래서 용감하게 연고도 없는 곳에 단지 필자를 찾아온 고넬료(?)와 함께 교회를 시작했다.

교회를 시작한 지 겨우 한 달이 지났을 때, 절망과 두려움이 필자를 엄습했다. 새로운 교회가 생겼다는 소리를 듣고 몇 사람이 찾아오기는 했다. 그런데 그들은 개척 멤버의 자질을 갖춘 자들이 아니었다. 답답했다. 이들과 교회를 세워나간다는 것은 정말 가능성이 없어 보였다. 그 당시 필자는, 너무나 확실하게 하나님이 인도하셨으니 하나님께서 사람을 구름떼같이 붙여 주시고, 경이로운 상황으로 인도하시면서, 우리 교회를 세상에 드러내실 줄 알았다. 그런데 불과 한 달밖에 안 되는 시점에서 그럴 가능성이 전혀 없음을 필자는 직감했고 또 확신했다. 그때 필자의 나이는 39세였으며, 박사과정 논문 작성을 앞에 두고 있던 시점이었다.

답답함 속에서 고민이 깊어졌다. 내적인 갈등을 아내하고도 나눌 수 없었다. 다만 그만두려면 당장 그만두어야 한다는 결론에 도달했다. 어차피 안 될 일인데 시간만 끌면, 내 뒤에 누군가가 이 지역에서 교회를 개척하는 데 장애만 될 것이라는 생각이 들었다. 작은 커뮤니티의 지역에서 교회개척이 실패하면 교회에 대한 이미지만 나빠질 것이며, 당연히 후에 능력 있는 교회개척자가 교회를 개척하는 데 누가 되리라고 판단한 것이다. 결국, 그만 접어야 한다는 결론에 도달했다.

2월 중순 어느 새벽, 교회 문을 닫겠다는 보고를 드리기 위해 하나님 앞에 앉았다. 시작은 하나님께 죄송하다는 말로 시작했는데, 그 죄송은 곧 불만으로 바뀌고, 결국에는 하나님께 따지고 대드는 행위로 이어졌다. "내가 교회를 시작하고 싶어서 했습니까? 당신이 시키지 않았습니까? 내가 호의호식하자고 교회를 개척했습니까? 이 모든 것이 당신을 위한 일 아닙니까? 그런데 왜 이러십니까? 이제 여기서 접으려고 합니다. 더 이상 끌다가는 오히려 당신의 영광을 가리겠습니다." 이렇게 한 시간 이상 하나님께 퍼부었다.

불만을 토로하는 격정의 시간이 지나고 다소 차분해졌을 때, 필자의 마음에 조용히, 그러나 매우 분명하게 찾아오는 질문 하나가 있었다. 그것은 필자가 하나님께 드렸던 질문이었다. 그런데 놀랍게도 그 질문이 필자에게 되돌아왔다. "네가 무엇 때문에 교회를 개척했니?"라는 질문이었다. 분명 성령께서 하시는 질문이었으리라! 그것은 교회를 개척한 필자의 내면 동기를 캐묻는 질문이었다. 필자는 그 질문 앞에서 침묵할 수밖에 없었다. 순간적으로 필자는 필자 자신도 속고 있었던 동기를 볼 수 있었다. 필자는 교회도 잘 되면서 동시에 박사 논문도 쓰는, 주중에는 120마일 떨어진 학교에 가서 공부를 하고, 주말에 돌아와서 목회를 하려고 했었다. 그것은 지독히 이기적인 동기였고 하나님을 이용하려는 전형적인 종교장사꾼의 모습이었다. 그날 아침 성령께서 필자의 마음을 감동하여 보게 하신 필자의 모습은 바로 그런 약삭빠른 모습이었다.

그날 아침 하나님 존전에서 필자가 어떤 자세로 물러났었는지는 독자들의 상상에 맡긴다. 분명한 사실은 그날 아침 성령님께서는 필자 내면의 이기적이고 세속적인 동기를 보게 하셨고, 그 동기를 바꾸게 하셨다. 필자는 보름 만에 학교를 떠나 교회를 개척한 지역으로 이사했다. 그 뒤 2년간 공부를 멈췄다. 그리고 교회개척에 생명을 걸었다. 한 영혼의 구원에 집중했고, 한 영혼에 만족하려고 했다. 그 결과로 작은 열매나마 거둘 수 있는 목회를 할 수 있었다. (이상의 이야기는 필자의 지극히 개인적인 체험이다. 이 체험을 교회개척지 모두에게 똑같이 적용할 수 없다. 필지의 체험과 깨달음은 하나님과 필자 사이의 주관적인 교통임을 이해해 주기 바란다.)

목회 행위에 대한 그 동기를 점검하는 것은 목회자에게 절대적으로 필요하다. 특별히 교회개척자들에게는 "왜 교회를 개척하는지"에 대한 동기가 정말 중요하다. 사도행전 8장에 기록된 사마리아 성의 마술사 시몬을 생각해 보자. 시몬은 성령의 능력을 돈으로 사려고 했다. 베드로는 그에게 말하기를 "하나님 앞에서 네 마음이 바르지 못하니 이 도에는 네가 관계도 없고 분깃 될 것도 없느니라"라고 말했다. 여기서 "마음이 바르지 못하니"는 그 동기가 악하다는 의미이다. 베드로는 시몬의 사악한 동기를 지적하고 있는 것이다. 시몬은 종교사업가적 사고를 하는 전형이었다. 마찬가지이다. 교회개척자의 교회개척 동기가 바르지 못하면, 비록 외형은 교회개척이지만 그 일은 하나님과 관계없는 일이며, 따라서 어떤 열매(분깃)도 없게 된다. 결국, 조만간 교회 문을 닫게 된다.

교회를 개척했다가 여러 가지 이유로 교회 문을 닫아야만 하는 상황을 생각해 보자. 소위 말해 개척 실패의 경우이다. 어느 누가 교회를 개척하면서 이삼 년 후에 문을 닫게 되리라 생각하겠는가? 그러나 현실에서는 교회 문을 닫는 경우가 그렇지 않은 경우보다 훨씬 많다. 물론 교회개척의 실패는 하나님 나라 전체의 차원에서 보면 충분히 있을 수 있는 일이다. 또한, 하나님 나라의 차원에서 보면, 교회개척 실패가 반드시 한 목회자의 목회 실패가 아니다. 물론 사람의 눈에는 실패로 보일 수 있다. 그러나 하나님의 눈에는 비록 교회 문을 닫았음에도 불구하고, 그 짧은 과정이 분명 소중하고 충성되며 가치 있는 사역이다.

하지만, 그럼에도 불구하고 교회개척 실패가 주는 부정적 영향은 지대하다. 단지 교회 하나가 생겨났다가 없어지는 단순한 사건만은 아니다. 우선은 대외적으로 교회에 대한 이미지를 악화시킨다. 그리고 잠시나마 그 교회에 몸담았던 성도들에게 커다란 절망감과 상처를 준다. 더욱 심각한 것은 교회개척 실패가 교회개척자 당사자의 영혼과 삶, 그리고 그의 가정에 큰 파괴력을 행사한다는 것이다. 그러니 교회개척을 하면 실패하지 않도록 최선을 다하는 것이 교회개척자의 자세이다. 그리고 교회개척에 실패하지 않기 위해서 교회개척의 동기가 옳고 정당해야만 한다.

1. 교회개척을 위한 비본질적 동기들

교회개척으로 나아가는 교회개척자들의 다양한 동기들이 있다. 그 동기들을 살펴보도록 하겠다. 첫째는 일자리를 찾을 수 없어서 교회를 개척할 수 있다. 즉, 부교역자나 담임목사직을 찾았지만 찾을 수 없기에 교회개척을 선택하는 경우이다. 늦은 나이에 부름을 받아 다른 선택의 길이 없을 때, 그리고 오랜 부교역자 생활 끝에 교회로부터 사임 압력을 받고 있지만 이미 부교역자로서의 나이는 넘었기에 새로운 부교역자 자리를 찾을 수 없을 때, 결국 교회개척을 택하는 경우이다. "목사로서 목회지를 찾을 수 없다", "이제는 부교역자를 그만둘 때인데 갈 교회가 없다", "설교를 너무 하고 싶은데 설교할 곳이 없다" 등의 이유로 어쩔 수 없이 교회개척으로 나아가는 경우이다. 이러한 경우를 필자는 "상황상 떠밀려서" 교회를 개척하는 경우로 표현한다.

둘째는 분노 혹은 자기의(自己義) 때문에 교회를 개척할 수 있다. 여기서 분노는 자존심 손상 등으로 인한 개인적이고 이기적인 분노이기도 하지만, 동시에 현실에 대한 의로운 분노, 즉 의분도 포함한다. 교회를 무너뜨리는 기득권 세력에 대해 "이 사람들과는 도저히 목회할 수 없으니 차라리 개척하자"라고 해서 교회개척에 나선다. 자신의 확신과는 다른 방향으로 가는 담임목사나 동료 목사들에 대해 "교회개척이야말로 나 자신이 옳다는 것을, 그리고 나의 모든 것을 증명해 줄 것이냐"라고 여기고 개척에 돌입한다. 기성 교회의 교회답지 않은 모습에 분개하여 "성경적이고 교회다운 교회를 세우자"라는 슬로건으로 호기롭게 교회개척에 임한다. 교회가 분열되어 한 분파를 이끌고 교회를 개척하는 대부분의 경우가 여기에 해당한다. 하지만 이렇게 분노나 자기의로 교회를 개척하는 경우, 그 결말이 좋지만은 않다. 그것이 비록 의분이라 할지라도 분노는 하나님의 일을 방해하는 요소가 되기 쉽다.

셋째는 소신 목회를 위해서 교회를 개척할 수 있다. "나 자신의 목회 철학을 자유롭게 펼치는 목회를 하고 싶다"라는 자아 성취적 동기를 의미한다. 이러한 동기는 직전에 언급한 분노 혹은 자기의(自己義)와도 일정 부분 관련이 있다. 기존 교회에 부임한 목회자가 자신의 소신 혹은 목회 철학대로 목회하기란 쉽지 않다. 실제로 많은 목회자가 전통적인 교회에 부임하여 자신의 소신을 한 번 펼쳐 보지도 못하고 비본질적인 일에 시간과 노력을 허비한다. 하지만 자신이 개척한 교회에서는 자신만의 소신과 목회 철학을 구현할 가능성이 훨씬 크다. 물론 그것이 제왕적 목회로 발전해서는 안 되겠지만, 자신이 개척한 교회에서는 목회의 자유로움이 있으며, 훨씬 더 의미와 기쁨이 있는 목회를 할 수 있는 것이 사실이다. 그렇기에 미국의 교회개척 학계에는 "20년 이상 된 교회에 부임하느니 차라리 개척하라"라는 금언까지 있다.

물론 자신이 개척했다고 하더라도 반드시 소신 목회를 할 수 있는 것은 아니다. 필자가 과거 교회개척 과정을 돌아보면서 지금까지도 후회하는 한 가지가 있다. 그것은 바로 소신 목회를 하지 못했다는 후회이다. 교회의 규모가 작았을 때는 소신 목회를 할 수 있었다. 어차피 바닥인데 소신 목회를 고집하다가 성도가 나간다고 해도 잃어버릴 것이 없었기 때문이다. 그런데 교회의 규모가 50명이 넘어가고 100명이 넘어가자 소신을 타협하기 시작했다. 다시 10명짜리 교회로, 다시 바닥으로 되돌아가고 싶지 않았기 때문이다. 어느새 100명짜리 교회에 익숙해진 것이었다. 그때 필자가 했던 기도가 "하나님, 제 소신도 지키고 사람들도 만족시킬 수 있는 기가 막힌 목회 방법을 알려주세요"였다. 그런데 그런 방법은 없다. 결국, 필자는 소신을 조금씩 접는 타협의 길을 택했다. 필자가 그 교회를 떠날 때, 교회를 시작할 때의 의도와는 달리, 그저 덩치만 큰, 그러나 주변의 교회와 하나도 다를 것이 없는 그런 교회 하나를 더 만들어 놓았을 뿐임을 깨달았다. 그리고 그것은 필자가 지금도 아쉽게 생각하는 면이다.

넷째는 개인의 영달을 위해 교회를 개척할 수 있다. 더 큰 교회 담임목사로 가려는 방편으로 교회를 개척할 수 있다. 담임목사 경력을 확보하기 위한 수단으로 명목뿐인 교회를 개척할 수 있다. 유령 회사paper company란 말이 있다. 불법적 목적을 위해 세운 서류상의 회사를 말한다. 그런데 필자는 유령 교회paper church를 경험한 적이 있다. 순전히 본인의 명함에만 존재하는 실체 없는 교회이다. 또한, 교회개척을 사업체 차리는 것으로 간주하여 접근하는 수도 있다. "큰 목회를 이루어 명성과 자신을 드러내겠다"라는 자아도취적 불순한 동기로 교회를 개척하는 것이다. 전형적인 종교사업가적 접근으로써, 이미 언급한 전형적인 시몬의 모습이라 하겠다.

다섯째는 실제로 문제가 될 것까지는 아니지만, 비본질적 동기로 교회개척에 임할 수 있다. 남들이 다들 하니까, 오늘날의 트랜드이니까, 목사 안수를 받아야 하니까, 조금 쉬고 싶어서, 가족들과 시간을 많이 갖고 싶어서, 공부를 더 하고 싶어서, 성경을 더욱 깊이 묵상하고 싶어서 등의 동기에 의해서이다. 필자의 수업에 임하는 학생들에게 개척교회 목회자 인터뷰 과제물을 부과했다. 그 과제물 인터뷰의 첫 번째 질문이 어떻게 해서 교회개척자가 되었느냐는 것이다. 그런데 놀랍게도 "나도 모르는 이유"라고 대답한 교회개척자들이 상당수 있었다.

한편, 교회개척 전문가인 머레이Stuart Murray는 개인의 사적인 동기 외에 상황적 동기에 의해서도 교회가 개척될 수 있음을 말한다.[49] 환경과 상황 등의 외부적 조건이 변하면, 이로 인한 새 교회의 필요성이 제기된다는 것이다. 새로운 주택 개발 지역이기에, 인구가 급속히 증가하는 지역이기에, 기존 교회를 폐쇄하고 다른 지역으로 이사하기에, 해당 지역에 회생할 수 없는 교회들만 있기에, 성도들을 분산하기 위해, 새로이 출현하는 문화를 점령하기 위해, 교회의 내부 문제 해결을 위한 방편 등으로 교회개척이 이루어질 수 있다고 했다.

2. 교회개척을 위한 본질적 동기

그렇다면 교회개척의 본질적 이유는 무엇인가? 즉, 교회개척자의 참되고 당위적인 교회개척 동기는 무엇이어야만 하는가? 먼저는 자신이 교회개척자로 부름을 받았다는 소명 의식이다. 시얼시Nelson Searcy와 토마스Kerrick Thomas는, "분명한 소명이 없이 시작하는 대부분의 교회개척자는 1년 안에 실패한다"[50]라고 단언한다. 비록 이 말이 미국이라는 토양에 해당하는 말이긴 하지만, 교회개척자의 소명 의식이 교회개척의 동기가 되어야 함을 강조하기에는 부족함이 없다고 본다. 성공적

---

49. Stuart Murray, *Planting Churches in the 21st Century* (Scottsdale, PN: Herald Press, 2010), 29-52.
50. Nelson Searcy & Kerrick Thomas, *Launch: Starting a New Church from Scratch* (Ventura, CA: Regal Books, 2006), 34.

인 교회개척을 위해서는 이 일로 하나님의 부르심을 받았다는 부인할 수 없는 자의식이 있어야 한다. 교회개척이 "개인적인 선택"이 아니라 "개인적인 소명"이어야 한다. 하나님께서 당신을 교회개척자로 부르셨음을 확신하는가?

다음으로 교회 개척자의 참되고 당위적인 동기는 바로 바로 "영혼 구원"이다. 영혼에 대한 긍휼과 영혼 구원에 대한 열정이 교회개척의 당위적인 동기이다. 영혼 구원은 예수님의 지상대명령을 완수하는 것이다. 지상대명령을 수행하기 위해서 소명을 받았고, 목회자가 되었고, 그리고 교회를 개척한다. 한 영혼을 구원하고, 그 한 영혼에 집중하기 위해서 교회를 개척하는 것이다.

교회개척 전문가 패트릭Darrin Patrick은 "사명의 동기는 긍휼이다"라고 선언했다. 그는 예수님 역시 사람을 불쌍히 여기는 마음 때문에 사역하셨다고 했다. 실제로 예수님께서 불쌍히 여기셨다는 표현이 복음서에 40여 차례나 기록되어 있다. 패트릭은 "사명을 따르는 것은 열린 눈으로 상처 입은 사람들을 바라보는 것이다…. 열린 눈으로 산다는 것은 목숨을 잃을지도 모르는 위험을 감수하고, 잃어버린 자들을 위한 상한 마음으로 살아가는 것이다"[51]라고 말함으로, 교회개척의 동기가 영혼을 불쌍히 여기는 것, 즉 긍휼이라고 했다. 당신에게 구원받지 못한 한 영혼에 대해 안타까움이 있는가? 그들을 향한 긍휼함이 있는가? 그 긍휼과 안타까움을 감당할 수 없어서 교회를 개척해야만 한다. 그 긍휼과 안타까움이 당신을 교회개척으로 밀어붙여야 한다. 이것이 가장 본질적이고 가장 중요한 교회개척자의 동기이다.

필자의 제자이기도 하며, 늦은 나이에 부름을 받아 신학교를 졸업하고 교회개척에 뛰어든 박종용 목사는, 그의 교회개척 목회를 고백한 『교회개척 실패는 없다』에서 "복음을 전하여 제자를 세우고 하나님 나

---

51. Darrin Patrick, *Church Planter: The Man, The Message, The Mission*; 이지혜 역, 『교회개척자』 (서울: 도서출판 복있는사람, 2011), 238-239.

라를 확장해 가라는 사명"을 위해서 교회개척이 필요하다고 강조한다. 그는 이 사명을 잘 감당하기 위해서는 더 많은 목회자와 성도들이 교회개척에 참여해야 한다고 역설한다.[52] 그렇다. 교회개척자는 영적인 열정spiritual passion을 갖고 있어야 한다.[53] 이 열정은 하나님을 사랑하는 것으로부터 시작하며, 이 영적 열정은 구체적으로 행동하게 하는 힘이다. 이 열정은 이것을 품은 사람을 행동하도록 밀어붙인다. 가슴 속에 교회개척에 대한 이러한 영적 열정이 있는지를 확인해야 한다.

교회를 개척하려는 자는 먼저 자기 내면에 자리 잡은 교회개척의 동기를 면밀히 점검하고 바른 동기를 회복할 수 있도록 성령의 역사를 위해 기도해야만 한다. 내적, 외적 소명 없이, 자신의 선택을 하나님의 뜻으로 착각하지 않도록 주의해야 한다. 정말 중요한 점은 자신이 받은 상처나 상한 자존심이 교회개척의 동기가 되지 않도록 해야만 한다. 혹시라도 상처를 받았다면, 혹은 자존감에 심각한 손상을 입었다면, 분노와 더불어 교회개척으로 나아가기보다는 자신을 먼저 치료해야 한다.

만약 앞에서 언급한 비본질적이고 부적절한 이유, 목소리, 감정 등이 당신을 교회개척으로 이끌고 있다면 여기서 잠시 멈춰라. 그리고 하나님과 더불어 조금 더 많은 시간을 가져라. 당신을 잘 알고 당신을 진정으로 도울 수 있는 사람의 조언을 구하라. 기도 중에, 말씀 묵상 중에, 혹은 하나님의 초자연적인 개입으로 인해 당신 안에 합당한 동기가 자리 잡기를 기다리라. 부적절한 동기로 교회개척에 임한 사람들의 결말이 상당히 파괴적임을 기억해야만 한다.

물론 부적절한 동기가 전혀 무효하다고 말하는 것은 아니다. 앞에서 언급한 비본질적이고 부적절한 동기를 갖고도 교회를 개척할 수 있다.

---

52. 박종용, 『교회개척 실패는 없다』 (안양: 호산나, 2018), 19.
53. J. Hernes Abante, *Effective Church Planting* (Bloomington, IN: Westbow Press, 2016), 31

그리고 결과적으로 교회개척이 성공할 수도 있다. 그러나 필자는 확신한다. 부적절한 동기로 교회를 개척했지만, 결과적으로 교회개척이 성공하여 조그마한 열매라도 거두는 경우가 있다면, 그것은 그 과정 가운데 반드시 바른 동기를 회복하게 된 하나님과의 개인적인 담판의 과정이 있었다고 확신한다. 필자 개인적인 경험에 의하면, 교회개척의 부적절한 동기 그 자체를 하나님은 관용하시지 않으신다. 반드시 고쳐서 사용하시는 하나님이시다.

3. 교회개척과 관련된 윤리

동기는 윤리로 연결된다. 동기와 윤리와 명분은 실상 동의어이다. 교회개척자의 교회개척 동기는 바로 교회개척 윤리를 결정하는 데 직접 관련이 있다. 교회개척 동기는 성경적이어야만 하고 따라서 교회개척은 천국 윤리 안에서 실행되어야 한다. 그렇다. 교회개척은 하나님과 사람이 공히 인정하는 윤리와 명분을 갖고 있어야 한다.

천국을 위한 "좋은 것" 때문에 천국을 위해 더 중요한 "위대한 것"을 포기하면 안 된다. 교회가 하나 탄생하는 것은 천국을 위해 좋은 것이다. 그러나 그 교회가 어떻게 탄생하느냐는 원칙, 명분, 그리고 윤리는 천국을 위한 "위대한 것"이다. 많은 교회개척자가 교회개척 윤리나 명분을 간과하고 단지 교회를 개척하는 데만 관심을 기울인다. 그럼으로써 동료들과 세상의 손가락질을 받는다. 교회개척자는 이러한 유혹을 충분히 받을 수 있다. 부족한 자원, 도전적인 사람들, 교회 성장에 대한 압박 등에 직면하여 성경적 동기, 천국 윤리, 그리고 자타가 공인하는 명분을 잃어버릴 수 있다. 하지만 교회개척은 성장에 집중한 숫자놀이 게임이 아니다. 교회개척자는 그러한 유혹에서 벗어나야 한다. 교회

개척자가 지켜야 할 몇 가지 윤리를 살펴보려 한다.[54]

첫째, 교회개척자는 퍼터널리즘paternalism(가부장주의/온정주의/우월주의)의 유혹을 피해야만 한다. 퍼터널리즘은 대체로 선교사들에게서 많이 볼 수 있는 현상인데, 현지인들에게 복음을 비롯하여 뭔가를 베푸는 것이 선교사의 일이며, 그 결과 현지인들은 선교사의 통솔하에 머물러야 한다는 의식이다. 즉, 수혜자들은 수여자의 관리 혹은 다스림 속에 머물러야 한다는 생각이 퍼터널리즘이다. 퍼터널리즘은 자칫 수여자 개인의 왕국을 만들 수 있는 위험이 있다. 교회개척은 교회개척자가 뭔가를 제공하고 그 대가로 자신의 왕국을 건설하는 것이 아니다. 교회개척자는 퍼터널리즘에서 벗어나, 단지 청지기요 봉사자임을 인식하고 교회개척에 임해야 한다. 교회개척을 통해 어떤 개인적 유익함을 생각하지 말아야 하며, 취하지도 말아야 한다. 퍼터널리즘으로 인해 많은 목회자가 보상을 바라게 되고 결국 큰 상처를 받게 된다.

둘째, 기존 성도들 끌어들이려는 유혹에서 벗어나야 한다. 한 사람이 아쉬운 교회개척 현장에서, 이미 구원을 받고 훈련되어 있는 기존 교인 한 명의 유입은, 그야말로 교회개척자에게는 하나님이 보내신 선물이다. 때문에, 교회개척자는 복음을 전파하여 비신자 한 명을 구원하여 양육하는 길고 고단한 과정보다는 기존 교인들을 끌어들이고 싶은 유혹을 받을 수밖에 없다. 여기서 개척교회 목회자들과 기존 교회 목회자들 간에 갈등이 생기고, 결국은 목회 윤리 문제가 심각하게 대두된다. 때로는 힘 있는 기성 교회 목회자에 의해 힘없는 개척교회 목회자가 심각한 상황에 직면하기도 한다. 교회개척자는 전입 성장transfer growth보다는 회심 성장conversion growth에 초점을 맞춘 교회개척을 감행해야 한다.

셋째, 기존 교회의 목회자나 다른 교회개척자들과 열린 관계를 유지해야 한다. 교회개척자는 같은 지역의 다른 목회자들과 좋은 관계를 유

---

54. 양현표, 『사도적 교회개척: 신학과 실천과 방향』, 126-129를 참조하시오.

지해야 할 당위성이 있다. 교회의 일치와 협력은 하나님 나라 차원에서 당연하다. 인간적으로 지역에 새로운 교회가 생기면 기존 교회에서 환영하기가 그리 쉽지 않다. 기존 교회에서는 기꺼이 새 교회를 받아들이고 협력해야 하겠지만, 신생 교회는 당연히 지역의 선배 교회들을 존중하고 예의를 지켜야 한다. 교회를 개척한 후, 필자는 그 지역에 먼저 세워져 있던 어느 장로교회가 속한 노회로부터 접촉 금지 대상이 되었으며, 지역 교회들로부터 왕따를 당한 경험이 있다. 그러나 필자는 아쉬운 자가 되고 낮은 자가 되어 지역 목회자들과의 관계 향상에 정성을 쏟았다. 결국에는 지역의 교회들과 매우 친밀한 관계가 되었고, 그 지역의 목회자 협의회 회장으로 다년간 봉사하기까지 하였다. 지역의 교회 간 일치와 협력은 복음을 보여 주는 가장 강력한 무기이다. 그러므로 교회개척자는 지역에서 다른 교회들과 좋은 관계를 유지하기 위해 노력해야 한다.

넷째, 생존을 위해서 교회개척을 감행한다거나, 반대로 생존 때문에 쉽게 교회개척 목회를 포기해서도 안 된다. 목회자와 그의 가정의 생존의 문제는 매우 중요하다. 그럼에도 불구하고 목회자는 먹고살기 위해 교회를 개척해서는 안 된다. 필자는 후원을 염두에 두고 교회를 개척하는 어떤 사람을 본 적이 있다. 후원이 종료되면 당연한 듯이 교회의 문을 닫는다. 그리고 또 다른 후원을 찾아다닌다. 참으로 있어서는 안 될 일이었다. 교회개척을 밥벌이의 수단으로 삼다니 기가 찰 노릇이었다. 추호라도 거룩한 사역을 생존을 위한 수단으로 삼아서는 안 될 것이다. 교회를 개척한 후, 의도적인 프리미엄을 붙여 매매하는 것 역시 매우 불순한 행위라 할 것이다. 교회 매매가 공공연하게 광고되는 나라는 우리나라뿐일 것이다. 참으로 슬픈 일이다.

반면, 교회개척 목회 과정 중에 직면하는 생존의 어려움 때문에 너무 쉽게 교회의 문을 닫아서도 안 된다. 돈에 의해 개척자가 된 것이 아니라, 하나님께서 당신을 교회개척자로 부르시고 인도하셨기 때문에 개척자가 되었으므로, 단지 경제적 어려움에 봉착했다고 해서 목회를 포기해서는 안 된다. 물론 끝까지 버텨서 순교하라는 의미는 아니다. 교회개척자는 포기해야만 할 때를 대비한 출구 전략을 세워야 한다고 필자는 믿는다. 그러나 그 출구 전략이 너무 쉽게, 혹은 단지 돈 때문에 실행되어서는 안 된다는 의미이다. 교회개척자는 처음부터 경제적 생존 계획을 세우고 교회개척에 임해야 한다.

마지막으로, 교회개척자는 모든 통계와 보고에는 항상 정직성과 정확성이 반영되어야 한다. 누구나 업적이나 상황을 과장하고픈 유혹을 받는다. 교회개척자도 마찬가지이다. 출석 숫자를 부풀리고 싶고, 헌금의 총액을 과장하여 조금이라도 교회의 외형을 과시하고픈 충동을 느낀다. 하지만 교회개척자는 숫자의 유혹에서 벗어나 진실만을 당당하게 내세워야 한다. 교회의 규모가 작은 것은 결코 부끄러운 것이 아니다. 교회개척자가 진정 숫자로부터 자유로울 때 욕망에서 벗어났다고 할 수 있다. 빌리 그레이엄Billy Graham 목사는 자신보다 앞선 세대 부흥사들의 결말이 불미스러웠음을 보았다. 그리고 그 원인을 찾았는데, 그 원인 중의 하나가 "통계의 과장"이었음을 깨달았다. 그레이엄 목사는 자신과 자신의 팀은 결코 통계를 과장하지 않겠다는 "모데스토 선언"[55]Modesto Manifesto을 발표했다. 분명 그러한 정직한 자세로 인해 그레이엄은 그의 사역 기간이나 그 이후에도 하나님의 영광을 가리지 않았다고 믿는다. 교회개척자는 작은 것부터 정직해야 한다.

왜 교회를 개척하는가? 교회개척자에게 매우 중요한 질문이다. 하나님께서는 교회개척자에게 왜 교회를 개척하려고 하느냐고 물으신다.

---

55. 빌리 그레이엄의 1948년 캘리포니아 모데스토(Modesto) 부흥회에서의 선언이다. 그는 미국 역사 속의 부흥사들의 결말이 좋지 않은 이유가 돈, 부도덕, 과장된 발표, 그리고 지역 목회자와 지역 교회 비판이라는 네 가지 때문이었음을 깨닫고, 자신은 그러한 과오를 범하지 않겠다는 선언을 했다. William C. Martin, *A Prophet with Honor: the Billy Graham Story* (NY: William Morrow, 1991), 107.

교회개척자는 이 질문에 대한 분명하고 정직한 답을 하면서 교회개척에 임해야 한다. 그렇지 않다면 교회개척의 길은 험하고 두렵고 먼 길을 돌아가는 여정이 될 것이다. 진정한 교회개척의 동기는 소명이다. 영혼에 대한 긍휼과 영혼 구원에 대한 열심이다. 그 외의 어떤 동기도 비본질이다. 교회개척자는 하나님 나라의 부흥을 원해야 한다. 내 교회 부흥이 아니다. 내 교회의 부흥을 추구하는 것을 야망이라고 한다. 야망을 추구하다가는 교회개척자가 지켜야만 하는 윤리를 범하게 한다. 동기가 올발라야 그 동기로 인한 행동이 바르다. 교회개척자는 교회개척에 따른 바른 동기를 갖고 바른 윤리 의식을 가져야 한다. 행위가 문제가 아니라 존재가 문제이다.

숫자를 과장할 필요는 없다

●●●

"Modesto Menifesto"라는 말이 있다. 이 말을 직역하면 "모데스토 선언"이라고 할 수 있다. 이것은 그레이엄Billy Graham 목사님과 관련이 있다. 그레이엄 목사님은 1948년 미국의 켈리포니아 주의 모데스토라는 도시에서 부흥회를 개최하였다. 그레이엄 목사님은 집회 도중에 갑자기 한 가지 질문이 생겼다. "왜 나보다 앞서 활동한 많은 부흥사들의 끝이 좋지 않았을까?"라는 질문이었다. 사실 미국의 역사 속에 훌륭한 부흥사들이 많았는데, 그중 많은 이들이 말년에 가서 추한 모습을 보였다. 그레이엄 목사님은 전 스텝들에게 즉시로 그 원인을 연구하라는 숙제를 안겼다. 연구를 마친 스텝들이 모였다. 그리고 그들은 유명 부흥사들의 말년이 추해지는 원인 네 가지를 밝혀냈다. 그것은 ①돈, ②성적 부도덕, ③과장된 발표, ④지역 목회자와 지역 교회 비판이었다. 그레이엄 목사님과 그의 모든 스텝들은 "우리는 이 네 가지를 범하는 실수를 절대로 하지 말자"라고 다짐하고 선언했다. 그리고 이 선언을 "모데스토 선언"이라고 부른다.

이 네 가지가 왜 부흥사의 말년을 추하게 하는지 그 설명은 생략하겠다. (그 이유를 알고 싶으신 분은 그레이엄 목사님의 전기 A Prophet with Honer [1991], 107쪽을 참고하라.) 다만, 네 가지 중의 세 번째 항목인 "과장된 발표"에 관해서만은 설명을 하려고 한다. 어느 부흥사나 그 활동에 있어서 전성시대가 있으며 쇠퇴기가 있다. 대체로 나이가 들어가면서 부흥사는 쇠퇴기를 맞는다. 쇠퇴기의 뚜렷한 현상 두 가지는, 모이는 회중의 숫자가 줄어들고, 그 결과 당연히 헌금이 감소하는 것이다. 사실 회중의 수와 헌금은 당시 부흥사들의 명성과 가치를 평가하는 데 중요한 지표이었다. 따라서 쇠퇴기를 맞이한 부흥사들은 자신의 건재를 드러내고 가치를 유지하기 위해 거짓 통계를 발표했다. 모이는 숫자를 과장하고 집계된 헌금의 액수를 부풀렸다. 그리고 결국엔 이러한 통계의 과장은 부흥사들의 말로를 추하게 만들었다. 누구에게나, 어떤 위대한 사역자에게나 쇠퇴기, 즉 무대의 주연에서 물러나야만 하는 때가 온다. 이것은 자연스러운 현상이다. 그런데 이 자연스러운 현상을 받아들이지 못한 인간의 교만과 탐욕은 과장된 거짓 숫자를 만들어 낸다. 그리고 그 결과 평생 쌓아 왔던 명예와 공적을 순식간에 하락시킨다. 화려한 전성기를 누렸던 사람일수록 이러한 경향이 강하다. 빌리 그레이엄 목사와 그의 팀은 이러한 사실을 간파하고 그러지 않기를 다짐했다.

나를 포함한 대부분의 목회자가 숫자에 매우 민감하다. 나도 과거에 주일이 지나면 출석 교인의 숫자와 헌금의 총액을 보고 그 주일 사역의 열매를 평가했었다. 교수인 지금은 선택 과목을 개설해 놓고 몇 분 안에 몇 명의 학생이 수강 신청하는지를 보면서 나 자신의 가치를 평가하곤 한다. 학기가 끝나면 학생들이 부여한 강의 평점이라는 수치를 보며 한 학기의 교수 생활을 평가하곤 한다. 아! 숫자의 지배로부터 초연할 방법이 없을까? 숫자 앞에서 정직해질 수 없을까? 분명 어려운 일이다. 아마도 많은 목회자가 숫자의 지배에서 벗어나지 못할 것이다. 개척교회 목사님들을 자주 만난다. 대부분의 개척교회 목사님들은 정말 열정적이고 뜨겁게 자신의 목회 이야기를 한다. 그런데 "목사님 지금 몇 명 정도 모이나요?"라는 질문 앞에서 그들은 갑자기 의기소침해진다. 자신감을 상실한다. 전혀 그럴 필요가 없는데 말이다.

사람에게는 숫자를 과장하고 싶은 본성이 있는 듯하다. 때로는 자신을 자랑하고 드러내기 위해서, 때로는 상대방을 비판하기 위해서 숫자를 과장한다. 수치가 자신의 능력을 보여 준다고 불연 중에 생각한다. 숫자를 과장하려는 이러한 유혹은 목사들에게 더욱 크다. 대형 교회 목사라고 해서 이 유혹이 없는 것이 아니다. 더군다나 성장주의와 대형화주의, 그리고 기복주의의 영향이 강한 우리네 교회 생태계에서는 숫자를 과장하고 싶은 유혹은 더욱 크다. "한 50명 모인다"라는 말은 실제로는 30명이 모인다는 말이다. 이러한 말과 현실 사이의 간격은 대형 교회로 갈수록 크다. 5만 명 모이는 교회라고 자랑하지만, 실제로는 3만 명이 채 안 되리라 개인적으로 추정한다.

숫자를 과장할 필요가 없다. 숫자가 반드시 목회자의 진정한 능력과 목회의 질을 드러내는 것은 아니다. 물론 하나님께서는 숫자를 무시하시지는 않으신다. 그러나 숫자만으로 한 사람의 목회를 평가하시지도 않으실 것이다. 오히려 숫자는 성장주의를 부추긴다. 교회는 당연히 성장해야 하지만, 성장주의는 배격해야 한다. 성장은 하나님 나라의 확장과 관련이 있고, 성장주의는 개교회의 비대와 관련이 있다. 숫자는 인간의 탐욕을 감추는 겉옷으로 사용될 수 있다. 목회 초년병이었을 때, "더 크게, 더 빨리, 더 많이"에 빠졌던 적이 있다. 그러나 이것이야말로 하나님의 비전으로 포장된 내 개인의 탐욕이었음을 훗날 깨달았다. 하나님은 "정량 평가"보다는 "정성 평가"를 하시는 분이라고 믿는다. 진정한 하나님 나라의 모습은 숫자와 규모 안에 있지 않을 것이다. 숫자의 과장은 목회자의 현재와 미래를, 그리고 말로를 정말로 초라하게 만든다. 목사는 모든 통계에 있어서 정직성과 정확성을 기초로 해야 한다. 숫자의 과장은 사탄의 강력한 유혹이다.

목회 중독자가 될 필요는 없다

●●●

"중독"은 삶의 균형을 잃어버리고 어느 한 영역, 혹은 어느 한 가지에 병적으로 집착하는 것이다. 내가 기억하고 있는 나의 최초의 중독은 초등학교 시절 만화 중독이다. 이후 지금까지 수많은 중독에 빠졌었다. 친구, 취미, 운동, 각종 잡기, 심지어 목회에 대한 중독에 이르기까지. 단지 거쳐가는 과정이었다고 자위하기에는 낯뜨거운 중독들을 경험했다. 돌아보면, 그러한 중독의 결과는 항상 내 삶의 균형을 깨트렸고, 가장 가까운 사람들과의 관계에 심각한 문제를 일으켰으며, 나아가 하나님과의 관계에서도 심각한 문제를 일으켰었다.

나는 단 하루도 신문을 보지 않으면, 신문이 곁에 없으면 안절부절 못하는 사람을 만난 적이 있다. 그는 하루의 많은 시간을 각종 신문을 읽는 데 투자했다. 소위 말해 신문 중독이라 할 수 있다. 신문은 좋은 것이다. 그러나 신문 중독은 신문을 악한 것으로 만든다. 낚시에 중독된 목사님들과 관련된 일화를 자주 듣는다. 골프에 중독된 (한때 내 모습이기도 했다) 사람들의 황당한 이야기들도 있다. 낚시나 골프는 가치중립적인 것으로서 선하지도 악하지도 않다. 다만 그것들에 중독된 자들에게는 그것들이 악한 것들이 될 뿐이다. 아무리 가치중립적인 것이고 나아가 선한 것이라 할지라도 그것에 중독되어 있다면 그것들은 필연코 파괴적인 결과를 가져오는 도구가 된다. 중독은 "우상숭배"의 또 다른 양태이고, 따라서 중독은 죄임이 분명하다.

목사의 삶은 단지 교회에 집중하는 목회만으로 이루어지지 않는다. 목사의 삶은 목회 영역뿐만 아니라 연구 영역과 경건 영역, 가정 영역, 그리고 쉼의 영역 등 적어도 다섯 가지 영역으로 이루어져야 한다. 이 중의 어느 한 영역이라도 무시되어진다면, 목사의 삶 전체의 균형이

깨지고, 목사의 길고 고단한 사명의 길에 문제가 생길 수밖에 없다. 목사는 삶에 있어서 주변과 조화를 이루고, 목사의 개인적인 발전과 쉼, 그리고 경건 훈련에 자신을 할애해야 하며, 특별히 가정을 중히 여기는 자세가 필요하다. 그런데 어떤 목사는 목회 영역 한 영역에만 집중하는, 소위 말해 목회 중독자로 살고 있다. 그는 그것을 충성으로, 그리고 사명 감당으로 여기고 있다.

목회 중독은 목사가 중요시해야 할 다른 영역과의 균형을 어떤 명분으로든 깨트리고 오직 교회 일에만 다 걸기all in를 하는 것이다. 목회 중독의 결과는 다른 중독의 결과와 마찬가지로 자기 파괴일 뿐이다. 목회 중독의 가장 심각한 결과는 탈진이다. 이얼리Dave Earley와 구티에레즈Ben Gutierrez는 그들의 공저 *Ministry Is*에서 탈진은 "목사 자신뿐만 아니라 그들의 가족을 무능하게 만들고, 그들의 양 떼들을 탈선하게 만든다"라고 했다. 이뿐이 아니라 목회 중독은 건강을 잃어버리게 하고 각종 유혹에 쉽게 넘어가게 만든다. 결국, 모든 것을 다 잃어버리는 것이다. 마지막에는 소명 의식조차 상실하여 재기불능이 되고 만다.

목사의 삶은 길고 오래 달려가야 할 길이다. 목사의 삶은 단시간에 결정되는 삶이 아니다. 빨리 가는 것이 목적이 아니라 결승점에 도달하는 것이 목적이다. 완성이 목적이 아니라 과정 그 자체가 목적이다. 급한 일이라고 해서 중요한 일도 아니고, 중요한 일이라고 해서 항상 급한 일도 아니다. 그러니 너무 한순간에, 그리고 짧은 시간에 지나치게 매진할 필요가 없다. 또한, 현장은 열심히 한다고 해서 그에 합당한 열매가 항상 맺히는 곳이 아니다. 그러니 조바심과 욕심을 잘 관리해야 한다. 지나친 열심으로 인해 무너지는 목사가 너무나 많음이 안타깝다. 목회를 장기적으로 보고 천천히 갔으면 좋겠다. 너무 크게 꿈을 꾸지 말았으면 좋겠다. 행위를 통해 하나님의 인정과 보상을 받으려는 욕구로부터의 자유로웠으면 좋겠다. 일을 마치고 쉬는 것이 아니라, 쉼

이 필요할 때 일을 중단하는 목사가 되었으면 좋겠다. 때때로 "일탈"이라는 보상을 자신에게 충분하게 주었으면 좋겠다. "목회"는 신적인 사역이나 "목회 중독"은 사탄의 수단이 될 수 있음을 기억했으면 좋겠다.

11장
교회개척자가 갖추어야 할 자질과 자세

교회를 새로 세우는 것을 "교회개척"이라고 한다. 세상의 무신앙인들처럼 "교회를 차렸다"라는 표현을 사용하거나, 혹은 정부에서 소상공인 통계를 위해 사용하는 "교회 창업"이라는 표현이 아닌, "황무지를 일구어 논밭을 만드는 것"을 의미하는 "개척"이란 말을 사용한다. 왜 유독 교회만 새로운 교회를 세울 때 개척이라고 표현할까? 그 이유는 분명 교회개척이 하나님 나라의 영토 확장이기 때문일 것이다. 교회개척은 하나님 나라의 국경 최전방에서 이루어지는 영토 확장 과업이다. 교회개척은 황무지로 비유되는 비신자의 영혼을 정복하여 하나님 나라의 영토에 편입시키는 영적 전쟁이다. 따라서 교회개척자는 이 전쟁터의 장수로서, 먼저는 용기와 희생이 필요하며, 동시에 승리하기 위한 지혜로운 전략과 전술, 그리고 합당한 자세로 무장되어 있어야 한다.

교회개척을 영어로는 "church planting"이라고 한다. 이를 직역하면 "교회 심기"이다. 교회개척을 마치 식물의 씨를 땅에 하나 뿌려서 뿌리를 내리게 하고, 자라게 하고, 열매를 맺게 하여, 최종적으로 또 다른 씨앗을 거두어들이는 과정으로 본 것이다. 따라서 씨앗을 뿌리는 농부는 언제, 어떻게 씨앗을 뿌려야 하며, 언제, 얼마나 물을 주어야 하는지 등, 전문적인 농업 지식과 기술, 그리고 농부의 정신과 자세를 유지해야만 한다. 교회개척을 이러한 교회 심기로 보는 개념은 성경의 확실한 지원을 받는다. 바울은 교회개척을 농부가 씨앗을 뿌리는 것으로 명확하게 유비하였다(고전 3:6-9).

왜 이토록 교회개척자를 전쟁터의 장수라 하며, 씨 뿌리는 농부라고 장황하게 비유하겠는가? 그 이유는 교회개척자가 갖추어야 할 기질과 자격을 말하기 위해서이다. 한 교회가 안전하게 개척되기까지는 하나님께서 주권적으로 역사하셔야만 한다. 필자는 그 하나님의 주권을 믿고 인정한다. 그럼에도 불구하고 하나의 교회가 개척되어 자리 잡기 위해서는 물리적 세계의 여러 요소가 갖춰져야 한다. 여기에는 인적 자원과 물적 자원, 그리고 환경과 타이밍 등의 요소들이 작용한다. 그런데 이처럼 많은 가시적 요소 중에서도 가장 중요한 요소는 단연 교회개척자 자신이다.

교회의 운명을 좌우하는 제일 요소는 목사이다. 목회는 결정적으로 목사에 의해 좌우된다. 따라서 목사가 영육 간에 준비되어 있다면 하나님의 교회는 융성해진다. 아무리 풍성한 자원을 가졌고, 최선의 환경과 타이밍이 준비되었다고 하더라도, 목사에 따라 성공하기도 하고 실패하기도 한다. 건강하고 평안한 교회가 순식간에 난장판이 되는 경우도 많고, 난장판인 교회가 평화로워지기도 한다. 궁극적으로 교회의 운명은 목사의 손에 달렸다고 해도 과언이 아니다. 그렇기에 목사는 궁극적으로 목회가 안 되는 이유를 다른 곳에서 찾아서는 안 된다. 목사 자신에게서 찾아야 한다. 마치 달란트 비유에 나오는 종들의 중요성과도 같다(마 25:14-30).

교회개척의 성공 여부는 바로 교회개척자에 달려 있다. 다소 극단적일 수도 있는 예를 하나 들어보자. 같은 연배에 같은 신학교를 졸업한 두 목사가 같은 지역에서 같은 시기에 교회를 개척했다고 가정해 보자. 그런데 교회를 개척한 3년 후, 한 목사는 여러 이유로 인해 교회 문을 닫을 수밖에 없었다. 그러나 다른 목사의 교회는 비교적 안정되고 건강하게 세워져 갔다. 이처럼 서로 다른 결과가 나온 이유가 무엇이라고 생각하는가? 왜 한 목사의 교회는 문을 닫아야만 했고, 다른 목사의 교회는 세워진 것인가? 이들의 나이와 경륜이 달라서가 아니고, 신학이 달라서도 아니다. 이들의 기도가 부족해서도 아니다. 교회를 개척해 놓고 기도하지 않은 목사는 없을 것이다. 개척 환경이 달라서도 결코 아니다. 더군다나 이들이 믿는 하나님이 달라서는 더더욱 아니다. 이들은 같은 하나님을 믿고 있다. 이들의 교회개척의 결과가 다른 이유는 다름 아닌 바로 사람이 달라서이다. 바로 교회개척자의 자질과 자세가 달랐기 때문이다.

교회개척자를 포함한 모든 목사가 갖추어야 할 요소들이 있다. 누구나 목회자가 될 수는 있지만 아무나 목회자가 될 수는 없다. 때문에, 목회자는 하나님께서 자신에게 어떤 은사와 기질과 성격을 주셔서 창조하셨는지를 가장 먼저 분석해야 하며, 자신의 강점과 약점 등을 고려하여 가장 자신에 맞는 목회를 준비해야 한다. 안타깝게도 한국 교회 목회자들의 목회 모습과 방향이 너무나 획일적이다. 누가 성공했다고 하면 모두가 그 사람을 모델로 삼고 나아간다. 하나님께서는 모든 목사가 그 성공한 목사처럼 목회하라고 부르신 것이 아니라, 자신의 독특함과 고유함을 따라 목회하라고 부르셨다. 하나님께서는 다양성의 하나님이시다. 하나님께서는 누군가를 창조하신 그대로 부르셔서 사용하신다.

교회개척자가 갖추어야 할 요소들을 많은 학자들이 그들의 경험과 관찰을 통해서 제시하였다. 그중에 찰스 라이들리Charles Ridley가 제안한 기준assessments이 꽤 알려져 있는데, 그는 13가지의 항목을 교회개척자가 갖추어야 할 필수 자질로 제시하였다.[56] 라이들리가 제시한 13가지는, ①꿈꾸는 능력visioning capacity ②순수한 동기 부여intrinsically motivated ③사역에 있어 주인의식 유발creates ownership of ministry ④비신자 세계 이해relates to the unchurched ⑤친밀한 부부 관계spousal

---

56. Stetzer, *Planting Missional Churches*, 83-84.

cooperation ⑥효과적인 관계 설정effectively builds relationships ⑦교회 성장에 헌신committed to church growth ⑧지역에 반응responsive to community ⑨다른 사람의 은사 활용utilizes giftedness of others ⑩수용성과 융통성 flexible and adaptable ⑪그룹 응집력 구축builds group cohesiveness ⑫강인함resilience ⑬믿음 활용exercises faith 등이다.

라이들리 외에도 다른 많은 교회개척 전문가들이 나름대로 교회개척자의 자질을 제시하였다. 아반테J. Hernes Abante는 여덟 가지 성경적 덕목 외에도 ①독창성 혹은 창조성initiative and creativity(살전 4:11) ②일하는 능력과 지도자를 양성하는 능력ability to work and train leaders(딤후 2:2) ③강력한 성경적 신념strong biblical conviction(엡 4:14) ④다중 작업의 능력과 의지ability and willingness to multitask(딤전 3:1-5) ⑤건강한 육체, 정신, 감정physical and emotional requirements, 그리고 ⑥진리에 대한 지식knowledge of the truth 등을 교회개척자에게 요구하였다.[57]

에드몬슨Ron Edmondson이 말하는 교회개척자에게 필요한 자질과 자세는 ①위험 감수love of risk ②인내willingness to be patient ③믿어 주는 사람people who believe in you ④건강한 가정healthy family life ⑤영성close walk with God을 제시하였다. 로버트Bob Robert, Jr.는 "하나님을 향한 성실함과 그분과의 친밀함"integrity and intimacy with God을 제시했으며, 이것을 통해 사람들에게 "나를 닮아라"imitate me라고 말할 수 있어야 한다고 했다.

패트릭Darin Patrick은 그의 저서 『교회개척자』에서 교회개척자의 일곱 가지 자질을 열거하였는데, ①구원받은 사람a rescued man ②부름받은 사람a called man ③자격을 갖춘 사람a qualified man ④의존하는 사람a dependent man ⑤노련한 사람a skilled man ⑥목양하는 사람a shepherding

---

57. J. Hernes Abante, *Effective Church Planting: A Primer for Establishing New Testament Churches in thr New Millennium* (Bloomington, IN: WestBow Press, 2016), 30-39.

man ⑦결단력 있는 사람a determined man이라고 했다.58

스테쳐Ed Stetzer는 사도 바울을 교회개척자의 모델로 제시하면서, 바울이 지녔던 아홉 가지 자질을 분석하였다.59 스테쳐에 의하면, 바울은 교회개척을 위해 준비된 자prepared, 전도자evangelist, 사업가적 기질의 소유자entrepreneurial, 팀 사역자team player, 융통성flexible과 위험감수자 risk-taking, 보호자care, 위임자equipped, 헌신자committed, 그리고 더 많은 교회를 개척하기 위해 기존 교회에 집착하지 않고 떠나는 자mover였다.

이상의 교회개척자가 갖추어야 할 자질과 자세에 관한 학자들의 견해에 관하여 구체적으로 연구해 보기를 교회개척자들에게 권면하고 싶다. 분명 유익함이 있으리라 믿는다. 이제 필자는 필자의 경험과 임상적 관찰, 그리고 지금까지의 연구를 통해 교회개척자에게 꼭 필요한 자질에 관한 필자의 견해를 말하려 한다. 필자는 교회개척자는 적어도 다음 다섯 가지 항목에 관심을 두고 자신을 스스로 훈련해야 한다고 믿는다. 물론 이 자질은 비단 교회개척자에게만 필요한 것이 아니라 모든 목회자에게 필요한 자질이다.

1. 거룩(영성)

교회개척자의 갖추어야 할 최우선적인 모습은 경건의 모습이다. (흔히들 영성이란 말을 사용하는데, 필자는 경건이란 말을 더 선호한다. 왠지 영성이란 말은 동양의 종교로부터 유래된 단어라는 느낌이 있기 때문이다. 그렇다고 영성이란 단어를 사용하지 않아야 한다고 주장하는 것은 아니다. 단지 필자의 개인적인 선호일 뿐이다.) 개척교회 목사는 그 특성상 몇 명 되지 않는 성도들과 언제나 밥상공동

---

58. Darrin Patrick, *Church Planter: the Man, the Message, the Mission* (Wheaton: Crossway, 2010), 21-103.
59. Stetzer, *Planting Missional Churches*, 45-47.

체를 이룰 수밖에 없다. 즉, 개척교회 목사는 자신의 교회 성도들과 가족처럼 지내면서 먹고 놀고 어울린다는 의미이다. 그런데 그러다 보면, 본의 아니게 목사로서 보이지 않으면 더 좋을 뻔한 인간적인 약점이나 허점이 성도들에게 쉽게 노출될 수밖에 없다. 이런 이유로 개척교회 목사는 목사의 영적 권위를 유지하기가 쉽지 않으며, 그렇기에 자주 교회 내 질서가 무너져 소수의 구성원임에도 불구하고 크고 작은 문제들이 발생한다. 반면에 중대형 교회의 목사들은 주로 강단을 통해서 성도들과 교제한다. 따라서 그들의 약점이나 허점이 성도들에게 노출될 확률이 개척교회 목사와 비교하면 훨씬 적다.

그러므로 개척교회 목사는 성도와 함께 허물없이 어울리다가도, 문득 성도가 목사의 얼굴을 쳐다보는 순간 영적 권위가 있는 목사의 얼굴로 보일 필요가 있다. 그런데 이것이 쉽지만은 않다. 목사의 삶에 경건이 배여 있지 않다면 결코 일어날 수 없는 일이다. 따라서 개척교회 목사는 중대형 교회 목사들보다 훨씬 더 경건의 훈련에 매진해야만 한다. 그렇게 함으로 경건한 내면과 외면이 몸에 배야 한다. 의식하지 않아도 자연스럽게 나오는 행동이 몸에 밴 행동이다. 늦은 밤까지 성도와 교제했다 하더라도, 잠을 줄여서라도 새벽에 일어나 하나님과 독대하는 경건의 훈련을 해야만 개척교회 목사에게 필요한 경건이 갖추어진다.

필자는 교회개척자의 경건이 완벽함을 의미하지 않는다고 본다. 실수가 전혀 없어야 한다고 보지도 않는다. 경건이 몸에 밴다는 것은 삶이나 부부 관계나 자녀 문제에 있어서 갈등이 없어야 함을 의미하는 것이 아니다. 목사도 실수하고 넘어지고 가족 간의 문제를 경험할 수밖에 없는데, 그럼에도 불구하고 이 모든 문제들을 예수님처럼, 그리고 성경의 원칙에 따라 대처하는 것이 바로 경건이다. 진실한 그리고 일관된 라이프 스타일을 보여줌으로써 성도들이 "예수를 저렇게 믿는구나!"라고 보고 흉내 낼 수 있도록 하는 것, 그것이 목사가 갖추어야 할 진정한 경건이다. 이러한 경건의 모습이 교회개척자에게 절실히 필요하다.

2. 열심(열정)

　교회개척자에게는 열심(열정)이 필요하다. 필자는 "저절로 그냥 되는 것은 없다"라는 문구가 바로 하나님께서 이 세상을 섭리하시는 기준이라고 믿는다. 교회개척도 마찬가지이다. 교회개척은 저절로 되지 않는다. 교회개척자의 열정과 열심을 통해 이루어진다. 교회개척에 성공한 목회자들의 한 가지 공통점은 교회개척에 목숨을 걸었다는 사실이다. 그들은 교회개척 외 다른 모든 것, 심지어 가정까지도 포기하고(필자는 동의하지 않지만) 교회개척에 매진했던 분들이다. 대부분 겸손하게 "하나님의 은혜"라고 고백하지만, 그 은혜는 그저 임한 것이 아니라 그들의 땀과 눈물이 깃든 열심에 임한 은혜이다. 교회개척자의 열정은 전염성이 있다. 교회개척자의 열심은 사람들을 감동하게 한다. 그렇기에 그러한 교회개척자에게는 사람들이 붙는다. 결과적으로 교회가 세워져 가는 것이다. 교회개척자는 기도만 해서는 안 된다. 당연히 열심히 기도해야 하는 것이 맞지만, 기도만 하는 것은 요행수를 바라는 도박에 가까우며, 하나님께서 일하시는 방법에 대한 오해이다.

　교회개척자는 교회개척에 미쳐야 한다. 탁월하게 일하려는 열정과 헌신을 갖추어야 한다. 비전(목표) 성취를 위한 집착과 끈기를 가져야 한다. (물론 그 집착이 욕망은 아니다. 사실 현장에서 욕망과 비전을 구분하기가 쉽지만은 않다.) 적어도 필자의 견해에 의하면, 교회개척자는 주도적이고 공격적이어야 한다. 교회개척자의 열심은 자신의 기질을 초월하게 한다. 필자를 예로 들자면, 전도하러 다니고 모르는 사람에게 말을 걸고 하는 것은 진실로 지독히 내성적인 필자의 기질과 전혀 맞지 않았다. 그럼에도 불구하고 모르는 사람에게 말을 걸어야만 했다. 왜냐하면, 당시 필자는 교회개척자였기 때문이었다. 교회개척에 대한 열정과 열심이 필자로 하여금 그렇게 해야만 하도록 밀어붙였다. 그렇다. 교회개척자는 무(無)에서 무엇인가를 구축해 내려는 야성 소유자 self-starter가 되어야 한다.

3. 분별력(영적 감각과 현실 감각)

"보면 느껴져야 한다"라는 말은 모든 목회자에게 필요한 능력이지만, 특별히 교회개척자에게 더욱 절실히 요구되는 능력이다. 이 말은 교회개척자에게 특별히 분별력이 필요하다는 의미이다. 교회개척자는 조급함과 절박함, 역설적인 자신감이 넘치는 상황이기에 분별력이 떨어지기가 매우 쉽다. 즉, 한 사람이 아쉽다는 지나친 절박함으로 인해, 혹은 지나치게 사기충천한 자신감으로 인해 사람과 상황을 세밀히 분석하지 못하는 경향이 있다는 것이다. 때문에, 교회개척자는 더욱 초연하게 주변 현상을 바라보고 더욱 신중하게 대처하는 냉정한 영적 감각과 현실 감각을 갖추고 있어야 한다. 그렇지 않으면 그러잖아도 부족한 여러 자원을 낭비할 수 있을뿐더러 마음에 심한 상처를 입을 수도 있다.

교회개척자는 몇 가지 종류의 분별력을 특별히 갖추어야 하는데, 첫째는 자기 자신에 대한, 둘째는 시대에 대한, 셋째는 교회가 위치한 지역에 대한, 그리고 마지막으로 사람에 대한 분별력을 갖추어야 한다. 이러한 네 가지 분별력의 유무는 교회개척과 개척교회 목회에 막대한 영향을 가져다준다. 자기 자신에 대한 분별력은 자기만의 독특한 교회를 개척하는 데, 시대에 대한 분별력은 교회의 시대적 사명을 장착하는 데, 지역에 대한 분별력은 지역 교회를 세워가는 데 필수적인 요소들이다.

그런데 이러한 분별력 중에서도 교회개척자가 정말 훈련해야만 하는 분별력은 사람을 분별하는 능력이다. 사실 사람을 분별하는 능력은 모든 목사의 영적인 능력이어야 하며, 동시에 전문가로서 갖추어야 할 능력이어야 한다. 목사라는 직업은 하나님 나라의 확장을 위해 사람을 상대하고, 사람을 사용하는 직업이다. 목사에게 있어서 사람이야말로 최대의 가치가 있는 자원이다. 목사가 겪는 어려움 중 대부분은 사람으로 인한 것이요, 목사가 행복해하는 이유 중 대부분 역시 사람으로 인한 것이다. 그렇기 때문에 목사는 사람을 분별할 수 있어야 한다. 제사장

엘리를 보면서 필자는 언제나 필자 자신을 추스른다. 그는 타성에 젖어 (비대해짐으로) 사람을 분별하는 영적 감각을 잃어버린 대표적인 제사장(목회자)이라고 생각한다. 그는 한나의 상황을 제대로 판단하지 못함으로 엉뚱하게도 포도주를 끊으라는 처방을 하고 만다. 제사장으로서 정말 중대한 오판이 아닐 수 없다.

특별히 개척교회 목사에게 있어서 한 사람의 가치는 실로 대단하다. 개척교회 목사는 한 사람이 교회에 새로이 출석하면 천하를 얻은 것과 같은 기쁨을 누린다. 그런데 목사의 이러한 절박한 마음과 환경을 이용하는 나쁜(?) 성도들의 접근 또한 적지 않은 것이 현실이다. 개척교회 목사가 다단계에 빠지고, 속기도 하고, 그나마 없는 자산의 손해를 입음으로 말미암아 마음의 상처를 입고 궁극적으로 사람을 믿지 못하게 되는 일들이 비일비재하다. (사람을 믿지 못하는 목사가 어떻게 목회를 잘 할 수 있겠는가!) 최근에도 교인을 얻기 위해 취업 사기에 말려들어 어려움을 겪고 있는 어느 개척교회 목사님의 이야기를 들은 바가 있다.

4. 자기 관리(시간 관리)

목사라는 직업은 자신이 자기를 관리해야만 하는 대표적인 전문직이다. 특별히 교회개척자는 더더욱 자기 관리에 철두철미해야만 한다. 출퇴근 시간이 있는 것도 아니다. 상급자의 관리·감독을 받는 것도 아니다. 조직이 정비되어 조직의 흐름에 따라가는 것도 아니다. 누구의 간섭도 받지 않는다. 자기 스스로 삶과 관련된 모든 것을 관리해야만 한다. 때문에, 교회개척자는 뜻밖에도 게을러지기 쉽다. 삶의 질서가 무너지기 쉽다. 더군다나 상당 기간이 지났음에도 불구하고 교회의 성장이 이루어지지 않을 경우 각종 중독에 빠질 위험성이 크다. 그렇기에 교회개척자는 스스로 삶의 규칙을 설정하여 준수하는 훈련이 필요하다. 업무를 규정하고, 업무 시간을 설정하고 업무를 볼 장소를 정해야 한다. 시간 관리에 있어서 과하다 할 정도로 철저해야 한다. 이러한 자기 관리의 모습은 교회개척자로서 하나님 앞에서 최소한의 예의이자 지켜야 할 윤리이다.

교회개척자를 비롯하여 모든 목사의 자기 관리 영역은 적어도 다섯 가지라고 본다. 그것들은 목회의 영역, 학문의 영역, 쉼의 영역, 가정의 영역, 그리고 경건의 영역이다. 필자는 목사의 자기 관리 다섯 영역을 스포츠의 "근대 오종 경기"에 비유한다. 근대 오종 경기는 크로스컨트리(3,000m), 수영(200m), 승마(350~450m, 12~15개 장애물), 사격(10m, 권총), 그리고 펜싱(에페 경기)으로 구성되어 있다. 이 경기의 선수가 되기 위해서는 위의 다섯 종목 모두에 있어서 선수 수준의 실력을 갖추고 있어야 한다. 다른 네 종목이 아무리 뛰어나다고 해도 한 종목이 미흡하다면 아예 근대 오종 경기의 선수가 될 수 없다. 다섯 종목 모두에서 선수이어야 한다. 목사의 자기 관리도 마찬가지이다. 목회, 학문, 쉼, 가정, 경건의 영역에서 목사는 선수가 되어야 한다. 다섯 영역 중에 어느 한 영역이라도 미흡하다면, 목사 노릇을 제대로 해낼 수 없다. 더욱이 근대 오종 경기의 다섯 종목은 각기 훈련 방법이 다르다. 수영 훈련 방법으로 사격 훈련을 할 수 없다. 각 종목은 사실 서로 관계가 없다. 그러나 한 경기 종목이다. 목사 역시 마찬가지이다. 목사가 관리해야만 하는 다섯 영역은 각기 다른 영역으로서 관리하는 방법도 각각 다르다. 그러나 이 모두 목사가 관리해야만 하는 영역들이다.

목회의 영역은 교회와 관련된 목사 고유의 업무를 포함한다. 매우 넓고 포괄적인 영역으로서 목사는 목회를 잘하기 위한 여러 전문성을 키워야 한다. 학문의 영역은 목사가 연구하는 영역이다. 독서를 비롯하여 연장 교육 등을 포함한다. 쉼의 영역은 목사의 개인적 삶의 영역이다. 오락, 취미, 운동, 친구, 여가, 사회적 의무 감당 등이 여기에 해당한다. 가정의 영역은 가족들과의 관계를 드러내는 영역이다. 배우자, 자녀, 부모, 형제들과의 관계를 의미한다. 경건의 영역은 목사의 하나님과의 관계를 나타내는 영역이다. 기도 생활을 포함한 모든 영적 활동을 의미한다. 이러한 영역들에 대한 관리가 잘되고 이 다섯 영역이 조화될 때, 교회개척자를 비롯한 모든 목사가 안정되고 평화로운 삶을 살아갈 수 있다고 본다.

특별히 교회개척자는 조바심과 욕심을 잘 관리해야 한다. 지나친 열심으로 인해 탈진하게 되면 열심 내지 않은 것만 못하다는 사실을 기억해야 한다. 교회개척의 과정을 장기적으로 보고 천천히 가라. 너무 크게 꿈을 꾸지 말라. 그러다가 교회 문을 아예 닫을 수도 있다. 매우 꺼리는 말이긴 하지만 한 마디 덧붙이자면, 교회개척자에게 출구 전략이 필요하다고 조심스럽게 말하고 싶다. 교회를 오래 유지하는 것에 생명을 걸지 않았으면 좋겠다. 돌이킬 수 없는 지경까지, 혹은 가정이 해체되기까지 교회를 유지할 이유는 없다. 여기까지라고 확신한다면 거기서 멈출 수도 있어야 한다. 거기서 멈춘다고 실패한 목회자는 결코 아니다.

5. 소통 능력(비전 제시)

앞에서 말했듯이 개척교회에서는 한 사람의 중요도가 매우 크다. 이것을 장로교회 구조를 빌려 표현한다면 개척교회 성도 모두 당회원들이나 마찬가지이다. 그만큼 영향력이 있고 발언권이 있다는 의미이다. 그렇기에 교회개척자는 소통의 달인이 되어야 한다. 교회개척자가 가진 교회에 대한 지나친 주인 의식은 성도들과의 소통의 필요성을 간과하게 만든다. 교회개척자의 뜨거운 열정과 열심은 소통의 과정을 건너뛰게 만든다. 그 결과, 성도가 몇 명 되지 않음에도 불구하고 교회개척자와 성도들간의 일체감을 이루지 못한다. 교회개척자는 소통의 부재를 정말 주의 깊게 살펴야 한다.

많은 목사가 자신의 목회 방향과 의도를 성도들이 잘 이해하고 있다고 믿는 경향이 있다. 그런데 실제로 성도들 대부분은 목사의 정확한 의도를 모르고 있음이 보통이다. 사람들은 대체로 자기가 듣고 싶은 것만, 그것도 듣고 싶은 대로 듣는 경향이 있다. 필자 역시 목회자 시절에 그러한 경험을 참으로 많이 했다. 그토록 반복해서 강조하고 광고했음에도 불구하고, 성도들은 자기가 필요한 것만, 해석하고 싶은 대로 받아들이고 있음을 보고 허탄해 한 적이 한두 번이 아니었다. 급기야 필자는 중요하다고 판단되는 사항에 대해서 한 명 한 명에게 바르게 이해했는지를 구체적으로 확인하는 그 엄청난 공력을 쏟아부어야 했다.

교회개척자는 소통 능력이 뛰어나야 하는데, 우선 개척한 교회의 정체성에 관해 소통해야 한다. 교회의 분명하고 구체적인 목표를 소통할 수 있어야 한다. 단지 멋진 표어를 만들어 선포하는 것이 소통이 아니다. 목사가 제시하는 그 목표를 성도들이 자신들의 목표로 받아들여야 교회의 진정한 목표이다. 이것을 "목표 주인 의식" 함양이라고 한다. 소통은 목표 주인 의식을 유발하는 데까지이다. 이러한 것들을 성도들과 소통함으로 목회 관점을 공유하는 것이 개척교회에서는 정말 중요하다.

이 외에도 교회개척자에게는 실행 능력, 문제 해결의 능력 등 앞에서 학자들이 제시한 바 여러 가지 성품과 자질이 필요하다. 사실 교회개척자가 갖추어야 할 요소들은 모든 목회자에게 필요한 요소이다. 필자는 강의 도중에 종종 교회개척자로 준비된 특별한 자들의 특징을 반농담으로 말한다. 그들은 '개척교회 목사의 자녀, 가난에 익숙한 자, 그리고 고난에 익숙한 자'이다. 이 세 가지 조건을 갖춘 사람은 교회개척자 후보 1순위라고 필자는 감히 말한다. 이것이 비록 우스갯소리 같지만, 사실은 합당한 소리이다. 당신이 교회개척자의 소명과 은사와 자질이 없다고 생각되는가? 포기하지 말라. 앞에서 언급한 자질 한두 가지라도 갖추고 있다면 용기를 내어 교회개척의 현장으로 나갈 것을 권면한다. 이미 가진 교회개척자로서의 은사와 자질은 더욱 발전시키고, 가지고 있지 않은 자질은 지금부터 갖기 위해 노력한다면 얼마든지 교회개척자로 준비되고 갖추어질 수 있다.

"사생활 보호"를 굳이 내세울 필요는 없다

● ● ●

나는 청소년 시절을 개척교회 목사의 아들로 보냈다. 당연히 가난했다. 불만이 많았다. 부모님을 원망하기도 많이 했다. 특별히 당시 우리 가족의 주거 시설은 매우 열악했다. 부모와 4남매 총 6명으로 구성된 우리 집은 변변찮은 방 하나도 없이 어우러져 살았다. 그런데 더욱 가관인 것은 그러한 열악한 주거 환경이었지만 언제나 객들이 들끓었다는 사실이었다. '한 끼라도 우리 가족끼리만 먹고 하룻밤이라도 우리 가족끼리만 자본 적이 있었는가?' 하는 생각이 들 정도로 손님들로 북적였다. 개척교회 목사의 집으로 당연했는지도 모르겠다. 부모님은 그 당시의 내 감정으로 표현한다면 교회에 미쳐 있었다. 자식들은 거의 방치되다시피 했다.

우리 형제들에게 사적 공간이나 사생활이란 없었다. 이런 생활이 우리 집의 외동딸이었던 두 살 아래 여동생에게는 너무 힘들었을 것이다. 뭇 손들이, 그것도 대다수가 남성들인 객들이 드나들며 먹고 자고 하는 허술한 목사의 사택에서, 자기 방은 고사하고 작은 공간조차도 사적으로 사용할 수 없던 채로 고등학교까지 지내야 했던 여동생이었다. 지금 생각하면 참으로 안타까운 일이었다. 아무리 사명에 미친 부모님이었지만 자녀 양육에 있어서만은 무책임한 행동이었음이 분명하다. 여동생이 다소 어린 나이에, 조금은 급하게 시집을 가버린 것도 어쩌면 자기 공간을 위한 탈출이 아니었겠는가 하는 생각도 했다.

그렇게 목사인 부모에게 분노하며 성장했던 내가 은혜로, 정말 하나님의 주권적인 은혜로 아버지의 뒤를 이어 목사가 되었고, 실천신학을 가르치는 교수가 되었으며, 지금 "사생활 보호"를 이유로 목사가 자신의 집을 닫지 말라는 글을 쓰고 있다. 참으로 아이러니하다. 실천신학을 공부했고, 목회자로 살았고, 지금은 후배들을 가르치면서 느끼고 배우는 것이 있다. 그것은 우리 부모님처럼 무절제하고 대책 없이 가정을 오픈하고 자녀들을 전혀 고려하지 않은 것은 분명 심각한 문제이지만, 목회자가 가정을 오픈하고 손님을 대접하는 것은 성경적이면서도 목사의 당연한 삶의 모습이라는 것이다.

그렇다. 목사가 되었다면 거의 모든 삶을 희생적으로 살아야 하는데, 그중에는 "사생활"을 희생하는 것도 포함되어 있다. 목사와 그의 가족들은 목사의 가족이 되었다는 운명적인 이유로 인해 사생활의 희생을 어느 정도는 감수해야만 한다. 다양한 양들의 목자로 살아간다는 것은 그 양들에게 목자의 삶을 투명하게 보여 주고, 그 양들이 목자의 삶의 영역으로 거리낌없이 들어올 수 있도록 하는 것이다. 그 과정에서 당연히 목사와 그 가정의 사생활 보호는 담보되지 못한다. 그리고 그것이 당연한 목사의 삶이다.

어떤 목사는 사생활 보호라는 이유로 교회에서 멀리 떨어져 산다. 어떤 목사는 같은 이유로 목사의 사택을 오픈하지 않는다. 어떤 목사는 사생활 보호란 이유로 일정 시간 외의 시간에는 연락을 받지 않는다. 어떤 목사는 자신만이 교회와 관련될 뿐 가족들은 별개의 존재들이니 상관하지 말라고 한다. 이 모든 것들이 나름대로 일리가 있는 항변들이지만, 적어도 내 생각에는 그토록 사적 생활을 지키고 싶었다면 뭐 하러 목사가 되었을까 한다. 목사는 사생활 보호를 내세울 수 없는 직업이라고 본다. 다만 교인들이 알아서 목사와 그 가정의 사생활을 지켜주길 바랄 뿐이다.

사생활 보호 혹은 자녀 교육 등 여러 가지 이유로 목사가 교회에서 멀리 떨어져 산다. 그것은 문제이다. 사실 목사나 장로 등의 교회 중직자들이 교회에서 멀리 떨어져 살기에 교회가 동네 교회가 되지 못한다. 교회가 위치한 동네에 살지 않기에 그 동네의 필요needs를 느끼지 못하며, 관심을 두지도 않는다. 그러니 동네 교회가 될 수가 없고, 동네 사람들은 그 교회가 자기 동네에 있어야 할 명분을 찾지 못한다.

목사가 적극적으로 자기 가정을 오픈하는 것은 매우 바람직하다. 손님 대접하는 것은 한 시대의 풍습이 아니라 성경이 명령하고 있는 모든 그리스도인의 당연한 삶이다. 목사는 이 삶을 살아야 할 것 같다. 손님 대접의 은사가 있는 자는 그 은사에 따라 손님을 대접하고, 은사가 없다고 생각하는 자들이라고 할지라도 그것이 성경의 명령이기 때문에 순종하는 차원에서 손님을 대접해야 한다. 물론 쉽지 않다. 우선은 배우자가 기꺼이 가정을 오픈하는 데 동의해야 한다. 또한 이 시대의 문화가 가정으로 손님을 불러 대접하는 문화가 아니다. 그럼에도 불구하고 목사는 가정을 오픈하여 손님을 대접하고 사적인 차원의 그리스도인 삶을 보여 주어야 한다.

당연히 사생활 침해로 인해 가족들에게 상처가 남지 않도록 목사는 가정 목회에 성공해야만 한다. 사생활이 공개되는 것과 손님을 접대하는 것이 오히려 자랑스러운 일이 되도록, 목사의 자녀가 되어 그렇게 사는 것이 오히려 영광스럽도록 가정을 인도해야 한다. 이것은 목사 자신이 훨씬 더 큰 노력을 가정에 쏟아야 가능한 일이다. 사실은 사생활 보호로 목사의 가정을 닫아버리는 것이 목사로서 가장 쉽게 사는 삶이다. 그러나 그것이 하나님이 원하시는 목사의 삶은 아닐 것 같다. 목사가 "사생활 보호"를 슬로건으로 내세울 필요는 없다고 본다.

12장
교회개척자와 다양한 후원그룹 준비

　교회개척은 교회개척자가 혼자서 할 수 있는 사역이 아니다. 아니, 하나님의 모든 일은 어느 한 개인에 의해서 이루어지지 않는다. 여러 개인이 연합해서 이루지는 것이 하나님의 일이다. 하나님께서는 삼위일체 하나님이시다. 이 말은 하나님께서는 성부, 성자, 성령 삼위가 연합하여 일하신다는 의미이다. 교회개척이라는 하나님의 일은 어느 한 사람의 독단적인 사역이 될 수도 없고, 되어서도 안 된다. 교회개척에는 반드시 여러 사람의 도움과 후원이 필요하다. 사실 모든 성도는 교회개척을 위해 자신에게 주어진 자원을 드려야 할 책임이 있다. 교회개척 사역은 여기저기 흩어져 있는 하나님의 인적, 물적 자원들이 연합하여 이루어지는 위대한 종합 사역이다.

　그런데 그러한 자원들의 연합이 저절로 되는 것은 결코 아니다. 교회개척자가 하늘만 쳐다보면서 기도하고 있다고 해서 자원들이 모이는 것은 아니다. 물론 하나님의 간섭과 섭리를 기대해야 하는 것은 분명하지만, 동시에 교회개척자는 그러한 자원들의 연합을 위해서 전략을 세우고 발품을 파는 노력을 해야만 한다. 그리고 이러한 노력은 가능한 한 빨리 (신학생 시절부터) 시작해야만 한다.

　일반적으로, 목회자라고 한다면 모든 것을 하나님께 맡기는 경향이 있다. 그런데 그 맡김이 인간의 책임까지도 무시하는 맡김이어서는 안 된다. "하나님께서 예비해 놓으신다" 혹은 "하나님께서 인도하신다"라는 확신은 분명 목회자들에게 필요하다. 그러나 그렇다고 해서 인간적 노력을 기울여야만 하는 그 책임을 경시해서는 안 된다. 세상의 전문직들은 그 전문직을 유지하기 위해 스스로 피나는 노력을 한다. 세상 사람들은 아주 하찮아 보이는 작은 노점을 열기 위해서도 상당 기간 전부터 자본을 모으고 관련된 기술을 연마한다. 그런데 목회자들은 신학 교육을 받는 것으로 자신의 책임을 다한 것으로 여기고, 정작 자신의 목회 현장을 위해서는 하나님께 모든 것을 맡겨버린다. 이는 정녕 옳지 않은 자세로서, 자칫 목회를 요행수로 보는 위험성에 빠질 수 있다.

교회개척자는 교회개척을 위해 자원을 모으는 후원자 그룹을 준비해야 한다. 현실적으로 가장 중요한 후원자 그룹은 재정 후원그룹이다. 그러나 그 외에도 물품 후원그룹, 인력 후원그룹, 기도 후원그룹, 그리고 멘토 후원그룹 정도는 필수적으로 준비해야만 한다. 당연히 이러한 후원그룹이 하루아침에 마련되지 않는다. 때문에, 최대한 이른 시간부터 이러한 후원그룹 준비를 시작하는 것이 바람직하다.

여기서 필자는 교회개척자가 후원그룹을 마련할 때 고려할 사항 몇 가지를 언급하려 한다. 첫 번째는 모든 후원그룹 마련은 관계에 기초한다는 사실을 인지해야 한다. 교회개척자와 아무런 관계가 없는 사람이 후원자가 되기란 그리 쉬운 일이 아니다. 또한, 그 관계란 목회자라는 직업의 특성상 대부분 교회개척자의 과거 사역지에서 맺어진 관계일 것이다. 때문에, 목회자는 현재의 사역지에서의 인간관계를 잘 맺어야 한다. 물론 미래의 유익을 미리부터 염두에 두고 관계를 맺어서는 아니 되겠지만, 목회자로서 지금의 현장에서 인간관계가 성실하고 희생적이어야 함에는 두말할 이유가 없다. 하나님께서는 사람을 통해 역사하신다. 지금의 관계를 후에 하나님께서 어떻게 사용하실지 모를 일이다.

두 번째로, 후원을 요청하는 데 다소 공격적이어야 한다는 사실을 인지해야 한다. 교회개척자가 어떤 후원을 요청할 때, 그 동기가 스스로 호의호식하기 위해서는 아닐 것이다. 당연히 하나님 나라의 확장과 하나님의 영광을 드러내기 위해 후원을 요청하는 것이다. 그렇다면 후원을 요청하는 데 조금은 담대해져도 된다. 시편 50:10에서 "이는 삼림의 짐승들과 뭇 산의 가축이 다 내 것이며"라고 했다. 세상 만물이 하나님의 것이다. 누군가에게 주신 것은 하나님께서 하나님의 일을 위해 맡겨 놓으신 것으로 해석할 수 있다. 그러니 교회개척자의 동기만 바르다면, 후원을 요청하기를 두려워하지 않았으면 좋겠다. 물론, 후원을 요청함에 있어서 무례하거나, 복과 화를 들먹이며 회유하거나 겁박해서는 안 될 것이며, 목회 현장에서의 윤리를 저버리면 또한 안 될 것이다.

세 번째로, 후원을 요청하면 누군가가 후원을 할 것이라는 사실을 확신하고 인지해야 한다. 가만히 있는데 누군가 알아서 도와주지는 않는다. 후원을 요청하는 것은 교회개척자가 해야만 하는 일이다. 자원이 없다거나, 후원자가 되려는 사람이 없는 것이 아니다. 다만 교회개척자가 후원을 요청하지 않거나 잘못 요청하기 때문이다. (약 4:2-3, "… 쓰려고 잘못 구하기 때문이라.") 때로 교회개척자의 기질과 성격 때문에 차마 후원을 요청하지 못하기도 한다. 하지만 그러한 기질은 교회개척자로서 싸워서 극복해야만 하는 기질이다. 각자의 기질 중에는 활용하여 발전시켜야 할 기질과 싸워서 극복해야 할 기질이 있다. 내성적이고 부끄러워하고 아쉬운 소리 못하는 기질은 교회개척자로서 싸워서 극복해야 하는 기질이다. 흔히 엘리야의 경우처럼 까마귀의 공급을 간증하는데, 실상은 자신이 발로 뛰어 후원을 마련하는 것은 더 귀하고 놀라운 간증임을 기억해야 할 것이다.

이제 물품 후원그룹, 인력 후원그룹, 기도 후원그룹, 그리고 멘토 후원그룹에 관해 살펴보도록 하겠다. (재정 후원그룹에 관해서는 8장의 "교회개척자와 재정"을 참고하시기 바란다.) 이러한 후원그룹들은 단지 교회개척자 뿐만이 아니라, 모든 목회자가 자신의 미래 목회를 위해 준비해야만 하는 것들이다.

1. 물품 후원그룹 준비

교회개척자는 물품 후원그룹을 준비해야 한다. 물품 후원그룹이란, 말 그대로 물품으로 교회개척을 도와줄 수 있는 사람들을 의미한다. 교회를 개척하는 데 있어서 필요한 비품과 물품들이 많다. 작게는 비치용 성경, 찬송으로부터 시작하여, 의자, 강대상, 크게는 차량에 이르기까지 필요한 것들이 다수이다. 교회개척자는 이 모든 것을 한꺼번에 다 준비할 수 없다고 하더라도, 전체적인 계획을 갖고 비품 마련에 임해야 한다. 개척교회 역시 교회이기에 물리적 교회로서 필수품들이 요구된다. 그리고 이러한 비품들은 실제로 재정과 직접적으로 관련된다. 따라서 교회를 개척함에 있어서 누군가가 작은 비품이라도 한 가지를 헌물해 준다면 그것이 교회개척자에겐 큰 도움이 된다. 이러한 비품 후원자를 교회개척자는 사전에 준비해야만 한다.

교회개척자가 굳이 성전주의에 매몰될 필요는 없다. 즉, 교회개척을 준비하는 과정이나 개척 초기 과정에서 교회의 모든 비품을 성물이라 여겨서 무조건 새것으로, 화려한 것으로, 값비싼 것으로, 그리고 최고의 것으로 마련할 필요는 없다. 비품 자체에 거룩함이 있는 것이 아니라 그 비품을 거룩한 용도로 사용하기에 거룩해지는 것이기에, 형편에 맞게 중고품이나 저렴한 가격의 비품을 마련하는 것도 지혜로운 방법이다. 처음 시설이나 비품에 투자하는 것이 문제가 아니라 현실적으로 어떻게든 3년 이상을 버티는 것이 문제라는 것을 교회개척자들은 인식해야 한다. 때문에 비품에 대한 투자보다는 생존에 대한 방안을 고민하는 것이 바람직하다. 이러한 자세를 가졌을 때 물품후원자들을 보다 쉽게 모집할 수 있으며, 물품후원자들 역시 큰 부담 없이 후원에 동참할 수 있으리라고 본다.

2. 인력 후원그룹 준비

　인력 후원그룹이란, 필요할 때 교회개척자가 동원하여 활용할 수 있는 인적 자원들을 의미한다. 개척교회가 작은 행사라도 할라치면 인력이 필요한데, 이럴 때 동원될 수 있는 후원그룹이다. 당연히 인력 후원그룹은 소속 교인들이 아니다. 필자의 제자가 교회를 개척하였는데, 그 설립 예배에 초청을 받아 간 적이 있다. 당연히 그날의 주인공은 그 제자이었다. 그런데 주인공인 그가 땀을 뻘뻘 흘리며 분주하게 움직이는 것을 보았다. 이유인즉슨 행사에 필요한 사소한 복사부터 시작하여 골목길에 방향 표지 안내 종이를 붙이는 것까지, 여기저기에서 필요한 일들을 혼자서 감당해야 했기 때문이다. 당연히 그 귀중하고 의미 있는 예배가 그에게는 건성이 될 수밖에 없었다. 그때 필자는, 이 제자가 이러한 중대한 현장에서 자신을 도와줄 인력 후원그룹을 마련하지 못했다고 생각했다. 개척교회에서 어떤 행사를 계획한다 하더라도 인력이 없으면 불가능하다. 때문에, 인력 후원그룹은 교회개척자에게 자신감을 가져다주는 든든한 버팀목 자원이 된다.
　또한, 인력 후원그룹은 마중물 역할을 할 수 있다는 점에서 교회개척자에게 매우 큰 도움이 된다. 마중물 역할이란, 교회 방문자들에게 편안함을 주는 역할을 의미한다. 실제로 개척교회에서는 아주 소수가 모여 예배드릴 확률이 높다. 심지어 목사 부부만 예배드리는 경우도 허다하다. 이러한 상황에서 방문자가 있다면, 방문자로서는 어색함과 당혹감을 느낄 수밖에 없다. 필자는 교회개척을 가르치는 교수임에도 불구하고, 일전에 동네의 작은 교회에서 수요예배를 드렸는데, 목사 부부 외에는 아무도 없어서 순간 당황했으며, 예배 시간 내내 예배가 빨리 끝나기만을 기다렸던 적이 있다. 하물며 교회개척 교수가 이정도인데 일반 교인들의 경우에는 더 당황할 것이다. (물론 그 예배 참석을 계기로 필자와 그 개척교회 목사는 얼마 후에 식사 교제와 더불어 친교를 나누었다.) 만약 본 교회 소속은 아니라고 할지라도, 자원하여 예배에 동참함으로 방문자에게 안정감을 주고 교회 성장에 밑거름이 되어주는 마중물 역할의 인력 후원그룹이 있다면, 교회 분위기와 성장에 큰 도움을 줄 것이다. 교회개척자는 이러한 한시적 개척 맴버 역할을 감당하는 인력 후원그룹을 준비하는 것이 매우 바람직하다.

3. 기도 후원그룹 준비

모든 목회는 영적 전쟁이다. 교회개척은 더더욱 영적 전쟁이다. 교회가 하나 세워지는 것은 하나님 나라가 그만큼 확장되는 것을 의미한다. 이처럼 하나님 나라가 확장되는 것을 사탄이 그저 보고 있지만은 않을 것이다. 따라서 교회개척 과정은 단지 가시적인 상황과의 분투가 아니라, "통치자들과 권세들과 이 어둠의 세상 주관자들과 하늘에 있는 악의 영들을 상대"(엡 6:12)하는 싸움이다. 그러면 그것들과 싸우는 교회개척자의 무기가 무엇인가? 바로 기도이다. "기도 외에 다른 것으로는"(막 9:29) 영적 전쟁에서 승리할 수 없다. 사도 바울은 "우리의 싸우는 무기는 육신에 속한 것이 아니요 오직 어떤 견고한 진도 무너뜨리는 하나님의 능력이라"(고후 10:4)고 했다. 기도가 바로 하나님의 능력이다. 때문에, 교회개척자는 기도의 달인이 되어야만 한다. 기도 없는 교회개척은 분명 실패한다. 그렇기에 "pray, and pray more"라는 구호는 교회개척 현장에서 공공연한 금언이 되어 있다.

그런데 그 어떤 전쟁도 홀로 전장에서 싸울 수는 없다. 홀로 전쟁에 나가면 승리할 수 없다. 전쟁은 부대와 부대가 싸우는 것이다. 즉, 교회개척자에게는 교회개척이라는 영적 전쟁터에서 같이 싸워 줄 동지들이 필요하다는 것이다. 그러면 그 동지들이 누구인가? 바로 교회개척자를 위해 기도해 주는 기도 후원자들이다. 바로 여기에, 교회개척자가 자기 자신에게 던져야만 하는 심각한 질문이 있다. 그것은 "나를 위해, 내 목회를 위해, 하루도 거르지 않고 기도해 주는 동지가 몇 명이나 되는가?"라는 질문이다. 당연히 그 숫자가 많으면 많을수록 강력한 영적 능력이며 영적 전장에서 승리할 수 있다.

필자는 학생들에게 자기 가족을 제외한 사람 중에 하루도 거르지 않고 매일 기도해 주는 기도 동역자 10명을 가진 자는 손을 들라는 질문을 한다. 70여 명의 학생 중에 손을 든 학생은 놀랍게도 10명도 되지 않는다. 총신 신대원에는 한 학년에 6개 반이 있는데, 6개 반 모두 결과가 같다. 필자는 학생들에게 "여러분! 여러분이 가려고 하는 길이 어떤 길인지 아십니까? 그런데 여러분을 위해 기도해 주는 동지 10명도 만들어 놓지 않고 지금 신학교 3학년이 되었습니까?"라고 도전한다. 교회개척자여! 당신이 지금 하려는 일이 얼마나 도전적이고 위험한 일인지 아는가? 그런데 당신에게 지금 몇 명의 영적 전우들이 있는가? 기도 후원자는 선교사들에게만 필요한 것이 아니다. 교회개척자, 그리고 모든 지역 교회 목회자들에게 더욱 필요하다. 평생 서로를 위해 기도해 주는 영적 동지 써클을 만들어야 한다. 서로 기도해 주기로 거룩한 계약을 맺은 후원그룹을 만들어야 한다. 물론 이러한 기도 동지 그룹을 정기적인 기도 편지 등을 통해서 관리하는 것도 필요한 일이다.

4. 멘토Mentor 후원그룹 준비

앞에서 홀로 전장에 나가면 승리할 수 없다고 말했다. 다른 말로 하면, 혼자서는 장군이 될 수 없다, 즉 독불장군(獨不將軍)은 있을 수 없다는 말이다. 장군이 되기 위해서는 참모가 필요하고 병사가 필요하다. 장군으로 존재하기 위해서는 다른 사람의 조언과 의견이 필요하다. 소위 말해서 멘토가 필요하다는 말이다. 마찬가지이다. 교회개척자 역시 하나님 나라의 한 장수이다. 장수로 존재하기 위해서는 다른 사람의 조언과 의견이 필요하다. 굳이 "의논이 없으면 경영이 무너지고 지략이 많으면 경영이 성립하느니라"(잠 15:22)는 성경 말씀을 인용하지 않더라도, 교회개척자를 포함하여 모든 인간은 자신의 성장과 일의 성취를 위해 멘토를 필요로 한다.

누구를 멘토라고 하는가? 멘토는 "외부에서 나를 바라보는 관점으로 말해 주는 사람"을 말한다. 듣고 싶은 말이 아닌, 필요한 말을 해 주는 사람이다. 이얼리와 구티에르즈Dave Earley and Ben Gutierrez는 "우리 모두는 우리의 삶을 위해 외부에서 우리를 바라보는 관점을 말해 주는 사람을 우리 인생 가운데서 필요로 한다. 우리는 우리가 듣고 싶어 하는 것을 말해 주는 사람이 아닌, 정작 우리에게 필요한 것이 무엇인지를 말해 주는 사람들이 필요하다"[60]라고 말했다. 바로 멘토의 필요성을 말한 것이다.

특별히 목회자에게는 멘토가 절대적으로 필요하다. 왜냐하면, 목회자는 다른 사람의 영혼과 육신을 동시에 다루는 사람이기 때문이다. 그럼에도 불구하고 목회자들은 대체로 멘토를 두려고 하지 않는 경향이 있다. 아마도 하나님의 멘토링으로 충분하다고 생각해서인 듯하다. 그러나 이러한 생각은 대단히 위험하다. 왜냐하면, 어느 인간도 하나님의 뜻을 완벽하게 알 수 있는 능력을 갖추고 있지 않기 때문이다. 사실 하나님의 뜻대로만 하겠다는 말은 매우 영적이고 믿음에 기초한 말임에는 분명하나, 한편으로는 자기 마음대로 하겠다는 말과 같은 말이 될 수 있는 매우 위험한 말이다. 때문에, 하나님의 뜻이라고 믿어지는 그

---

60. Dave Earley & Ben Gutierrez, *Ministry Is: How to Serve Jesus with Passion and Confidence* (Nashville: B&H Academic, 2010), 126.

내용에 대한 검증이 반드시 필요하다. 만약 그것이 오해된 하나님의 뜻이라면, 그 결과는 목회자 자신뿐만 아니라 그가 목양하는 사람들의 영혼에까지 엄청난 파괴력을 가져다주기 때문이다. 모든 목회자가 그가 아무리 영적이라 하더라도 그러할 위험성은 충분하다.

어느 목회자는 성경대로만 하면 된다는 주장을 하면서 인간 멘토의 필요성을 거부하기도 한다. 그런데 이 또한 매우 위험한 발상이다. 왜냐하면 "성경대로만"이라는 기준은 이미 "해석된" 성경이기 때문이다. 즉, 성경대로 한다는 말은 자신이 해석한 성경대로 한다는 말이다. 오직 하나님만이 성경 자체일 뿐, 모든 인간은 그 성경의 해석자일 뿐이다. 때문에, 성경에 대해 그릇된 해석을 할 수 있는 여지가 목회자에게 얼마든지 있다. 실제로 성경을 다르게 해석함으로 여러 종파가 생겨났고, 심지어 이단까지도 출현했다. 따라서 "성경대로만"이라고 할 때 "어떻게 해석된 성경대로"이냐가 문제가 된다. 따라서 그 해석에 대한 검증이 필요하다.

또한 성경에는 모든 시대, 모든 사람의 신앙과 삶을 위한 원리가 나와 있을 뿐 구체적인 적용은 그 시대 목회자에게 맡겨 놓았기 때문에 목회자는 멘토가 더욱 필요하다. 사실 성경이 쓰인 시대와 우리가 사는 이 시대는 매우 다르다. 따라서 성경에서는 이 시대에 적용할 수 있는 하나님 나라의 원리와 윤리를 추출할 수 있을 뿐이지 이 시대, 이 지역, 그리고 어느 특정인을 위한 구체적 정황이 기록되어 있지는 않다. 즉, 목회 현장의 각종 상황에 대한 세부 지침은 기록되어 있지 않다는 것이다. 때문에 성경의 수많은 인물, 사건, 내용을 통해 하나의 원리를 추출하여 그 원리를 각자의 특정한 환경에서 적용하는 것은 각자의 몫이다. 목회자는 이러한 적용에 대한 방향과 지침을 세상과 성도들에게 주는 자들이다. 당연히 목회자가 성경의 원리를 추출함과 적용함에 있어서 그의 죄성과 미성숙, 그리고 지혜의 부족으로 인해 실수할 수 있으며 결과적으로 성도들을 오도할 가능성은 얼마든지 있다. 따라서 그 적용에 대한 검증이 필요하다.

이러한 검증들을 위해 목회자에게 멘토는 절대적으로 필요하다. 그런데 실제로 목회자들이 멘토를 갖는 데 익숙하지 않은 듯하다. 멘토가 되어 주고, 멘토링을 해 주는 데는 익숙하지만, 멘티mentee가 되어 멘토링을 받는 데는 익숙하지 않다. 오히려 멘토링을 받는다는 것에 대해 자존심을 상해하는 것 같다. 담임목회자가 된 후에, 스스로 멘티가 되려고 하지 않으면, 그 누구도 그를 위한 멘토로 나서지 않는다. 스스로 머리 숙여 배우려 하지 않는다면 그 누구도 그를 가르칠 수 없다. 때문에, 목회자는 스스로 조언을 즐겨 듣고 그것을 받아들이려는 자세를 유지해야 한다. 목회자가 기도하면서 믿음으로 나아가는 것은 정말 중요하다. 그러나 목회자가 주위 사람들의 조언을 무시해서는 결코 안 된다.

교회개척자에게는 다양한 멘토들로 구성된 멘토 후원그룹이 필요하다. 그리고 그 그룹을 만들기 위해 일찍부터 (지금부터) 노력해야 한다. 누군가가 당신의 멘토가 되어 주겠다고 알아서 나서지는 않을 것이다. 만약 누군가가 당신의 멘토가 되어 주겠다고 나선다면, 아마도 그는 당신의 멘토 자격이 없는 사람일 것이다. 때문에, 교회개척자는 직접 멘토를 찾아 나서는 발품을 팔아야만 한다. 어떤 사람을 멘토로 삼는가에 따라 자신과 교회의 운명이 결정된다.

그렇다면, 교회개척자는 어떤 멘토를 두어야 하는가? 브라이언트James W. Bryant와 브런슨Mac Brunson은 교회개척자를 위한 멘토의 자격으로 다음 세 가지를 꼽았다.[61] ①소명에 대한 확실한 경험을 갖고 있는 사람 ②주님과 가까이 지내는 사람 그리고 ③신적 지혜와 성령의 열매를 맺고 있는 사람이다. 한편, 클립톤Clint Clifton은 조금 더 구체적으로 교회개척자를 위한 멘토의 자격을 논했는데, 다음 다섯 가지를 제시했

---

61. James W. Bryant & Mac Brunson, *The New Guidebook for Pastors* (Nashville: B & H Publishing Group, 2007), 33.

다.[62] ①교회개척 경험자 ②명백한 리더십 은사 소유자로서 경험과 역량에 있어서 몇 발자국 앞서가는 자 ③하나님을 사랑하는 자로서 당신이 인정하는 자 ④당신에게 시간을 내줄 의지가 있는 자로서 한 달에 한두 번은 만날 수 있는 자, 그리고 ⑤당신의 교회론, 목회 철학 등을 이해하고 존중해 주는 자이다. 필자는 구체적으로 다음 몇 가지 유형의 멘토가 교회개척자에게, 나아가 모든 목회자에게 필요하다고 본다.

교회개척자에게 필요한 첫 번째 유형의 멘토는 쓴소리를 해 주는 멘토이다. 교회개척자는 작은 상황 변화에 의해서도 감정의 기복이 심해질 수 있는 사람이다. 단 한 명 교인의 주일예배 출석 여부를 목회의 성공과 실패로 연결해 버린다. 교회개척자는 여러 정황으로 인해 쉽게 실망하고, 착각하고, 때로는 교만해진다. 이러한 교회개척자의 상태에 대한 객관적이고 차분하게 현실을 직시하게 하는 쓴소리 멘토가 필요하다.

교회개척자에게 필요한 두 번째 유형의 멘토는 교회개척 경험자 멘토이다. 교회개척 영역에는 많은 경험자들이 존재한다. 이제 막 개척한 교회, 개척하여 현재 성장하는 교회, 개척했지만 정체 상태의 교회, 혹은 문을 닫은 교회가 있다. 그리고 그러한 교회들의 목회자들이 있다. 이런 모든 유형의 목회자들이 교회개척자의 멘토가 될 수 있다. 교회개척에 실패한 교회의 목사를 방문하여 실제적인 경험담을 습득해야 한다. 교회개척 전문가, 기관, 모델 등을 방문하여 전문가들의 조언을 들어야 한다. 좋은 모델의 개척교회를 경험하는 것이야말로 교회개척자에게 진정 유익한 일이다. 외형적으로 교회개척이 성공적으로 보이는 교회의 목회자들만 볼 것이 아니라, 교회개척을 통해 바르게 목회하는 목회자들의 조언을 들어야 한다.

교회개척자에게 필요한 세 번째 유형의 멘토는 전문가, 교수, 동료

---

62. Clifton, *Church Planting Thresholds*, 32-33.

목회자 멘토이다. 특별히 교회개척자에게는 동료 멘토가 필요하다. 동료와의 교제가 없으면 두 가지 어려움에 직면하게 되는데, 첫째는 정보로부터 단절되고, 둘째는 교회개척자가 직면하기 쉬운 외로움과 두려움을 극복하는 데 어려움을 겪는다. 정보로부터 단절된다는 것은 그만큼 뒤처진다는 의미이다. 개척교회 목회자일수록 움직이고 만나고 들음으로 생각의 폭을 넓혀야 한다. 우물 안의 개구리처럼 자기 생각과 철학과 방법에만 매이면 안 된다. 동시에 외로움과 두려움을 극복하지 못하면 교회개척 목회 전체가 흔들리게 된다. 실제로 외로움과 두려움은 교회개척자의 최대의 적이다. 진정으로 교회개척자는 "혼자"가 되지 않도록 각별히 주의해야 한다. 교회개척자들 중에는 목회가 잘되지 않을 경우, 동료들과의 관계를 단절하고 은둔자가 되는 자들이 많다. 자존감을 잃어버리는 경우도 흔하다. 그러나 교회개척 상황이 어려울수록 동료들을 만나 의견을 듣고 잡다한 이야기를 하며 시간을 갖고 교제함으로 정보를 얻고 자존감 상실을 극복해야 한다.

교회개척자에게 필요한 마지막 유형의 멘토는 "존재를 위한 멘토"how-to-be mentor이다. 멘토의 유형에는 "존재를 위한 멘토"와 "행함을 위한 멘토"how-to-do mentor가 있다. 존재를 위한 멘토는 한 인간의 존재 양식을 위해 필요한 멘토이다. 행함을 위한 멘토는 어떤 결정이나 선택을 위해 필요한 멘토이다. 목회자들이 보통 행함을 위한 멘토에 집착하는 경향이 있다. 한 수 배우려는 자세이다. 그러나 자신의 성품이나 습관, 기질과 자세에 관해 말해 주는 멘토에는 관심이 없다. 하지만 어떤 일의 실패는 언제나 방법 선택이나 결정을 잘못해서가 아니라, 대체로 목회자의 성품과 자세 때문에 발생한다. 예를 들어, 아무리 좋은 방법을 선택했다고 하더라도 목회자의 품성이 이기적이면 그 방법은 분명 실패하게 되어 있다. 그런데 대체로 목회자들은 자신의 존재 양식 때문에 실패한 일을 상황과 방법, 잘못된 선택의 탓으로 돌리는 경향이 있다. 목회자는 선택과 결정을 위한 멘토뿐만 아니라, 자신의 성품을 점검하기 위한 멘토 역시 필요하다. 누구나 자기 자신이 모르는 성품과 기질의 결점들이 있다. 함께 일하는 동료들이 공통적으로 지적하는 성품의 단점이 있다. 그러한 단점을 들을 수 있는 통로를 목회자는 자발적으로 만들 필요가 있다.

교회개척자는 후원그룹을 준비해야 한다. 이 일은 결코 혼자서 할 수 없는 일이기 때문이다. 얼마나 많은 교회개척자들이 실패하는가? 그들이 믿음이 없어서 실패했다고 보지 않는다. 교회개척자는 보다 치밀하고 정교하게 교회개척에 접근해야만 한다. 후원그룹을 치밀하고 정교하게 준비해야 한다. 교회를 런칭한 다음에 자원이 공급되지 않아 당황하고, 그때 가서야 자원을 후원받기 위해 동분서주 우왕좌왕하는 것은 이미 늦은 것이다. 후원그룹의 준비부터가 교회개척이다. 최선의 전략과 발품을 팔아 다양한 후원그룹을 준비하고 조직화해야 한다. "하나님의 백성들이 교회개척자의 삶의 헌신이 그들의 후원과 물질적 도움을 받을만한 가치가 있다고 생각하면 그들은 참여할 것이다."[63] 그럼에도 불구하고, 교회개척자들이여! 하나님을 최우선으로 삼아라. 그가 신비로운 방법으로 후원자들을 보내실 것이다.

---

63. Stetzsr, *Planting Missional Church*, 225.

교회 정치를 혐오할 필요는 없다

• • •

장자크 루소Jean Jacques Rousseau가 설파한 "사회계약론"이란 이론이 있다. 나는 이 이론을 자세히 설명할 지적 능력이 없다. 그러나 그 이론의 핵심은 어느 정도 알고 있다. 그것은, 한 사회를 구성하는 모든 구성원이 자기 자신까지도 포함한 모든 권리를 공동체에 양도함으로 자신의 안전과 필요를 보장받는다는 것이다. 루소의 이러한 사회계약론적 삶은 오늘 우리 모두의 삶의 형태라 판단된다. 비록 "사회계약론"이란 말은 몰라도 사회계약론에 의한 삶을 대부분 우리는 매우 정상적인 제도로 받아들이고 있다.

문제는 우리가 우리의 권리를 양도한 그 "공동체"가 과연 무엇인가 이다. 말은 공동체에 이양한다고 했지만, 결국 소수의 지도자, 권력자, 혹은 강자(强者)에게 양도한 것이라 할 수 있을 것이다. 교회라는 공동체에서는 목사일 것이고, 학교라는 공동체에서는 교장이나 총장일 것이고, 국가라는 공동체에서는 대통령을 중심으로 정치가들일 것이다. 이들은 자유민주주의 체제에서 선거를 통해 선출되며, 이 과정이 계약을 체결하는 행위이다. 구성원들은 선거를 통해 자신의 권리를 양도하고, 선출된 자들은 그 양도된 권리를 받아들인다.

권리를 양도받은 자는 통치를 하게 되고, 권리를 양도한 자들은 다스림을 받게 된다. 권리를 양도받은 소수의 선출된 자들은 공동체, 교회, 학교, 혹은 국가라는 이름으로, 그리고 모든 구성원의 유익을 위한다는 명목으로 그들에게 양도된 막강한 힘과 자본과 자원을 사용한다. 결국, 구성원들은 자신들의 안전과 필요를 위해 권리를 양도했는데, 아이러니하게도 그 권리를 양도받은 자들에 의해 오히려 지배를 받게 된다. 이 모든 과정과 현상이 "정치"라는 이름으로 진행된다.

그러니 구성원들은 정치의 모든 과정에 적극적으로 참여해야만 한다. 왜냐하면, 만약 조금이라도 잘못된 리더에게 권리를 양도하게 되면, 그는 양도된 그 권리를 오용하거나 남용할 수 있기 때문이고, 그 피해는 바로 권리를 이양한 구성원들에게 돌아가기 때문이다. 그러므로 한 사회의 구성원으로서 정치에 무관심하거나 나아가 정치를 혐오하는 것은, 자신의 삶을 누군가에게 맡겨 놓고 전혀 상관하지 않는 것과 같다. 인간은 정치적 동물로서 정치가 개입되지 않은 세상만사는 없다.

교회 정치도 마찬가지이다. 작게는 개교회 정치로부터 시작하여 최상위 조직인 교단의 정치에 이르기까지, 어떤 방법을 택하든 간에 "사회 계약"이 이루어진다. 권리의 양도와 양도받은 그 권리의 집행이라는 정치가 발생한다. 문제는 이 교회 정치가 교회라는 이름에 걸맞지 않게 행해지는 것이다. 때로는 세상의 말 그대로의 정치판보다 더한 정치가 교단 정치판에서 벌어지기도 하는 것 같다. 구성원의 권리를 양도받기에 합당하지 않은 사람들이 때로는 그 권리를 양도받아 권한을 오용하거나 남용하는 정치를 함으로 교단 정치 전체가 혐오의 대상이 되곤 한다.

개교회에서 건강한 목회를 하시는 많은 신실한 목사님들께서 교단 정치를 지저분하고 더러운 것으로 취급하여 가능하면 멀리하려고 하는 현상을 자주 경험한다. 그럴 때마다 나는 개인적으로 조금은 안타까운 생각을 하곤 한다. 사실 어느 교단이나 노회를 보건대, 신앙적이고 깨끗한 정치를 찾아보기가 어렵다. 그렇다고 해서 교단의 정치판에 대해 소속 목사들이 무관심할 수는 없다. 왜냐하면 정치가 없는 조직은 없으며, 때문에, 누군가는 정치판에서 놀아야 하고, 정치판에서 노는 그 누군가에 의해 통치를 받을 수밖에 없기 때문이다.

교단의 정치에 무관심한 분들은, 플라톤이 말한 바와 같이 "정치적 무관심의 대가는 자기보다 못한 사람의 통치를 받는 것이다" 혹은 "정치를 외면한 가장 큰 대가는 가장 저질스러운 인간들에게 지배당하는 것이다"라는 경구를 기억해야 한다. 물론 내가 알기로는, 플라톤이 이 말을 한 진짜 이유는 잘난 사람 혹은 1등 하는 사람만이 세상을 다스려야 한다는 것을 정당화하기 위해서였다. 그럼에도 불구하고 우리가 정치에 무관심하면 누군가가 그 정치하는 자리를 차지할 것이고, 우리는 그 누군가의 견제 없는 통제와 다스림을 받게 된다는 플라톤의 말은 사실이다.

내가 속한 교단만 하더라도 거대 교단이며, 따라서 거대 인력과 자본이 정치하는 사람들에 의해 좌지우지된다. 때문에, 교단에 속한 교회와 목사가 위임한 권리를 잘 사용할 수 있는 사람이 정치판에 머물러야 한다. 선한 생각, 바른 생각을 가진 사람들, 그리고 정치적 은사와 리더십을 가진 사람들이 정치판으로 나가야 한다. 교단에 속한 모든 구성원들이 정치에 관심을 가져야 한다. 깨끗함을 유지한다는 명목으로 정치에 무관심하면, 결국 그 피해는 고스란히 그 깨끗한 사람에게로 돌아간다. 교단 정치를 혐오할 필요까지는 없다. 자신의 교회 목회만 잘하면 된다는 생각은 조금은 이기적인 모습이라는 생각을 한다.

13장
교회개척자와 개척 멤버

이번 장에서는 개척 멤버에 관해 말하려 한다. 개척 멤버를 영어로는 "founding member"라고 할 수 있다. 이와 비슷한 의미의 영어 표현이 하나 더 있는데, 바로 "core member"라는 단어이다. "core member"를 우리말로 번역하면, 아마도 "핵심 멤버" 혹은 "중심 멤버" 정도가 될 것이다. 목회자가 목회 사역을 효과적으로 감당하기 위해서는 반드시 "founding member" 혹은 "core member"가 준비되어야만 한다. 다만 이 용어들이 쓰임에 있어서 약간의 차이가 있는데, 교회개척 목회자에게는 "개척 멤버"가 되겠지만, 기존 교회에 부임하는 목회자에게는 "핵심 멤버"가 된다는 것이다. 하지만 비록 목회 현장에 따라 다르게 표현됨에도 불구하고 "개척 멤버"나 "핵심 멤버"의 의미, 자격, 역할 등은 같다고 할 수 있다. 궁극적으로 목회 현장에서 목회자의 리더십이 작동하기 위해서는 이러한 그룹의 멤버들이 형성되어야만 한다.

1. 개척 멤버의 중요성

개척 멤버의 존재는 교회개척 현장에서 여러 유익함을 제공한다. 교회개척자가 현장에서 느끼는 가장 어려운 감정이 두 가지가 있는데, 그것은 두려움과 외로움이다. 교회개척자가 이러한 감정을 느끼는 것은 믿음이 없어서도 아니고, 하나님을 의존하지 않아서도 아니다. 그저 한 인간으로서 자연스러운 현상이라고 보는 것이 합당하다. 교회개척자의 이러한 두려움과 외로움을 부분적이나마 극복하게 하는 요소가 있는데, 바로 처음부터 뜻을 같이했던 개척 멤버이다. 그렇다. 개척 멤버의 존재는 교회개척자에게 실제적인 힘과 자신감을 가져다준다. 개척 멤버의 존재는 교회개척을 순조롭게 한다. 개척 멤버는 교회의 양적 성장에도 공헌한다. 그들이 마중물 역할을 감당하기에 새로운 방문자가 쉽게 정착할 수 있도록 한다는 것이다. 그러므로 교회개척자는 할 수만 있다면 개척 멤버를 준비하여 교회개척에 임하는 것이 바람직하다. (물론, 개척 멤버 없이 교회개척 현장에서 비신자를 직접 전도하여 개척 멤버로 삼는, 소위 말해 "맨땅에 헤딩"하는 자세 역시 칭찬받아 마땅한 교회개척자 자세인 것은 당연하다.)

일반적으로 교회개척자는 사람을 아쉬워하는 사람이다. 때문에, 교회개척자 입장에서 개척 멤버, 혹은 성도를 가려서 선택한다는 것은, 적어도 필자의 경험에 의하면 거의 불가능하다. 왜냐하면, 교회개척자 눈에는 교회를 방문하고 찾아오는 모든 사람이 하나님이 보내 주신 선물, 그리고 기도 응답으로 보이기 때문이다. 그럼에도 불구하고 교회개척자는 분별력을 갖고 사람을 잘 선별하여 개척 멤버로 삼는 프로다운 안목이 필요하다. 왜냐하면, 개척 멤버는 교회의 운명을 좌우하고 교회의 정체성과 색깔을 결정하기 때문이다.

물론 교회에는 원칙적으로 어떤 색깔이나 구별이나 차별이 있어서는 안 된다(골 3:11). 하지만, 현실의 교회에서는 교회마다 어떤 특징이나 색깔이 있음을 부인할 수 없으며, 따라서 그 색깔에 맞지 않는 사람은 그 교회에 적응하지 못한다. 예를 들어, 블루칼라에 종사하는 사람들이 주축을 이루고 있는 교회에 화이트칼라들이 적응한다는 것은 꽤나 힘들다. 현실의 많은 교회가 지역적 연고, 경제적 수준 등으로 구별되어 있다. 필자는 이민자 교회 목회자 출신이다. 이민 교회만큼이나 특정한 색깔로 구별되는 교회는 이 땅에 없다고 생각한다. 한인 부부가 모이는 교회에는 한인 부부만 찾아온다. 다문화 부부가 모이는 교회는 다문화 가정들만 찾아온다. 한인 부부가 주축을 이루는 교회에 다문화 부부는 적응하지 못한다. 반대로 다문화 가정이 주축이 되는 교회에는 한인 부부들이 적응하지 못한다. 어떤 교회는 동일한 직종의 사람들이 몰려 있으며, 어느 교회는 사회적 지위가 엇비슷한 사람들로 구성되어 있다. 그런데 중요한 사실은 교회의 이러한 독특한 특성이 그 교회가 처음 어떤 사람들과 시작했느냐에 따라 결정된다는 것이다. 그리고 바로 그러한 이유 때문에 개척 멤버를 잘 선택하여 구성해야 한다고 필자는 주장한다.

많은 교회개척자가 교회가 성장하고 안정되어가면서 초창기 개척 멤버들과의 갈등을 경험한다. 그 갈등의 이유는 실상 매우 단순하다. 목사는 교회가 안정되어가면서 소명 받을 때부터 꿈꾸던 목회를 하고 싶은데, 현재의 리더들(개척 멤버)과는 그러한 목회가 어렵다는 것을 느낀다. 반면, 개척 멤버의 입장에서 보면, 교회가 성장하고 안정되어가자, 담임목사가 새로운 교인들과만 어울리고, 자신들의 공로를 무시할 뿐만 아니라 교만해진 것으로 보인다. 결국, 교회개척자 입장에서는 원래의 개척 멤버를 내보내고 새로운 사람들과 두 번째 교회개척을 시도하든지, 아니면 자신의 목회 철학을 접고 원래 개척 멤버와 같이 가든지 하는 결단을 해야만 한다. 어떤 방향을 선택하든 심각한 아픔이 있다. 교회를 개척한 후 성장하여 지금 안정된 중대형 교회 안에, 그 교회가 시작할 때의 개척 멤버들이 많이 남아 있지 않은 이유가 바로 이러한 갈등의 결과이다. 그렇기 때문에 교회를 개척할 때는 그 시작이 중요하다. 처음 결정된 색깔이 바뀌기는 쉽지 않다. 개척 멤버가 모두 떠난다 해도 그 색깔은 남아 있게 된다. 개척 멤버는 그 교회의 색깔이 되고, 그 교회의 장래 수준이 된다는 사실을 교회개척자는 명심해야만 한다.

누구나 당신의 교회 교인이 될 수 있다. 하지만 아무나 개척 멤버가 되어서는 안 된다. 왜냐하면, 개척 멤버가 당신의 향후 목회를 결정하는 데 결정적 영향을 끼치기 때문이다. 당신의 비전을 고려하고, 당신의 목회 철학을 고려하고, 당신이 꿈꾸는 목회를 고려하여 그에 맞는 개척 멤버를 구성해야 한다. 우선 급하다고, 우선 좋아 보인다고, 우선 보기에 헌신적이라고, 우선 보기에 열정이 있어 보인다고 쉽게 개척 멤버로 삼으면, 후에 어려운 일을 겪을 수 있다. 물론 교회개척을 하는 목회자로서 이러한 선택은 당신에게 매우 어려운 일임을 잘 알고 있다.

2. 개척 멤버의 자격

이제 개척 멤버의 자격을 열거해 보겠다. 필자는 교회개척 학자들과 전문가들이 제시하는 개척 멤버의 자격을 종합하여, 다음과 같은 개척 멤버의 자격 기준을 제시한다. ①영적으로 성숙한 사람(겸손한 성품) ② 헌신적인 사람(작은 일에 충성하는 사람) ③열정이 있는 사람(열정을 전염시키는 사람) ④수용적인 사람teachable, acceptable, flexible ⑤인간관계에 어려움이 없는 사람 ⑥비신자 ⑦교회 밖 성도unconnected christian(가나안 성도) ⑧FAT people faithful, available, teachable 등이다.

필자는 이상의 자격 조건을 하나하나 자세히 설명하지는 않을 것이다. 제목만 보아도 누구나 다 알 수 있는 내용이기 때문이다. 그러나 한 가지 "비신자"야말로 좋은 개척 멤버가 될 수 있다는 사실은 강조하고 싶다. 많은 교회개척자가 개척 멤버로 기존 신자들을 선호한다. 물론 기존 신자들이 개척 멤버가 될 경우 여러 유익함이 있다. 그러나 개척 멤버로서, 어설픈 기신자보다는 비신자가 훨씬 낫다는 것도 기억해야 한다. 사실 기존 신자들이 개척 멤버로 합류할 경우, 그들은 그들만의 교회론과 목회론을 가지고 합류한다. 달리 말하면, 그들은 이전 교회에서 겪었던 부정적 경험 때문에 형성된 그들 자신만의 문제를 갖고 온다는 것이다. 그리고 그들의 문제들은 교회개척자의 에너지와 열정을 빼앗아갈 가능성이 대단히 크다. 그들이 이전 교회에서 했던 똑같은 행위를 행할 확률이 대단히 높다. 따라서 그러한 기존 신자보다는 교회 경험이 전혀 없는 비신자가 시간과 공력은 많이 소요되나 개척 멤버로서 훨씬 더 좋다고 본다. 비신자의 마음은 백지와 같아서 가르치고 양육하는 대로 교회론과 목회론이 그려진다. 사실 교회개척의 궁극적 목적은 비신자들을 구원하기 위해서가 아닌가? 그렇기에 교회개척 학자 무비아나M. Mubiana는 말하기를 "다른 교회로부터 오는 성도들이 도움이 될 수는 있다. 그러나 그들은 새로 설립된 개척교회의 주된 관심 대상이 아니어야 한다. 다른 교회로부터 사람들이 올 수 있고 또한 올 것임에도 불구하고, 개척교회의 핵심은 교회개척자의 전도를 통해 구원받을 비신자들이다"[64]라고 했다.

페인J. D. Payne은 개척 멤버의 자격을 성경 속의 바나바로부터 찾았다. 그는 바나바로부터 개척 멤버의 8가지 자격을 찾아 "바나바적 8요소"라 명했으며,[65] 그 8요소를 갖춘 사람을 개척 멤버로 삼으라고 권면한다. 페인이 말한 바나바적 8요소는 ①주님과 동행하는 사람 ②좋은 성품을 유지하는 사람 ③지역 교회를 섬기는 사람 ④신실하게 소명 의식을 가진 사람 ⑤정기적으로 복음전파에 참여하는 사람 ⑥다른 사람을 세워주는 사람 ⑦온유한 말과 행실의 사람 ⑧갈등과 분열에 대해 적당한 반응을 하는 사람이라고 했다. 각 개척 멤버 후보에 대해 각 항목을 10점 만점으로 점수를 매겨서, 총점이 8~24점이면 개척 멤버로 받아서는 안 되고, 32~56점이면 주의해서 받아야 하며, 64~80점이면 적극적으로 합류시키라고 페인은 말한다. 이러한 방법은 미국 사람들이 좋아하는 아메리칸 스타일의 평가 방법으로서, 개척 멤버뿐만 아니라

---

64. M. Mubiana, *Church Planting: A Practical Approach* (Middle Town, DE: 2015), 39.
65. J. D. Payne, *The Barnabas Factors: Eight Essential Pratices of Church Planting Team Members* (Scotts Valley, CA: Createspace, 2012)를 참조하시오.

평신도 리더를 평가할 때에도 활용해 볼 만한 방법이라 하겠다.

이상의 교회개척자의 자격에 더하여, 필자의 개인적인 경험에 의하면, 다음과 같은 유형의 신자가 개척 멤버가 될 경우, 현실적인 유익함이 있음을 말하고 싶다. 첫째는 신앙 연륜이 있는 긍정적인 사람이다. 개척교회는 이제 막 시작하는 교회이다 보니, 여러 가지 규정과 관습과 법을 만들어가야만 한다. 그러한 과정에서 목사가 말하기 어렵고 곤란한 이슈들이 종종 등장한다. 예를 들어, 목사의 사례비나 목회비, 노회와의 관계 및 상회비 등이다. 이럴 때 신앙 연륜이 있는 사람이 나서서 정리해 준다면 교회개척자에게 매우 큰 도움이 된다. 실제로 성도는 성도에 의해서 설득되는 경우가 많기 때문이다. 필자에게는 이런 유형의 장로님 한 분이 개척 멤버에 합류함으로 많은 도움을 받았다. 둘째는 재정적 여유가 있는 사람이다. 사실 재정적 여유가 있는 사람이 개척 멤버 중 한 사람이면 도움이 되는 것은 당연하다. 다만 그 사람의 신앙 인격에 따라서 훗날 득이 되기도 하고 해가 되기도 한다는 사실은 염두에 두어야 한다. 필자는 좋은 신앙 인격을 소유한 의사 직업을 가진 분이 개척 멤버에 합류함으로 사역을 감당하는 데 매우 큰 도움을 받았다. 마지막으로 전적인 헌신을 하는 사람이다. 여기서 말하는 전적인 헌신은 교회가 필요로 할 때 언제든지 가용됨을 의미한다. 보다 직접적으로 말하면 목사가 요청하면 언제든지 목사와 함께 시간을 보낼 수 있는 사람을 말한다. 필자에게는 개척 멤버 중에 건강에 문제가 있어서 집에 머물러야만 하는 집사님이 한 분 계셨다. 때문에, 교회에서 그를 필요로 할 때는 언제든지 자원하여 나타나셨다. 필자에게는 그가 너무나 좋은 동역자였다. 물론 이런 경우는 흔하지 않다. 그러나 어떤 방식으로든 목사가 원할 때 가용할 수 있는 개척 멤버가 있다면 매우 큰 도움이 될 것이다.

3. 개척 멤버 확보 방안

그렇다면 이제 교회개척자가 어떻게 개척 멤버를 확보할 것인지 그 방법에 관해 살펴보겠다. 필자의 견해로는 부모가 자녀를 갖는 방법에서 개척 멤버 확보 아이디어를 얻을 수 있다. 부모가 자녀를 갖는 방법이 무엇인가? 첫째는 출산이다birth. 둘째는 입양이다adoption. 그리고 마지막으로 유괴kidnap이다. 출산은 매우 자연스러운 방법이며, 입양은 합법적인 방법이다. 그러나 유괴는 불법적이고, 해서는 안 되는 방법이다. 이상의 세 가지 방법은 교회개척자가 개척 멤버를 확보함에도 동일하게 적용된다. 개척 멤버 확보 방안도 이 세 가지 방법 중의 한 가지, 혹은 한두 가지의 혼합으로 가능하다는 소리이다. 다만 목회 윤리에 맞지 않는 방법이 있는가 하면, 반대로 자연스럽고 합법적인 방법이 있을 뿐이다.

첫째는 출산을 통한 개척 멤버의 확보이다. 이는 소위 말해 "맨땅에 헤딩"하는 교회개척으로서 현장에서 복음을 전파하여 개척 멤버를 확보하는 방안이다. 필자는 이 방법이야말로 하나님께서 기뻐하시는 방법이며, 교회개척의 본질적인 목적을 분명하게 드러내는 방법이라고 믿는다. 교회개척자의 근무지는 교회당이 아니라 거리이다. 교회개척자가 거리에 서서 모르는 사람에게 복음을 전하지 않는다면 그것은 직무 유기의 전형이다. 교회개척자가 머물 곳은 서재보다는 카페이다. 출산을 통한 개척 멤버 확보에는 그 지역으로 이주한 기존 신자들을 개척 멤버로 확보하는 것도 포함된다. 지역교회론이 성경적 교회론이라고 믿는다면, 해당 지역으로 이주한 신자를 해당 지역의 교회가 흡수하는 것을 결코 위법하다거나 비윤리적이라고 말할 수 없다. 레이너Thom Rainer는 말하기를 "우리는 초대 교회 선교사들이 사용했던, 구닥다리지만 그러나 가장 기본적인 방법으로 돌아가야 한다"[66]라고 했다. 여기서 그가 말한 구닥다리 방법은 다름 아닌 복음전도를 통한 멤버 확보를 말한다.

둘째는 입양을 통한 개척 멤버의 확보이다. 이 방법은 자연스러운 출산은 아니지만, 합법적으로 자녀를 갖는 방법이다. 이것을 개척 멤버 확보에 적용한다면, 교회개척자가 섬겼던 교회나 또는 모(母) 교회가 자원하여 개척 멤버를 파송하거나 의도적으로 분립해 주는 경우, 혹은 불미스러운 내분 때문에 원치 않는 분열을 통해 개척 멤버가 확보되는 경우이다. 물론 이러한 개척 멤버 확보가 항상 긍정적인 결과를 가져오는 것만은 아니다. 예를 들어, 모교회를 그대로 모방하려는 경향과 새로운 교회의 정신이 충돌할 수 있다.

개척 멤버를 확보하는 합법적 범주에는 개인의 자의석이고 자원석으로 개척 멤버의 팀에 합류하는 모든 경우가 포함된다. 예를 들어, 교회개척자의 교인은 아니지만, 때로는 개척 멤버 역할을 해 주기 위해 타 교회 교인이 임시적으로나 한시적으로 파송을 받아 개척 멤버의 역할을 감당하는 경우도 있는데, 이 또한 합법적인 개척 멤버 확보에 해당한다. 또는 교회개척자의 가족, 친구, 친지들이 자원하여 개척 멤버팀에 합류하는 경우도 합법적이다. 이 방법은 상대적으로 쉬운 방법이지만, 이러한 방식 역시 항상 긍정적이지만은 않다. 예를 들어, 교회가 "가족 교회"라는 이미지를 갖게 된다면 새로운 사람이 합류하기가 쉽지 않다. 따라서 장기적으로 볼 때, 친인척 등의 가족은 개척 멤버로 적당하지 않다고 볼 수 있다. 교회개척자는 주변의 지인이나 친인척을 개척 멤버와 관련하여 지나치게 믿거나 기대하지 말아야 한다. 또한, 아무리 자원하여 개척 멤버에 합류했다고 해도, 아무리 적법하게 개척 멤버로 확보했다고 주장해도, 신자를 보낸(놓친) 교회로서는 그 적법성에 동의하

---

66. Stetzer & Rainer. 『교회혁명: 변혁적 교회』, 298-299.

지 않을 수 있으며, 그럼으로써 목회 윤리 저촉의 문제가 제기될 가능성은 얼마든지 있다.

최근에는 인터넷 등을 통해 공개 모집으로 개척 멤버를 확보하는 방법도 보편화되어 있는데, 이 또한 합법적인 개척 멤버 확보 방안 중의 하나라 할 수 있다. 이러한 공개 모집은 훈련된 인적 자원을 확보하는 좋은 방법이긴 하지만, 한편으로는 신뢰도 파악이 어려워 그들이 어떤 사람인지 모른다는 단점 또한 존재한다.

셋째는 유괴 혹은 납치를 통한 개척 멤버의 확보이다. 이는 당연히 불법적인 것으로, 개척 멤버 확보에 적용하면 타 교회 혹은 이전에 섬겼던 교회의 교인들을 인위적이고 사적인 방법으로 은밀하게 빼 오는 방법이라 하겠다. 이는 당연히 목회 윤리에 저촉되고 교회 간의 통일성을 무너뜨리며 궁극적으로 하나님 나라의 확장에도 도움이 되지 않은 방법이다. 대체로 이러한 방법으로 확보한 개척 멤버는 개척 멤버 역할을 잘 감당하지 못하며, 결국 교회개척자에게 상처를 남기고 떠나는 경우가 많다. 뿌린 대로 거둔다는 말씀이 여기에도 적용된다.

이상에서 교회개척을 위한 개척 멤버 확보 방안에 관해서 살펴보았다. 무엇보다도 교회개척자는 개척 멤버 확보를 위해서 천국 윤리에 근거한 정도를 택해야 한다. 편법이나 지름길 혹은 쉬운 길을 택하게 되면 우선은 쉽고 유익해 보이거나, 하나님이 인도하시고 역사하신 것처럼 해석이 된다. 그러나 목회에 있어서 편법이나 지름길, 쉬운 길은 하나님의 방법과는 아무런 관련이 없다. 결국은 그러한 방법은 결정적 순간에 목회자의 발목을 잡을 것이며, 엄청난 손상을 남길 뿐이다.

합법적이라는 큰 틀 안에서 교회개척자는 개척 멤버 확보를 위한 적극적인 노력을 기울이고 최선의 전략을 사용해야 한다. 개척 멤버 확보를 위해 가만히 기도만 하는 것은 바람직하지 않다고 필자는 확신한다. "하나님께서 모든 것을 알아서 하시고 나는 그저 하나님만 바라며 인도하시는 대로 따라간다"는 고백은 교회개척 현장에서 절반의 진리일 뿐이다. 교회개척자는 개척 멤버 확보를 위해 발품을 팔아야 한다. 교회개척자는 사람들 만나는 것을 즐겨야 한다. 교회개척자여! 긍정적이고 즐겁게 사람을 만나라. 분명 당신의 교회개척 사역에 동참할 사람이 있을 것이다. 성령님의 간섭하심을 의지하여 비전을 나누고 열정을 전염시켜라.

4. 개척 멤버 양육과 훈련

이제 교회개척자가 개척 멤버로 확정된 사람들을 어떻게 목양하고 교육하며, 어떻게 그들과 관계를 맺어가야 하는지에 대해 살펴볼 차례이다. 필자는 개척멤버들과 교회를 런칭하기 전 적어도 3개월 이상을 함께하라고 권면하고 싶다. 개척 멤버팀에 대한 충분한 교육과 훈련을 제공하는 것이 교회개척자로서 마땅한 의무이자 준비이다. 성공적인 리더들은 모두가 아무리 바빠도 뭔가를 시작하는 그 시점에 큰 투자를 한다고 한다. 교회개척자에게도 이 기간이 중요한 것은 마찬가지이다. 그들과 정기적으로 만나야 한다. 열정은 금방 식는 법이고 실망은 쉽게 찾아오는 법이다. 개척 멤버가 되기로 결단한 이후에도 그들은 많이 고민할 것임이 분명하다. 정기적으로 (개인적으로 혹은 그룹으로) 만나 서로 간의 관계를 향상하고, 하나님이 무엇을 하고 계시는지에 대해 말해야 한다. 교회개척자는 교회를 시작하기 이전부터 확정된 개척 멤버들과 친밀한 공동체적 관계와 삶을 건설하는 데 집중해야 한다. 당연히 어떤 방법이든 일체감과 정체성을 유지하는 소통 시스템을 구축해야만 한다.

이 준비 기간을 통해, 교회개척자가 확정된 개척 멤버들과 해야만 하는 정말 중요한 일이 있다. 그것은 교회개척자의 교회론과 목회 철학을 그들과 공유하는 것이다. 그것이 단순한 성경공부이든 아니면 제자훈련이든, 명칭이야 어떻든 간에 그것을 통해 교회개척자의 교회론과 목회 철학을 교육하고 설득하는, 심하게 말하면 세뇌하는 기간을 충분히 가져야 한다. 통일된 교회론을 정립하고 당신의 목회 철학을 분명하게 소통하는 시간이다. 혹여라도 교회론과 목회 철학에 동의할 수 없는 사람이 이 기간을 통하여 발견되면, 자진해서든 아니면 당신의 권면에 의해서든 개척 멤버팀에서 이탈하도록 하는 것이 최선의 방책이다. 교회가 시작된 이후 개척 멤버 중 한 사람이라도 이탈하게 되면 그 여파는 상상 이상임을 기억해야 한다. 교회가 공식적으로 시작되기 이전에 함께 할 수 있는 사람과 함께 할 수 없는 사람이 정리되어야 한다고 필자는 냉정하게 말하고 싶다.

개척 멤버를 확보하는 것은 쉬운 일이 아니다. 그러나 이 과정이 잘 되면 교회개척이 훨씬 수월하고 성공할 확률이 높아진다. 교회개척 목회자에게 매우 어려운 일이지만, 아무나 개척 멤버로 받아들여서는 안 된다. 당신의 교회론과 목회 철학에 동의하는지를 꼭 확인해야 한다. 그들의 품성과 자질을 고려해야 한다. 적어도 필자의 경험에 의하면 신앙보다도 더 중요한 것이 그 사람의 인격과 품성이다. 인격과 품성이 건강하면 신앙 또한 아름답게 형성되어 간다. 그 사람의 과거를 면밀히 점검하는 것도 필요하다. 비록 하나님은 사람을 변화시키는 분이심을 인정해야 하지만, 그럼에도 불구하고 한 인간의 과거 행적은 미래에 그가 어떻게 행동할 것인지에 대한 가장 확실한 근거를 제공하기 때문이다. 교회개척자는 영을 분별하고 사람을 들여다볼 수 있는 안목을 가져야 한다. 대체로 개척교회에 오는 기존 신자들은 대부분 사회에서 소외된 사람들이다. 그들은 대부분 이전 교회에서 상처받은 이들이거나 문제를 일으켰던 자들일 확률이 높다. 이들은 대체로 처음에는 아무런 문제를 일으키지 않고 있다가 6개월이나 1년 정도 지나면 자신의 모습을 드러낸다. 이들에게 큰 기대를 품고 교회를 시작할 경우, 큰 상처와 피해를 볼 수 있다. 그들은 올 때는 혼자 오지만, 나갈 때는 그나마 있는 소수의 성도 중에 몇을 데리고 나가거나 교회를 헤집어 놓고 나가는 것이 보통이다. "품성character에 문제가 있다고 여겨지거든 함께하면 안 된다. 헌신commitment에 문제가 있다면 시간을 두고 더 확인하라. 경험 experience이나 능숙함proficiency이 부족하면 기도하면서 그를 훈련하라."⁶⁷

개척 멤버 확보와 관련하여 이 땅의 모든 기존 교회와 담임목사님들에게 당부 드리고 싶은 말이 있다. 그것은 교회가 가진 자원(인적 자원과 물적 자원)을 개교회 중심 관점으로 보는 것이 아니라 하나님 나라 차원에서 바라보라는 당부이다. 하나님의 자원을 맡았을 뿐이기 때문에 그 자원에 대한 지배권을 내려놓아야만 한다는 것이다. 이 땅의 교회들은 소속 교인들이 교회를 개척하기 위해 교회를 떠난다면 손뼉 치면서 그들을 선교사로 파송해 주어야 한다. 부교역자들에게 마음껏 성도들을 데리고 나가 교회를 개척할 수 있는 자유를 허락해야만 한다. 개교회가 소유한 자원은 개교회를 위한 자원이 아니라 하나님 나라를 위한 자원이기 때문이다. 자원을 개교회의 소유로 묶어 놓고 통제하며, 목회 윤리를 근거로 교회개척자들에게 죄 의식을 조장해서는 안 된다. 왜냐하면, 하나님의 나라는 여전히 확장되어야 하며 그 확장되는 방법이 교회 개척이기 때문이다. 켈러Timothy Keller의 인상적인 글을 인용함으로 이 장을 마치려 한다. "당신이 새로운 사람들을 새로운 교회로 조직한다면, 돈과 사람들, 교인 수, 지도자, 통제권을 잃게 되는 것이다. 하지만 이것이 바로 바울이 했던 일이다. …… 우리는 새 교회를 통해서 하나님 나라에 들어온 새로운 사람을 기뻐할 것인가? 아니면 우리가 그 교회에 보낸 몇 가정 때문에 슬퍼하고 분개할 것인가?"⁶⁸

---

67. Clifton, *Church Planting Thresholds*, 78.
68. Keller, 『팀 켈러의 센터처치』, 752.

염소 같은 성도라고 해서 내칠 필요까지는 없다

● ● ●

　십수 년의 목회 현장을 떠나 교수가 된 이후, 사람들이 나에게 가장 많이 던지는 질문은 "목회할 때와 교수할 때의 차이점이 무엇이냐"라는 질문이다. 나의 과거 경력을 알게 된 사람이면 어김없이, "그 차이점이 무엇이냐?", "어느 쪽이 더 좋으냐?", 혹은 이미 나름의 결론을 갖고 "교수가 더 편하죠?" 등의 질문을 던진다. 대체로 목사님들은 가르치는 교수를 부러워하고, 교수님들은 목회 현장의 목사들을 부러워하는 듯하다. 그래서 나름 자기네들의 판단에 일치하는 대답을 기대하며 나에게 목사와 교수의 차이점이나 장단점을 묻는다.

　두 영역을 다 경험한 나의 주저함이 없는 답변은 목회 현장의 목사가 교수보다는 훨씬 좋다는 것이다. 내가 생각하는 목사와 목수(목사교수)의 가장 큰 차이점은 "양"(羊, sheep)의 유무이다. 목회 현장의 목사에게는 양이 있다. 새벽마다 이름을 불러가며 기도해 줄 양들이 있다. 앉혀 놓고 설교할 수 있는 양들이 있다. 아무리 피곤하고 힘들고, 혹은 오밤중이라도 목사를 당당하게 부를 수 있는 양들이 있다. 하지만 목수에게는 그렇게 갑질하는 양들이 없다. 물론 학생들이 교수들의 양이라 할 수 있다. 그러나 학생으로서의 양들은 목양 현장의 양들과는 차원이 다르다. 학생을 위해서는 울면서, 고뇌하면서, 하나님께 불평하면서 기도한 적이 없다. 학교에서는 왠지 교수가 갑(甲)인 듯하다. 하지만 목회 현장에서는, 특별히 나의 목회 현장이었던 이민 교회에서는 목사가 결코 갑일 수 없다.

　그렇다. 목회 현장의 목사가 좋다. 지금 나는 자기에게 맡겨진 한 영혼 때문에, 양은 양인데 뿔이 난 양 때문에, 염소 같은 성도 때문에, 고뇌하고 야위어가며, 목회를 포기할까 고민하며, 울며불며 새벽마다 하나님께 부르짖는 목사님들이 많이 부럽다. 정말 그때로 돌아가고 싶다.

그렇게 사는 것이 진짜 목사라고 믿는다. 목수(목사교수)가 된 이후로 나는 옛날처럼 기도하지 않는다. 양이 없으니 기도 거리가 별로 없다. 모든 기도가 일차원적인 나를 중심으로 한 기도이다. 내 부모, 내 자식, 내 업무, 내 꿈…. 타인을 위한 기도가 없으니 하나님의 나라를 위한 우주적인 기도도 잘되지 않는다. 그러니 오래 기도할 것이 없다. 예전처럼 위장병을 앓지도 않는다. 안타깝게도 영성이 유지되지 않는다. 점점 이 직장에서 무엇을 더 얻을까를 생각하고, 조금만 차별을 받아도 분노하고, 사소한 불이익에도 발끈하게 된다. 사람이 작아진다. 몇 평 안 되는 나만의 연구실에서 왕 노릇을 하고 있다. 목회 현장에서 다져진 대인배 기질이 사라지고 있다. 이유는 한 가지이다. 내 양이 없기 때문이다.

많은 목사님이 자신에게 맡겨진 성도들에 대해 불만스러워하는 것을 듣는다. 맞는 표현인지 모르지만, "악한 성도"들이 있음이 사실이다. 목사를 훈련시키는 것이 자신의 사명이라고까지 하는 적대자들 antagonist이 있는 것도 사실이다. 그러한 성도를 가진 목사님들은 어떻게 하면 그들을 제압하고 내칠까를 고민한다. 그리고 성공적으로 내치고 난 후에는 하나님이 나를 연단하셨고, 정금 같이 단련하신 후에 끝내는 승리하게 하셨다고 간증하곤 한다. 하지만 기억하셨으면 좋겠다. 그 양이 있기 때문에 당신이 목사일 수 있다는 사실을. 교회를 개척하신 분들은 안다. 그렇게 뿔이 난 양이라도 한 명 보내달라고 부르짖는 목사들이 이 땅에 많다는 사실을. 가라지에 대하여 "가만두라"(마 13:29)라고 말씀하셨고, 양과 염소의 구별은 목사의 몫이 아니라 인자의 일이심을 분명히 하셨다(마 25:31). 나도 정말 자신이 없지만, 가라지나 염소를 품고 가는 것이, 그러다가 암에 걸려 죽는 일이 생긴다고 해도, 그렇게 가는 것이 목사의 운명이 아닌가 하는 생각이, 목사를 그만두고 목수가 된 지금 절실히 느끼고 있다.

목사가 연단을 통해 승리했다고 공적으로 너무 쉽게 간증하지 않았으면 좋겠다. 왜냐하면 목사가 받는 대부분 연단은 성도들과의 갈등으로 비롯되기 때문이다. 이럴 경우 목사는 승리자가 되고 대척점의 성도는 패배자가 된다. 아무리 생각해도, 하나님께서 목사 한 명을 연단하기 위해서 아들의 피 값으로 사신 성도들을 희생시키시는 분은 아니신 듯 하기 때문이다. 목사나 염소 같은 성도나 하나님은 동일한 값을 지불하신 것이 아닌가? 한 영혼이 얼마나 귀한가? 목수로서 목사가 부럽다. 왜냐하면 위장병을 앓을 수 있기 때문이다.

14장
인적 네트워크를 구축하라

앞 장에 이어서 이번 장에서도 개척 멤버와 관련된 이야기를 하고자 한다. 교회개척에 있어서 개척 멤버 확보 혹은 개척 초기 양적 성장은 교회개척 성공의 결정적인 요소가 된다. 두말할 것도 없이, 개척한 교회가 굳건하게 자리 잡기 위해서는 다름 아닌 사람들이 모여야 한다. 그 사람들이 미리 준비된 개척 멤버이든지, 아니면 현장에서 복음전도를 통해 출산한 사람들이든지 간에, 사람이 모이지 않는다면 개척 목회자는 절망하게 되고 궁극적으로 교회개척의 실패로 이어질 가능성이 크다. 비록 그 개척이 분립개척이라고 하더라도 새로운 사람이 더해지지 않는다면 교회의 건강과 성장을 유지할 수 없다.

따라서 교회개척자에게 있어서 사람을 모으는 능력은 매우 중요하다. 교회개척자는, 물론 성경적이고 합법적이며 상식적인 수준 안에서, 사람을 끌어모으기 위해 애써야 한다. 어찌 되었든 사람을 끌어모으는 능력은 교회개척자가 보여 주어야 할 가장 기본적이고 가장 우선적인 능력이다. 이 대목에서 필자는 굳이 "복음전도"라는 교회적 용어를 사용하기보다는 "사람 끌어모으기"라는 다소 세속적 냄새가 나는 용어를 사용하고자 한다. 이러한 용어를 사용함은 그만큼 교회개척자 자신의 인간적 책임과 노력을 강조하고 교회개척의 현실성을 드러내기 위해서이다.

1. 최초 50명을 끌어모으라

당연히 사람을 끌어모으는 과정은 어렵다. 그렇기에 세상에서는 사람을 끌어모으기 위해 가시적이고 유익해 보이는 다양한 당근을 제시한다. 사람을 끌어모으기 위한 갖은 전략을 세워서 사람들의 감성과 필요를 자극한다. 그럼에도 사람들은 그러한 당근과 전략에 쉽게 넘어오지 않는다.

하물며 교회개척자가 사람을 끌어모으려 할 때 쉽게 넘어오는 사람들이 있겠는가? 더군다나 교회개척자가 사람을 끌어모으기 위해 제시하는 상품은 무엇인가? 바로 복음이다. 그런데 복음은 가시적인 상품이 아니다. 복음은 불가시적인 하나의 가치 체계이다. 이 무형의 복음이라는 상품은 고객들에게 유익해 보이지도 않는다. 그러니 교회개척자가 사람을 끌어모은다는 것은 더더욱 쉽지 않은 일이다. 그렇기에 교회개척자가 한 사람이라도 끌어모으기 위해서 얼마나 노력을 해야만 하는지 오직 경험자만이 공감할 수 있다.

필자는 교회개척자들에게 일단 50명을 끌어모으는 목표를 세우라고 말하고 싶다. 오늘날 쉽지 않은 목표이지만, 그 목표를 이루기 위해 영적이면서도 전략적인 고단한 노력을 하라고 말하고 싶다. 50명이 되기 위해서 사람을 모으는 데 정열을 쏟아야 한다. 큰 모임이든지 작은 모임이든지 모임을 계획하고 주선하는 데 시간을 투자하고 실행하라.

2. 동네 사람이 먼저 돼라

교회를 개척하기 위해 현장에 도착한 교회개척자가 처음으로 해야 할 일이 무엇인가? 무엇보다도 현장에 익숙해지는 것이다. 먼저는 지리적으로 익숙해져야 한다. 식품점이 어디에 있는지, 병원이나 학교가 어디에 있는지를 파악하고, 그 지역의 지형과 도로에 익숙해지는 것이다. 이러한 익숙함은 발품을 파는 것으로 가능하다. 그 외에도 지역의 역사와 문화, 그리고 사회적 여건들을 파악하는 것도 중요하다. (이러한 지역 분석과 관련해서는 다음 장에서 언급할 예정이다.)

현장에 익숙해진 다음에 해야 할 일이 무엇인가? 바로 현장에서 인적 네트워크를 구축하는 일이다. 사람들을 만나고, 그 사람들과 안면을 익히고, 그들과의 접촉점을 개발하여 인적 관계망을 구축하는 것이다. 즉, 평범한 마을 주민이 되어 마을에 녹아 들어가는 일을 하는 것이다. 사실 교회개척에 있어서 교회개척자가 해야 할 일들 가운데 이보다 더 중요한 일이 있을까 싶다.

교회개척자는 자신을 그 지역 사람들의 친구로 만들어야 한다. 교회개척자는 그 지역 사람들에게는 이방인outsider이다. 처음에는 그 지역의 사람들이 새로 유입된 교회개척자와, 그가 하는 일을 의심과 호기심의 눈으로 바라볼 것이다. 경계하는 태도로 대할 것이다. 당신이 마치 무엇인가 목적을 가지고 사람들을 이용하려고 하는 것처럼 볼 것이다. 이러한 의심의 눈초리를 불식시키기 위해서, 그 지역에 살고 있고 그 지역에서 일하고 있는 사람들을 존중해야만 한다.

사람들과 만남을 소중히 여기고, 그 만남에 최대한의 정성을 쏟아라. 관계를 맺는 데 시간과 물질을 투자하라. 세탁소 사장과 친구가 되고, 미용실 미용사와 잡다한 수다를 떨고, 식품점 아저씨와 너털웃음을 지으며 세태를 논할 수 있어야 한다. 이러한 과정과 노력을 통해 이방인에서 친구로 자리매김하는 노력을 기울여야 한다.

필자가 정말 답답하게 생각하는 것은, 일부 목회자들의 세상과 어울리는 것을 세속화라고 여기는 태도이다. 그들은 "목사가 어떻게 그런 일을……"이라는 자세로 자신을 세상과 구별시킨다. 시민의 역할도, 학부모의 역할도 외면한다. 이유는 자신이 목사이기 때문이라는 것이다. 그러나 목사 역시 시민이요 동네 사람 중의 한 사람임을 잊어서는 안 된다. 세상의 잡다하고 평범한 일상으로부터 격리되는 것이 거룩이 아니다. 사도 바울이 말한 바, 우리는 "세상 밖으로" 나가서는 안 되고, 나갈 수도 없는 존재들이다(고전 5:10).

교회개척자는 다름 아닌 파송되어 움직이는 복음이다. 예수님께서는 교회개척자를 그 현장으로, 그 상황으로, 그 사람들에게로 보내셨다. 그렇기 때문에, 만약 교회개척자가 현장에 스며들지 못하고 현장의 사람들과 관계를 맺지 못한다면, 그것은 사명 유기이자 직무 유기이다. 발품을 팔아라. 거리로 나가라. 사람을 만나라. 사람들이 당신에게 오기를 기다리지 마라. 그들은 오지 않는다. 설교가 사람을 오게 할 것이라고 여기지만, 실제로 개척교회 목사의 설교가 사람을 끌어모으지 못한다.

3. 사람을 찾아다니며 만나라

인적 네트워크를 만들기 위해 교회개척자는 사람을 만나러 다니는 일을 감당해야만 한다. 이미 여러 번 강조한 바 있는데, 교회개척자의 근무지는 어두컴컴한 교회당이 아니다. 교회개척자의 근무지는 사람이 있는 곳이다. 시장 골목이다. 길거리이다. 카페이다. 동네 사람들이 머무는 곳이다. 교회를 개척하고 사람을 만나러 다니지 않으면 어쩌자는 것인가? 국회 의원 선거에 출마한 후보자의 모습을 보라. 정말 간절하게 사람을 만나고 한 표를 부탁한다. 교회를 개척한 개척자가 국회 의원 출마자에게도 미치지 못하는 모습이라면 교회개척자의 자격이 없다고 생각된다.

교회개척은 도박이나 운이 아니다. 발품을 팔아 사람을 만나고 사람을 찾아다녀라. 이미 만났거나 아는 사람들의 소개로 또 다른 사람들을 만나라. 만나는 사람들과의 접촉점을 개발하고 호감을 줄 수 있도록 준비하고 기도하라. 그리고 한 주에 몇 명이나 만날 수 있는지 목표를 정하고, 만나는 모든 사람의 명단을 만들어라. 주 5일간 하루에 열 사람씩 만나는 것을 석 달 동안 계속하면 600명의 인적 네트워크를 구축할 수 있다. 교회를 개척한 교회개척자가 이 정도의 명단을 확보하는 노력은 해야 하지 않겠는가? 그리고 나름대로 도구를 활용하여 그 명단을 관리하라.

왜 교회개척자가 인적 네트워크를 구축해야만 하는가? 궁극적으로 복음을 전파하여 영혼을 구원하고 그들을 자신이 개척한 교회의 회원이 되게 하기 위해서이다. 복음전도는 교회개척자의 사명이다. 그러므로 복음전도를 통한 영혼 구원이라는 대업을 위해, 인적 네트워크를 구축하는 것은 당연하다. 그리고 복음은 주로 관계를 통해 확산된다. 교회개척자가 만나는 모든 사람이 전도 대상자이고, 회심 가능자이고, 교회 출석 후보자이다. 동시에 그들은 교회개척자가 사명을 감당하는 데 있어서 동역자가 될 후보자들이다.

4. 관계는 단계를 거쳐 발전된다는 사실을 기억하라

관계의 발전에는 몇 단계를 거친다. 일차적 관계는 피상적인 관계이며 그저 안면만 아는 정도의 관계이다. 이차적 관계는 우연한 만남에서 서로 말을 주고받는 관계이다. 삼차적 관계는 개인적으로 친밀한 관계로서 동반자 관계라 할 수 있다. 사차적 관계는 서로가 깊이 신뢰하는 관계로서, 정서적 교감이 가능한 관계이다. 마지막으로 오차적 관계는 영적인 관계로, 영적 교통이 가능한 관계이다. 이러한 인간관계 발전 단계를 다르게 표현하자면, 지각적 관계에서 사회적 관계로, 그리고 영적 관계로의 발전이라 하겠다.

교회개척자는 궁극적으로 마지막 단계인 영적 관계를 목표로 해서 사람들을 만나 관계를 맺어가야만 한다. 당연히 이 모든 과정이 쉬울

리 없다. 성령님의 간섭을 의존하면서 각고의 노력을 기울여야만 하는, 고단하면서도 신나는 과정이다.

그런데 많은 교회개척자가 관계의 발전 단계를 경험하지 못한다. 대체로 일차적 혹은 이차적 관계까지는 도달하지만, 삼차적 관계 이상으로는 발전하지 못한다. 그렇기에 마지막 단계인 영적 관계에는 도달하지 못한다. 즉, 영혼을 구원하지 못한다는 의미이다. 많은 목회자가 관계의 중간 단계를 건너뛰어서 영적 관계의 단계로 가려고 한다. 하지만 누군가와의 관계 맺기에 있어서 중간의 여러 발전 단계를 거치지 않으면 그와 영적인 관계를 맺을 수 없다. 따라서 그를 진정한 그리스도의 제자로 만들 수 없다.

그러므로 교회개척자는 관계 맺기의 모든 단계에 세심한 정성을 쏟아야만 한다. 그저 복음만 제시하면 성령의 도우심으로 자연스럽게 영적인 관계가 맺어질 것이라고 확신하는 것은 교회개척 현장에서 다소 순진한 생각이다. 이는 성령의 권능을 인정하지 않아서가 아니라, 성령께서 일하시는 방법에 대한 오해이기 때문이다.

5. 관계 맺기 원리를 기억하라

인적 네트워크를 위한 사람과의 관계 맺기에 있어서 몇 가지 원리를 말하고자 한다. 첫째, 관계 맺기에 있어서 세 가지 키워드를 기억한다. ①기도이다. 성령님께 간구하라. 성령께서 앞서 행하심으로 만나는 사람들의 마음을 열어달라고 기도하라. 또한 성령님께서 미리 준비해 놓으신 사람을 만나게 해 달라고 간구하라. ②간증이다. 당신의 이야기를 해라. 어떻게 하나님이 당신을 구원했는지를 말하라. 자신의 이야기를 나누라. 그러나 간단하게 하라. 상대방의 이야기를 듣고 싶다고 하라. 그리고 잘 들어라. 그리고 공통분모를 찾아라. 상대방과 그의 삶에 지대한 관심을 가져라. ③붙잡음이다. 합당한 사람이라 판단되면 잘 붙잡아라. 모든 사람을 붙잡으려 하지 말라. 어떤 사람은 당신의 교회를 위해 필요하지 않을 수도 있다.

둘째, 사람과 관계를 맺고 그들을 끌어모으는 이 일은 매우 힘든 일이라는 것을 인식한다. 절망할 것을 각오해야 한다는 것이다. 이 일은 목사가 한 편의 설교를 작성하기보다 훨씬 어려운 일이고 집중해야 할 일이다.

셋째, 이 일은 교회개척자 당사자가 직접 해야만 하는 일이다. 다른 사람이 하도록 종용만 해서는 안 되는 일이다. 또한 이 일을 위해 기도만 하고 있어서도 안 되는 일이다. 교회개척자가 발품을 팔아 직접 해야만 하는 일이다.

넷째, 사람과의 만남에 있어서, 언제나 약속 시간보다 먼저 도착해서 기다려야 한다. 약속 시간보다 먼저 도착하는 것은 상대방을 존중한다는 의미이다. 사람을 존중하는 것은 교회개척자의 가장 기본적인 자세라고 할 수 있다.

다섯째, 만날 수 있는 사람은 모두 만나야 한다. 끊임없이 만날 대상을 찾고, 그들과 만날 기회를 찾고, 만날 약속 시각을 잡아야 한다. 특별히 지역의 리더들(시청, 경찰서, 소방서, 학교 등)을 만나라. 사람을 만나고 관계를 맺는 데 조금은 뻔뻔한 민낯이 돼라. 물론 겸손하고 공손한 자세여야 한다. 그리고 만나는 사람에게 또 다른 사람의 소개를 부탁하라. "내가 만날 사람이 없나요?"라는 질문을 잘 활용하라.

여섯째, 이 일은 복음전도와는 다른 것임을 기억한다. (물론 전도가 궁극적인 목표이다.) 반드시, 그러나 예의 바르게 관계 지속을 위한 후속 조치가 필요하다. 이메일이나 문자, 혹은 기타 방법으로 연락이나 소식을 전해도 되는지에 대한 정중한 질문이 필요하다. 또한, 개인적이고 정성이 깃든 방법으로 그들이 시간을 내주었음에 대한 감사를 전하는 것은 필수적이다. 타인의 시간을 사용했음에 대해 보상하는 것은 당연한 예절이다.

6. 관계를 맺는 술(術)을 배우고 적용하라

교회개척자는 현장에서 그 현장 사람들과의 관계를 맺을 방법을 찾아내야 한다. 인적 네트워크는 관계들을 통해 구축되기 때문이다. 지역 사람들과 연결되는 다리를 건설해야만 한다. 다음 몇 가지 일반적인 방법을 제안해본다.

첫째, 가르치는 사역(학교, 학원, 특별 활동)에 자원한다. 둘째, 초중고등학교에 자원봉사를 신청한다. 셋째, 지역에서 운영하는 어린이 프로그램 자원봉사를 신청한다. 넷째, 경찰서나 지역의 소규모 병원의 원목을 자원한다. 다섯째, 지역의 각종 운동 동아리에 참가한다. 여섯째, 자녀의 학부모회 활동에 참여한다. 일곱째, 마을 이장이나 아파트 동대표 등의 활동을 한다. 여덟째, 친밀한 관계로 발전하기까지 특정 세탁소나 음식점의 단골이 된다. 아홉째, 동네를 걷는다. 만나는 사람에게 관심을 보이고 말을 걸고 부담 없는 간단한 질문을 던진다.

인적 네트워크를 구축하기 위한 관계 설정 방법 몇 가지를 제안하였는데, 이 외에도 교회개척자가 관심을 두고 찾고 뒤지면 지역 사람들과 관계를 맺어가는 다양한 방법을 찾아낼 수 있을 것이다. 주민센터를 자주 방문하여 지역의 활동과 필요를 파악하는 것도 큰 도움이 될 것이다.

사도 바울이 교회개척을 위해서 당시 하층 계급이 종사했던 천막제조업에 종사했다는 사실을 기억한다면, 교회개척을 위해, 그리고 사람을 끌어모으기 위해 개척자가 못 할 일은 없을 것이다. (물론 성경적 윤리가 허용하는 범위 안에서이다.) 혹시라도 교회개척자 중에 사도 바울보다도 자신이 더 권위 있고 영적이라고 여겨서, 목사이기 때문에 위에서 열거한 일들을 할 수 없다는 목사가 있을까봐 염려가 된다.

7. 교회개척자 당신의 타고난 기질을 사용하거나 저항하라

사람마다 기질과 은사가 다르다. 어떤 사람은 새로운 일을 시작하는 데 탁월함이 있음에 비해, 어떤 사람은 누군가가 이미 시작한 일을 발전시키는 데 탁월하다. 그중 새로운 일을 시작하는 데 탁월한 사람의 한 가지 특징은 그들이 사람들을 잘 끌어모은다는 점이다. 즉, 어떤 새로운 일을 시작하는 데 탁월한 사람은 대체로 사람들이 모이게 하는 능력이 있고, 그 방법을 배운 사람들이다. 여기서 기억해야 할 것은 교회를 개척하는 일은 새로운 일을 시작하는 일이다.

대인 관계에 있어서 당신의 스타일이 어떠한가? 사람마다 사람을 모으는 데 있어서 서로 다른 기질을 갖고 있다. 어떤 사람은 개인적인 일대일의 접촉을 통해서 사람을 모으는 능력이 있는가 하면, 어떤 사람은 더 큰 그룹 앞에서 가르침과 소통과 비전 제시 등으로 사람을 모으는 능력이 있다.

일대일 개인적인 소통에 능한 사람은 개인적으로 사람을 만나 그와 관계를 맺어야 할 것이다. 특별히 사람을 당신의 사적인 영역으로 초청하는 방법은 매우 유익한 방법이 될 것이다. 집으로 초청하라. 아니면 제3의 장소에서 식사하라. 자주 만나서 같이 먹으라. 적어도 일주일에 두 번의 식사를 누군가와 계획하라. 한 대상과 적어도 두 번 이상의 식사를 하라. 개인적인 일대일 소통에 능한 소유자는 대체로 매우 사교적이며, 대접의 은사가 있다.

일대다(多) 대중적인 소통에 능한 사람은 이벤트 중심으로 사람을 만나 그들과 관계를 맺어야 할 것이다. 행사나 성경공부, 혹은 특별한 형태의 문화 활동이나 공부방을 개설하고 사람들을 그곳으로 초청하는 방법 등이다.

미국에서 교회개척자들이 "블록 파티"block party라는 것을 시도하는 것을 종종 보았다. 이는 미국의 문화에서만 통용될 수 있다고 보이는데, 주택가의 거리 한 블록(약 50여 미터) 양쪽 끝을 막고 그 구역에 거주하는 모든 사람을 초청하여 간단한 스낵 파티를 여는 것이다. 이러한 블록 파티 형식으로 사람을 끌어모아 교회를 개척하는 방법이 우리나라에서는 통용될 수 없다고 본다. 그러나 우리 문화권에서 통용될 수 있는 사람을 끌어모으는 창조적인 방법들을 찾아내어, 그들과 소통함으로 교인을 확보하는 일을 실천하는 데 적극적이어야 한다.

8. 교회개척자 당신이 가장 강력한 무기이다

사람을 끌어모으는 가장 좋은 도구는 교회개척자 바로 당신이다. 당신의 이미지가 사람들에게 매력적이어야 한다. 개척교회에서는 목사의 첫인상과 이미지가 사람을 끌어들이는 데 있어서 복음보다도 강력할 수 있다는 사실을 인정했으면 좋겠다. 작은 교회에서는 목사와 관계가 매끄럽지 못한 사람이 교회생활이나 신앙생활을 잘하기가 어렵다. 그러므로 교회개척자는 자신을 강력한 무기로 만들어야 한다. 사람들은 교회개척자인 당신을 보면서 다음 몇 가지의 질문을 던진다는 사실을 유념했으면 좋겠다.

첫째는 "내가 좋아할 만한 사람인가?"라는 질문을 던질 것이다. 나에게 어울릴만한 사람인가, 믿을만한 사람인가를 질문한다는 것이다.

둘째는 "비전을 갖고 있는가?"라는 질문을 던진다. 즉, 당신이 가려고 하는 목적지를 분명히 알고 있는지에 대해 궁금해 한다는 것이다. 사람들은 확신이 없는 사람을 따르지 않는다. 사람들은 설득보다는 감동에 의해 행동하는 경향이 있다. 당신이 얼마나 다양하고 깊은 지식을 갖고 있느냐보다는 얼마나 확실한 꿈을 갖고 있고, 그 꿈에 대해 얼마나 확신하고 있느냐에 따라 판단할 것이다.

셋째는 "리더십 능력이 있는가?"라는 질문을 던진다. 확신하고 있는 비전을 이루어낼 수 있는 능력이 있는가, 말만 앞서는 허풍쟁이는 아닌가를 점검한다는 것이다. 아무리 좋은 비전이 있어도 그 비전을 이룰 수 있는 확신을 느끼지 못하면 사람들은 따르지 않을 것이다.

마지막으로, "나에게 무엇을 요구하고 있는가?"를 질문할 것이다. 이 사람이 나에게 요구하고 있는 것이 무엇인가를 생각한다는 것이다. 호감이 가는 사람이고, 비전이 있고, 그 비전을 이룰 수 있는 능력이 있다고 확신한다면, 그다음으로 사람들은 자신이 무엇을 해야만 하는지를 알고 싶어 한다.

교회개척자는 사람을 대할 때 이상의 질문들을 염두에 두고 대화에 임해야 한다. 따라서 교회개척자는 이미 이러한 질문에 대한 준비가 되어 있어야만 한다. 자신의 이미지 메이킹을 위해 노력하고 투자해야 한다. 자신의 외모, 복장, 어투 등에도 관심을 두고 훈련이 되어 있어야 한다.

물론 목사에게 있어서 영적 아우라가 가장 중요하겠지만, 오늘날에는 목사의 인간적 이미지 역시 목회에 있어서 무시할 수 없는 요소가 된다. 초기 한국 교회 목사의 상징이었던 한 벌 뿐인 때 묻은 도포, 꿰매 신은 하얀 고무신, 그리고 덥수룩한 외모의 목사 영성은 이 시대에는 통하지 않는다는 사실을 기억하고 자신의 외적 이미지를 잘 가꾸어야 한다.

여러 번 언급하였듯이, 필자는 미국에서 이민 교회를 개척하여 조그마한 열매를 거두었던 경험이 있다. 필자가 교회를 개척한 지역은 한인 이민자들이 그리 많지 않은 미국의 중부 지역 도시였다. 당시 필자는 사람 찾아다니기에 혼신의 힘을 다했던 것 같다. 백화점을 비롯하여 사람이 모이는 어느 장소에서든지 동양인만 보면 무조건 "한국 사람입니까?"라고 질문하곤 했었다. 심지어 운전을 하며 가다가도 차를 세우고 그러느라 자동차 사고가 날 뻔한 일도 많았다.

만나는 사람들에게 한국 사람에 관한 정보를 달라고 부탁했다. 그리고 한국 사람에 대한 정보를 얻으면 무조건 그들을 찾아갔다. 원래 필자의 성격은 매우 내성적이어서 (지금도 그렇다) 낯가림이 심하고 모르는 사람과는 쉽게 친해지지 못한다. 하지만 교회개척자가 되면서 타고난 기질에 도전장을 내밀었으며, 큰 용기를 내어 모르는 사람들에게 찾아가 말을 걸었다. 왜냐하면, 당시 필자의 정체성은 교회개척자였기 때문이었다. 사람이 찾아오기를 그저 기다릴 수 없는 교회개척자였기 때문이다. 그 결과 당시 일반인들의 일 년 평균 자동차 운행 거리의 서너 배의 거리를 운전하고 다녔다.

이것은 필자를 자랑하기 위한 이야기가 아니다. 필자와 똑같이 해야 한다는 말도 아니다. 왜냐하면 모든 교회개척자의 상황과 환경이 다르기 때문이다. 다만 교회개척자는 사람들을 만나고 그들을 교회로 끌어모으기 위해 전력을 다해야 함을 강조하고 싶은 것이다. 사람들을 끌어모으는 방법은 다양하다. 본인의 기질을 사용하든지 혹은 저항하든지 해서, 사람을 끌어모아 그들이 교회가 되도록 하는 것이 교회개척자의 사명이다. 각자가 처한 환경과 타깃target 그룹을 고려하라. 현장의 문화를 이해하라. 많은 방법을 시도해 보라. 과거의 방법만을 고집하지 말라. 어느 곳에서 통했던 것이 지금의 환경에서는 안 통할 것이다.

거리를 헤매면서 선교적인 사람을 찾고, 비그리스도인들을 끌어모아라. 사람들과 관계를 맺어라. 명단을 만들고 인적 네트워크를 구축하라. 이러한 작업은 한 마디로 예술이다. 그렇다. 사람 끌어모으기는 교회개척자가 창작해야만 하는 예술이다. 예술은 미(美)와 술(術)의 합일이다. 사람 끌어모으기는 영적인 일이자 동시에 사람의 일이다.

졸부(猝富)와 같은 목사, 교회, 그리고 국가가 될 필요는 없다

● ● ●

하나님께서 누군가에게 상대적으로 더 많은 것을 주신 분명한 이유가 있다. 하나님께서 누군가에게 더 많은 돈을 주고, 더 많은 힘을 주고, 더 많은 재능과 은사를 주신 이유가 있다. 그것은 더 많이 가진 것들을 통해 사회적 책임을 감당하라는 것이다. 하나님께서 누군가를 부자가 되게 하심은, 그 부를 통해 주변의 자신보다 부자가 아닌 자들에 대한 사회적 책임을 감당하라는 것이다. 나는 이것이 성경적이고 바른 신학적 결론이라고 강하게 확신한다.

이 사회적 책임을 감당하지 않는 자들을 우리는 흔히 "졸부"라고 부른다. 졸부들은 자신에게 주어진 부를 자기 자신만을 위해 사용한다. 누군가가 부자가 되기 위해서는 분명 누군가는 가난해져야만 한다. 즉, 누군가의 가난을 기반으로 해서 누군가는 부자가 된다. 왜냐하면, 온 세상의 자원은 제한되어 있기 때문이다. 누군가가 더 많이 차지하면 누군가는 덜 가지게 되어 있다. (투기가 심각한 죄악인 이유는 누군가를 가난해지도록 하기 때문이다.) 졸부는 이러한 사실을 망각하고 자신의 소유를 자신의 것으로만 여기고, 대사회적 역할을 감당하지 않는다. (나는 결단코 사회주의적 관점에서 말하는 것이 아니다. 나는 사회주의자가 아니다. 나는 적어도 내가 이해하는 성경의 원리에 근거하고 있다.)

이 땅에는 졸부, 졸부 재능인, 졸부 기업, 졸부 국가, 그리고 졸부 교회들이 적지 않다고 하겠다. 자신들의 소유이니 간섭하지 말라는 것이다. 자신들의 노력과 방법으로 부자가 되고, 대지주가 되고, 대기업이 되고, 대형 교회가 되고, 대제국이 되었으므로, 자기네들 마음대로 사용하겠으니 밖에서 간섭하지 말라는 것이다. 한 대형 교회의 세습이 이슈화 되었을 때, 해당 교회의 논리가 후임자 청빙은 교회 내부의 결정인데, 왜 밖에서 갑론을박을 하느냐며 반박했다. 전형적인 졸부 논리이다. 소위 말해 "대"(大)가 붙게 되면 사회적 책임 또한 그만큼 커진다는 사실을 인식하고, 그것에 맞게 행동하는 것이 큰 부자, 큰 기업, 큰 나라, 그리고 큰 교회의 태도이다. 이것이 하나님께서 조금이라도 더 많은 자원을 그들에게 허락하신 이유이다. 나는 우리나라 대형 교회들이 졸부가 아닌 진짜 부자(노블레스)가 되는 길을 걸었으면 한다. 그 "대형"이 여러 "소형"의 희생 위에서 이루어졌음을 기억하고, "소형"과 더불어 상생하는 사회적 책임을 감당하기를 소망해 본다.

"미국은 세계 경찰이 아니다"라는 말이 언론에 자주 오르내린다. 이 말은 전 미국 대통령 중 한 사람이 자주 언급했던 말로서 미국의 국익 우선주의를 내세우기 위한 말이다. 과연 미국이 그 대통령 이전까지 감당해왔던 그 역할, 미국 시민들이 세계 평화를 수호하기 위해 납부한 엄청난 양의 세금을 써가며 감당해왔던 세계 경찰의 역할을 포기하는 것이 과연 정당한가? 그것이 과연 미국이란 나라 홀로 결정할 수 있는 일인가? 나는 아니라고 본다. 이 문제는 하나님 나라의 윤리와 하나님의 관점에서 보아야 한다고 본다.

미국은 대국이다. 미국은 많이 가졌다. 살아봐서 아는데, 정말 모든 면에서 풍요와 여유가 넘친다. 따라서 당연히 덜 가진 나라들을 살피는 역할을 감당해야만 한다. 그것이 인디언들의 땅 위에 지구상 최강의 나라 미국이 세워진 이유라고 믿는다. 군대와 최류탄을 동원해 시위대 가운데 길을 내고, 그 길을 통해 교회로 가서 성경책을 높이 들며 그리스도인임을 천명한 대통령이라면, 적어도 기독교적 가치관에 의해 행동해야 한다. 적어도 미국을 결코 하나님의 뜻에 반하는 졸부 국가로 만들지는 않아야 한다. 미국이 내부적으로 매우 시끄럽다. 걱정이다. 역사를 보건대, 바벨탑으로부터 시작하여 졸부의 길을 걸으려 했던 "대"(大)는 모두 쇠퇴했기 때문이다. 미국이 미국일 수 있었던 이유가 분명 있었다.

대형 교회들의 사회적 책임이 크다는 사실을 강조하고 싶다. 작은 교회들이라고 해서 문제가 없는 것은 아닐 것이다. 어쩌면 대형 교회들이 가진 문제보다 더 심각한 문제들을 갖고 있을 것이다. 하지만 문제는 대형 교회의 문제는 사회적 여파가 크고, 기독교의 이미지를 훼손하고, 궁극적으로 전도의 문을 막는다는 것이다. 기독교의 대사회적 공헌도는 수치에 있어서 타 종교를 훨씬 능가한다. 반면 기독교에 대한 사회의 신뢰도는 타 종교보다 훨씬 열등하다. 그 이유가 무언가? 나는 소위 말해 대형 교회들의 자책골 때문이라고 본다. 대형 교회들은 조금 더 겸손한 모습으로 사회적 책임을 다하고, 주변의 가난한 교회를 돌보고, 졸부의 모습이 아닌 진정한 대형의 덕을 보여 주어야만 한다.

15장
개척할 지역을 어떻게 선정하고 어떻게 접근할 것인가?

 교회를 개척하는 데 있어서 개척 멤버 못지않게 중요하고 실제적인 요소는 어느 지역 어느 곳에 교회를 개척하느냐이다. 지역과 장소를 결정하는 것은 교회개척자에게 매우 큰 고민거리이고, 아마도 가장 많은 발품을 팔아야 하는 과정이다. 먼저 지역이 정해지고, 그 지역 내의 한 장소를 모임 장소로 선정하든지, 아니면 어느 한 장소가 예배 처소로 먼저 선정됨으로 인해 자연스럽게 지역이 결정될 수도 있다.

1. 지역 선정의 필요성

 지역과 관련하여 먼저 강조하고 싶은 것은, 교회개척자가 교회개척을 시도할 때 의도적으로 지역의 한계를 설정해야 한다는 것이다. 즉, 교회개척자가 목회 역량을 집중하고 개척한 교회가 영향력을 끼칠 지역의 한계를 전략적으로 설정해야 한다. 흔히 존 웨슬리John B. Wesley 목사가 말한 "세계는 나의 교구다"The world is my parish라는 말을 인용하면서 지역 설정에 대한 반대 의견을 제시하기도 하는데, 이것은 교회개척자에게는 전략적이지 못하다. 왜냐하면 교회개척자가 가진 제한된 자원 때문이다. 교회개척자는 부족한 자원 때문에라도 지역의 한계를 설정하는 것이 바람직하다. "선택과 집중"은 개척교회 생존의 중요한 요소이다.

하지만 지역을 의도적으로 제한해야 하는 본질적 이유는 지상 교회(가시적 교회)는 지역 교회local church를 의미하기 때문이다. 지역 교회가 되기 위해서는 물리적 거리와 목회적 영향력의 범위를 의도적으로 규정해야 한다. 일개 교회가 지역의 범위를 무한정 확대하는 것, 혹은 하나의 교회가 전도와 부흥, 성장이라는 미명 하에 무한정 팽창을 추구하는 것은 인간 탐욕의 결과일 수 있다. 하나님의 뜻은 한 교회가 비대해지는 것보다 여러 개의 적당한 규모의 교회가 존재하는 것이며, 한 교회의 목회 영향력이 초지역적으로 거대해지는 것보다 지역마다 그 지역에 영향력을 끼치는 동네 교회들이 존재하는 것이라고 믿는다. 물론, 적당한 크기가 어느 정도이며, 물리적 거리를 어떻게 규정할 것이냐에 대한 논의는 별개의 영역이기에 여기서는 논하지 않기로 하겠다. 다만 교회개척자는 자신이 가진 목회 역량과 자원 등을 고려하여 의도적으로 거리를 규정하여 지역을 제한할 수 있다.

2. 지역 선정을 위한 철학

교회를 개척할 지역을 선정하는 것은 교회개척자에게 정말 기도와 더불어 심사숙고하고 발품을 팔아야 할 일이다. 중요한 사실은 교회개척자가 왜 지금 이곳이어야 하는지에 대한 "신적 확신"을 가져야 한다는 것이다. 만약 그러한 신적 확신이 없는 상태에서 피치 못할 이유로 어느 지역을 선택할 수밖에 없었다면, 즉시로 그러한 신적 확신을 찾아서 장착해야만 한다. 그래야만 그 지역을 끝까지 사랑할 수 있고 그 지역에 뼈를 묻을 수 있다. 목회 현장 지역은 목회자가 한순간 거쳐가는 장소가 아니다.

개척 지역 선정에 있어서 "어머니와 아내와 자식이 반대하는 곳으로 가라"는 말이 있다. 이 말은 인간적 실리보다는 신적 명분을 쫓으라는 의미이다. 진실로 지역 선정은 하나님과의 관계 속에서 결정되어야만 하는 일이기 때문에, 너무 많은 실리적 조건을 고려하지 말라는 의미이다. 당연히 모든 조건에 합당한 지역은 존재하지 않는다. 하나님께서는 광야 같은 지역에서도 당신의 일을 이루시는 분이시다. 하나님께서는 열악하기 그지없는 뜻밖의 지역으로 인도하실 수 있으며, 그곳에서 놀라운 일을 행하실 수 있는 분이심을 기억하고 지역 선정에 신적 확신으로 접근하는 자세가 필요하다.

신적 확신에는 신학적 확신도 포함된다. 예를 들어, 필자는 개혁주의 신학을 따르는 사람인데, 개혁주의 신학의 중요한 내용 중에는 하나님의 주권 섭리, 그리고 선택 교리가 있다. 이러한 개혁주의 신학의 가르침에 의하면, 당신이 어느 지역을 선정하여 그곳에 교회를 개척하는 것은 결코 우연이 아니다. 비록 겉으로 보기에는 여러 상황이나 자원적 조건 때문에 어쩔 수 없이 그 지역에 교회를 개척하게 되었다 할지라도, 개혁주의 신학을 따르는 사람이라면 그것은 우연이라기보다는 하나님의 섭리로 인한 결과이다. 그렇다면 하나님께서 왜 당신을 그곳에 보내셔서 교회를 개척하게 하셨겠는가? 바로 당신이 개척할 교회를 통해서 구원하실 선택된 자들을 그곳에 포진시켜 놓았기 때문이다. 이러한 신학에 근거한 확신은 교회개척자를 지치지 않게 한다.

그렇다고 하여 지역 선정에 있어서 지나치게 영적으로만 접근할 필요는 없다. 목회 현장은 소명의 자리이기도 하지만, 동시에 목회자와 그의 가족이 실제로 살아남아야만 하는 생존의 현장이기도 하다. 따라서 목회 현장에는 교육과 의료, 문화생활 등 목회자 가족이 살아내기에 최소한의 여건이 있어야 한다. 이러한 현실적인 조건을 고려하지 않고 오직 소명과 사명, 그리고 영적인 면만을 고려한다면, 결국 그 지역에서 오래 목회하기가 어렵다. "가족들이 오래 살 수 있는 지역"이란 말로 현실적인 필요조건을 표현하고 싶다.

제발, 교회개척자 홀로 하룻밤 사이에 독단적으로 지역이나 기타 교회개척 관련 사항을 결정하지 말아야 한다. 영적으로 흥분되어, 지나친 열정과 열심에 사로잡혀, 혹은 지나치게 하나님의 뜻이라는 확신에 의해 독단적으로 결정하는 일이 없기를 바란다. 영적인 일과 인간의 지혜는 대립되지 않는다. 교회개척자는 조금은 냉정해지고 전략적일 필요가 있다. 조언자들과 의논하고, 대상 지역 후보지의 사람들(비신자, 목회자)의 의견까지도 청취해야 한다.

3. 지역 선정을 위한 기준

첫 번째는 무엇보다도 성령님의 인도하심을 기대하는 것이다. 성령께서 바울을 간섭하셔서 그를 유럽으로 인도하신 사건을 기억함이 좋다(행 16:10). 성령께서 각종 상황을 통해, 혹은 드물기는 하지만 매우 신비한 방법으로 교회개척자인 당신을 특별한 지역으로 인도하실 수 있다. 교회개척을 준비하면서 영적으로 민감할 필요가 있다. 물론 교회개척 준비자는 저절로 민감해지는 것이 일반적이다. 교회개척 지역 선정을 눈앞에 둔 교회개척자는 보통 그저 떨어지는 낙엽에도, 우연히 돌에 걸려 넘어지는 것에도, 무시해도 좋을 뻔한 사소한 꿈 하나까지도 영적인 의미를 부여하려는 경향이 있다는 것이다. 이러한 경향을 틀렸다고 말하려는 것은 아니다. 지역과 장소를 결정하려 할 때, 성령의 인도하심을 기대하고 매사를 무의미하게 바라보지 말라는 것이다.

확실한 내용인지는 모르겠지만, 릭 워렌Rick Warren 목사는 미국 지도를 펼쳐놓고 성령의 인도하심을 바라며 손가락으로 찍은 곳이 바로 캘리포니아의 레이크 포레스트Lake Forest였으며, 그곳에 새들백 교회Saddleback Church를 개척했다는 말을 들었다. 필자 역시 우연히 걸려온 전화 한 통에 의해 교회의 위치가 결정되는 것을 경험한 적이 있다.

특별히 특정한 지역에 대한 지속되는 부담감이 있다면 그 부담을 너무 쉽게 무시하지 않는 것이 좋다고 본다. 어떤 요인이나 감동에 의한 한순간의 부담이 아니라, 잊어버린 것 같은데 다시 생각나기를 반복하는 부담, 그처럼 사라지지 않고 지속되는 부담이라면 조심스럽게 성령님의 간섭으로 받아들이는 것도 바람직하다고 본다.

개척 장소를 선정하기 위한 두 번째 기준은 교회개척자의 목회 철학이다. 목회 철학은 성경 속에서 끄집어낸 교회론을 구현하기 위한 자기 자신만의 목회관이자 방침이며 전략이라 하겠다. 이러한 목회 철학과 목회 현장은 서로 긴밀한 관련이 있다. 교회개척자가 교회론을 구현하기 위한 자기만의 색깔, 즉 어떤 목적을 갖고 어떤 대상을 중심으로 교회를 개척하고 목회할 것인지에 대한 확실한 구상과 고민이 없다면 교회개척에 실패할 수 있다. 왜냐하면 개척교회는 자원이 부족할 수밖에 없으며, 그렇기 때문에 중대형 교회처럼 백화점식 목회를 할 수 없고, 선택과 집중을 통한 틈새시장을 파고드는 특화된 목회를 해야만 살아남을 수 있기 때문이다.

따라서 자신의 목회 철학을 실현할 수 있는 지역을 선정하는 것 역시 매우 지혜로운 일이다. 아무리 좋은 씨앗이라도 토양과 맞지 않으면 열매로 연결되지 않는 법이다. 아무리 좋은 교회론과 목회 철학을 갖고 있다고 하더라도 그것을 구현할 수 없는 토양이라면 고생은 하지만 열매는 없을 확률이 높다. 결국 씨앗을 개량하든지, 아니면 토양을 바꾸든지 해야만 한다. 즉, 목회 철학에 맞는 지역을 선정하든지, 아니면 지역을 선정하고 난 후 그 지역에 맞는 목회 철학을 갖추든지 해야만 한다.

개척 장소를 선정하기 위한 세 번째 기준은 바로 현실성이다. 이는 교회개척자가 소유한 자원에 대한 실제적인 고려를 의미한다. 준비된 물적, 인적, 목회적 자원을 고려하라는 의미이다. 목회적 자원은 목회 방향과 목회 대상, 목회 규모를 의미한다. 인적 자원은 준비된 개척 멤버 혹은 후원그룹을 의미한다. 당연히 개척 멤버들의 거주지를 고려하여 모두가 접근하기 쉬운 지역이면 좋을 것이다.

물적 자원은 현장에서 가장 영향력이 큰 조건이라 하겠다. 실제로 필자의 관찰에 의하면 지역과 장소를 정하는 가장 실제적인 조건은 교회 개척자가 가진 물적 자원의 많고 적음이다. 때문에, 지역이 다소 낙후되고 임대료가 싼 지역에는 개척교회들이 많다. 반면, 임대료가 비싼 지역은 물적 자원이 충분히 있는 교회개척자, 혹은 분립 교회개척자, 혹은 브랜드화 된 교회들만이 자리 잡는 경향이 있다. 사실 신도시 지역이나 고급 상가 지역에서는 교회를 하겠다는 자에게 임대로 주지 않으려는 경향이 농후하며, 준다고 한들 일반 업소보다 고가의 임대료를 요구한다. 교회가 들어서면 분양이 안 된다느니, 주차를 비롯하여 주변이 소란스러워진다는 등의 이유를 들며 교회에게 임대 주기를 꺼린다.

네 번째 기준은 한국적 상황 속에서는 다소 동떨어진 기준으로도 보이는 필요성need, 가능성possibility, 수용성receptivity이라 하겠다. 교회개척 전문가인 페인J. D. Payne은 말하기를 "어떤 특별한 지역으로 가라는 하나님의 계시가 없다면, 복음을 가장 필요로 하는 지역과 수용성이 가장 높은 곳으로 가서 교회를 개척하라"[69]라고 했다. 물론 한국적 상황 속에서 가능성과 필요성, 그리고 수용성이 특별히 더 커 보이는 지역이 따로 존재하지는 않는다고 생각된다. 왜냐하면 현재 한국에서는 기독교가 더이상 생소한 종교가 아니며, 교회가 없는 지역도 없기 때문이다. 그럼에도 불구하고 교회개척자는 발품을 팔고, 관공서 자료를 뒤져서 가능성과 필요성이 높은 지역, 즉 새로이 개발되는 지역, 그래서 인구가 새로이 집중될 지역을 찾는 노력이 필요하다.

---

69. Payne, *Apostolic Church Planting*, 94, 115.

5. 지역에 관한 공부의 필요성

지역을 선정한 이후 교회개척자가 취할 자세와 행동은 무엇인가? 그것은, 마치 미지의 세계로 들어간 선교사처럼 자세를 취하고 행동하는 것이다. 선교지에 도착한 선교사는 가장 먼저 그 지역에 관하여 공부하고 배운다. 교회개척자 역시 지역을 선정한 후, 그 지역에 관하여 공부하고 배워야 한다. 즉, 현장을 배우고 분석해야 한다는 것이다. 앞에서도 말했듯이 토양을 분석하는 것이다. 그래야만 교회개척자가 그 토양에 맞는 씨를 개량할 수 있기 때문이다. 많은 교회개척자들이 실패하는 주된 이유 중의 하나가, 교회개척자가 자신이 소유한 씨앗만을 중히 여길 뿐 그 씨를 뿌리는 토양은 고려하지 않는다는 것이다. 이러한 현실을 레이너Thom Rainer는 "개척을 준비하는 많은 목회자들이 자신이 속한 지역 사회를 고려한 교회가 아니라 평소 머릿속으로 상상하던 교회를 개척하려 한다"[70]라고 지적했다. 최고의 교회개척자였던 사도 바울은 교회를 개척할 지역을 분석한 흔적이 역력하다(행 16:12; 17:23). 바울은 또한 각기 다른 인종 토양을 분석하고 그 토양에서 자랄 수 있는 씨앗을 개량하여서 뿌렸다(고전 9:20-22). 그럼으로써 많은 열매를 얻을 수 있었다. 교회개척자는 그가 뿌리내릴 지역을 연구하고 배움으로 그의 설교, 전도, 변증, 구제 등을 포함한 모든 목회 행위 등을 결정할 수 있고 또 그렇게 해야만 한다. 즉, 지역을 배운다는 것은 교회개척자가 그 지역에서 어떤 교회를 개척하고 어떤 목회를 할 것인지를 결정하는 것이다.

그렇다면 교회개척자는 지역에 관하여 어떤 것을 공부해야만 하는가?[71] 첫째는 그 지역의 내면과 정서적 특성을 공부하여 파악해야 한

---

70. Stetzer & Rainer, 『교회혁명: 변혁적 교회』, 90.
71. 지역을 분석하기 위한 질문들은 여러 자료를 참고할 수 있으나, 특별히 Chester & Timmis, 『일상 교회: 세상이 이웃 삼고 싶은 교회』 66-68를 참조하시오.

다. 인간 개인마다 그만의 독특한 내면적 정서가 있듯이, 각 지역도 마찬가지이다. 그 지역만의 고유한 내면적 정서가 있다. 이러한 독특한 지역 정서는 도시를 벗어날수록 더욱 선명하다. 그 지역만의 상실과 상처, 약점, 두려움이 있다. 그 지역만이 바라는 소망과 열망이 있으며, 우상과 편견, 그리고 라이프 스타일이 있다. 특별히 그 지역만의 필요가 있다. 교회개척자는 이러한 지역의 정서를 배워야 한다. 이는 복음을 보다 효과적으로 그 지역에 전파하기 위한 사전 필수 작업이라 하겠다. 예를 들어, 제주 4·3 사건으로 인한 제주 지역 본토인들의 기독교에 대한 정서와 그들이 받은 상처를 배우지 않는다면, 제주도에서의 목회는 성공할 수 없다. 켈러Timothy Keller는 말하기를 "우리 지역에 있는 사람들의 목회적 필요들을 깊이 알고 전도의 현장에 깊이 참여하는 것보다 더 중요한 것은 없다"[72]라고 했다. 교회개척자여! 그 지역의 문화를 분석하고 복음을 그 문화에 맥락화 하라. 복음과 지역의 정서를 연결하라.

둘째는 그 지역의 사회적 특성을 공부하여 파악해야 한다. 사회적 특성이란, '그 지역에 누가 사는가, 어느 집단이 늘어나고 있으며 어느 집단이 줄어들고 있는가, 그들은 주로 어떤 생업에 종사하는가, 지역민들의 경제적 형편은 어떠한가, 정체된 지역인가 아니면 변화가 매우 빠른 지역인가' 등을 의미한다. 교회개척자는 이러한 사회적 특성을 파악하기 위해 관공서의 자료를 찾아보아야 하며, 지역 신문이나 소식지 등을 탐독해야 한다. 교회개척자에게 있어서 그 지역에 사는 사람들을 아는 것만큼 중요한 일이 있을까? 당신이 교회를 개척하려는 그 지역의 사람들에 관해서 할 수 있는 한 많이 그리고 자세히 알아야 한다. 교회개척자여! 지역민을 만나고 그들을 대면하라. 그리고 질문을 던져라. 지역민으로부터 할 수만 있으면 많이 듣고 배우라. 지역의 사투리도 배우라. 그 지역 거점의 프로 스포츠팀의 팬이 돼라.

---

72. Keller, 『팀 켈러의 센터처치』, 261.

셋째는 그 지역의 종교적 특성을 공부하여 파악해야 한다. 종교적 특성은 그 지역의 종교적 성향을 비롯하여 종교인의 현황과 교세 등을 의미한다. 어느 지역은 무속 신앙이 강할 수 있으며, 어느 지역은 어느 특정 종교의 교세와 영향력이 클 수 있다. 어느 지역은 기독교에 대한 반박 신념과 적대감이 강하기도 하며, 어느 지역은 의외로 복음에 대한 수용성이 높기도 하다. 지역의 종교적 특성 파악에는 지역의 교회 상황과 각 교회 리더십의 특성을 파악하는 것도 포함된다. 지역 내에 어떤 교회들이 위치하며, 그 교회들의 명성은 어떠한가? 어떤 교회 리더십(담임목사)이 지역의 인정을 받고 어떤 교회 리더십은 세상의 손가락질을 받고 있는가 등을 파악하는 것이다. 개척교회가 살아남기 위해서는 그 지역에 이미 터를 잡고 있는 교회들과 경쟁하기보다는 기존 교회들의 틈새를 공략하는 목회를 해야만 한다. 그러기 위해서는 지역 내의 교회 현황을 파악하는 것이 필요하다. 교회개척자여! 지역의 종교적 성향을 분석하라. 그 성향의 약점을 파악하라. 파악한 그 약점을 복음전도의 접촉점으로 활용하라. 이미 터를 잡은 지역 교회들과 동일한 사역으로 경쟁하지 말라. 선택과 집중을 통한 사역으로 기득권 교회들의 틈새를 공략하라.

교회개척은 장소를 구입하여 교회 간판을 다는 것이 아니다. 교회개척은 복음을 들고 선교사가 되어 그 지역 안으로 들어가는 것이다. 따라서 지역을 선정한 후에 예배 장소를 찾음은 당연하다. 그러나 그보다 더 중요한 일은 (앞 장에서 언급하였듯이) 그 지역의 거주민이 되는 것이다. 교회개척자는 먼저 그 지역의 시민이 되는 작업에 심혈을 기울여야 한다. 교회개척을 위해 건물부터 준비할 것이 아니라, 그 지역의 일원이 되는 작업부터 시작해야 한다.

교회개척자들이여 선정한 지역을 진심으로 사랑하라. 그 지역 사람을 사랑하라. 그곳은 당신이 더 큰 성공을 위해 잠시 거쳐 가는 곳이 아니다. 그 지역 사람들은 당신의 교회개척 성공을 위해 잠시 사용되는 도구가 아니다. 그 지역은 당신이 뼈를 묻을 곳이다. (물론 하나님의 인도하심을 따라 훗날 그 지역과 그 교회를 떠날 수도 있다. 그러나 떠나기 전까지는 뼈를 묻을 곳이라는 자세이어야 한다.)

어떤 목회자들은 자신의 목회 지역에 대한 강한 불만을 품고 있다. 자신은 이런 지역에서 목회할 사람이 아닌데, 어쩌다 보니 이런 지역에서 목회하고 있다는 식의 투정을 하고 지역을 맘에 들어 하지 않는다. 이러한 태도는 결코 성경적이지 않다. 당신이 그 지역을 선택한 인간적이고 현실적인 많은 이유가 있을 것이다. 그럼에도 불구하고 하나님께서 당신을 그곳으로 인도하심이 너무나 분명하다. 따라서 그 지역은 당신과 딱 맞는 지역이다. 바로 그 확신이 있어야 한다. 자기에게 맞는 지역이 따로 있을 것으로 생각하는 순간, 그 교회개척자는 사역을 제대로 할 수 없다.

16장
예배 처소와 인테리어

　하나님께서는 하나님을 예배하기 위해 어떤 형상을 제작하거나 사용하는 것을 허락하지 않으셨다. 하나님은 하나님께 집을 지어드리겠다는 다윗을 떨떠름하게 여기셨다. 그분은 그분의 집으로 장막이면 충분하다고 하셨다. 그런데도 다윗이 성전 건축을 고집하자 그분은 마지못해 허락하셨다. 이러한 하나님의 모습은 열왕기서에 잘 나타나 있다. 그렇다. 여호와 신앙은 처음부터 무형상, 무신전으로 시작했다. 하나님을 신앙하는 종교는 오직 말씀 하나로 충분했고, 그 말씀에 대한 믿음으로 하나님과의 모든 관계를 맺는 데 충분했다.
　예수님께서는 신전이나 거룩한 장소를 남기지 않으셨다. 당시에 보잘것없어 보이는 10여 명의 사람을 남기셨다. 그들은 교회였지, 교회당이 아니었다. 예수님이 남기신 그 소수의 제자들 역시 스승의 본을 받아 교회를 세웠지, 교회당을 세우지 않았다. 초기 3세기 동안 기독교는 예배를 전용으로 하는 구별된 장소가 필요하지 않았다. 그들에게는 사람을 불러 모으는 별도의 장소가 필요하지 않았다. 그들은 그저 신자들의 가정집, 응접실 정도면 모임 장소로 충분하게 여겼고, 또한 만족했다. 신앙을 위한 전용 장소나 전용 건물이 없다고 해서 기독교가 성장하는 데 어떤 장애가 있었던 것은 결코 아니었다.
　문제는 기독교가 313년 콘스탄틴 대제의 밀라노 칙령으로 인해 세상의 공적 종교로 화려하게 자리 잡게 되었을 때 생겼다. 이제 기독교는 공적 종교에 걸맞은 외형적이고 가시적인 그 뭔가가 필요했다. 기독교의 우월함을 드러내고 힘을 과시하는 가시적 표지들이 필요했다. 이교의 제의보다 정교한 의식이 필요했으며, 이교에 종사하는 사제들보다 우월해 보일 수 있는 사제복과 사제 제도가 필요했으며, 결정적으로 이교의 신전보다 더 웅장하고 화려한 신전이 필요하게 되었다. 이때부터 교회당이 커지고 화려해지기 시작했다. 교회당이 화려해질수록 교회의 능력은 오히려 쇠락할 수밖에 없었다. 종교가 외형적으로 화려해질수록 그 종교는 사회의 민폐가 되고 만다.

교회개척자는 교회당과 관련하여 이상의 역사적 사실을 기억해야만 한다. 교회당 건물은 단지 교회를 담기 위해 도구로써 필요할 뿐이지, 그것이 교회의 본질이 아니라는 사실, 교회당에 치중할수록 교회라는 본질을 잃어버릴 가능성이 크다는 사실, 그리고 교회는 사람이지 건물이 아니라는 사실을 교회개척자는 유념할 필요가 있다. 한국 교회의 생태계가 악화되고, 많은 교회들이 파산하고 부도가 나며, 급기야 이단들에게 교회당 건물이 넘어가는 궁극적인 원인은, 지금까지의 한국 교회가 교회당에 집중하고 교회당 건축에 전력해 온 결과임을 교회개척자들은 반드시 기억해야만 한다.

교회와 교회당의 관계는 가정home과 집house의 관계이다. house보다는 home이 본질이다. home이 house를 결정한다. house가 home을 결정하지 않는다. 크고 화려한 house 안에 망가진 home이 들어 있다면 이는 얼마나 안타까운 일인가? 그러나 비록 오막살이 house이지만 그 안의 home이 건실하다면, 이는 매우 행복한 일이다. 지금 한국교회는 어떠한 상황인가? 화려한 교회당 안에 병든 교회들이 들어 있는 것 아닌가? 교회에는 관심이 없고 그저 교회당의 건축과 확장에만 몰두하고 있지는 않은가?

식구가 늘면 당연히 공간이 더 필요하다. 그리고 공간이 더 필요한 그때 식구 수에 알맞은 집을 마련하면 된다. 아직 결혼도 하지 않은 청년이, 장차 이루게 될 가정의 규모를 예상하여 각종 대출을 통하여 큰 집을 마련하고, 그 집을 유지하기 위해 지금부터 막대한 이자를 내면서 그 집 규모에 가족 수를 맞추려고 하는 것은 자연스럽지 않을뿐더러 이루어지기도 어렵다. 마찬가지로 가진 모든 자원을 다 투자하여 교회당부터 마련하고, 그 공간을 채우기 위해 사람을 기다리고 모으는 교회개척은 자연스럽지 않을뿐더러, 성경에 없는 교회개척 방법이다. 형편에 맞는 예배 공간으로 시작하여 성도 수가 늘어나는 대로 그에 맞는 공간을 마련해 가는 것이 분명 자연스러운 일일 것이다.

교회개척자들은 처음부터 초기 교회가 사용한 사도적 교회개척을 목표로 삼아야 한다. 엄청난 자금이 투자되는 예배당 마련으로부터 조금만 자유해도, 교회개척자는 훨씬 큰 더 재정적 여유를 누릴 수 있을 것이다. 이 시대의 교회개척자는 교회의 모임을 위해 사유화된 공간을 소유해야만 한다는 생각을 버려도 좋을 듯하다. 이 시대에는, 아니 과거에도 소유하지 않고서도 자기 공간이 될 수 있는 공간이 얼마든지 있다. 단적인 예로 카페는 나의 소유가 아님에도 불구하고 커피 한 잔 값으로 얼마든지 나의 유용한 공간으로 삼을 수 있다. 오늘날 공간의 공유 개념은 날로 확장되고 있으며, 공간을 소유하고 유지하는 비용보다 훨씬 저렴한 비용으로 공간을 사용할 수 있는 방안들이 많다. 교회개척자는 이러한 방안들을 찾아 활용하는 것도 좋은 교회개척 방안일 것이다.

교회를 개척하기 위한 최고의 장소는 가정집이다. 아무리 시대가 개인주의화 되고 사생활이 강조되는 시대라고 해도, 성경의 원리는 적용되어야만 한다. 가정집을 열어서 손님을 환대하는 일은 성경에 나타나 있는 모든 하나님 백성의 덕이자 의무이다. 사도들의 교회개척은 사람들이 머무는 곳에서 시작되었으며, 몇 명의 회심자가 생기면 곧 누군가의 가정집에서 모였다. 이러한 원리는 오늘날에도 여전히 유효하고 신학적이며 역사적이다. 다만 오늘날의 교회개척자들이 장소 구입부터 시작하는 한국적 교회개척 방법에 매여 있기에, 가정집에서 시작하는 것을 두려워하고, 또는 아예 그러한 교회개척을 상상조차도 못 하는 것이다. 교회개척 공간과 관련하여 획일적인 방안은 없다. 교회개척 공간으로 정형화된 공간도 없다. 모일 수 있는 곳이면 된다. 어떤 공간이든지 교회개척의 공간으로 충분하다. 다만 교회개척자들의 공간에 대한 고정화된 편견이 문제일 뿐이다.

그럼에도 불구하고, 필자는 한국적 상황에 비추어 공간으로서의 교회당에 관해 일설을 덧붙이고자 한다. 왜냐하면, 아직 교회개척자들 대부분이 교회당 중심적인 교회개척을 시도하고 있기 때문이며, 그렇다고 한다면 교회당에 대한 올바른 철학을 정립하는 것이 필요하다고 보기 때문이다. 먼저 언급해야만 하는 것은 당연히 교회당이 주는 유익함이 있다는 점이다.

집 없는 사람에게 삶의 피로도는 가중되는 법이다. 가시적인 집이 주는 안정감이 크다고 하겠다. 특별히 우리 민족은 정착민이자 농경민 문화 속에 거주해 왔다. 때문에, 집을 매우 중요하게 여기는 민족성을 갖고 있다. 그렇기에 세계 어디를 가든 우리 민족은 가장 먼저 집부터 마련하여 소유하려고 하며, 오늘날 집과 관련된 이슈는 대통령의 당선 여부를 결정할 정도로 심각한 사회적 이슈이다. 이러한 집에 대한 애착을 보이는 우리의 민족성은 성도들의 교회당에 대한 애착이 된다고 본다.

대부분 성도가 무형 교회에 대한 이해가 부족하므로, 공간으로서의 교회당이 성도들에게 주는 유익함이 대단히 크다. 보이는 교회당은 성도의 신앙생활에 큰 역할을 한다. 교회당은 상징성과 집중력을 성도들에게 가져다준다. 교회당은 성도들의 영적인 피로도를 줄이고, 영적 양식 공급에 유리한 유익함이 있다. 교회당은 세상과의 접촉점 기능을 한다는 점에서도 유익하다. 그러므로 교회개척에 있어서 교회당을 준비하여 시작하는 것을 부정적으로 보지 않는다. 할 수만 있으면 교회를 위한 전용 공간을 마련하여 시작하면 유익할 것이며, 또한 유리한 측면까지도 많을 것이다.

문제는 교회개척자가 교회당이란 공간에 대한 신학적이고 철학적인 의식이 없는 것이고, 마치 교회개척이 교회당 마련으로 성패가 좌우되는 것인 양하여 무리하여 빚을 내고 돈을 끌어모아 교회당과 시설에 전부 투자하는 것이다. 뒤에 다시 한번 언급하겠지만, 교회개척자는 초기 시설 투자에 절대로 무리해서는 안 된다. 초기 그럴듯한 시설 구비보다 훨씬 중요한 것은 교회가 3년을 버티는 것이다. 만약 그 기간을 버티지 못한다면, 투자해 놓은 그럴듯한 시설은 모두 쓰레기가 되고 만다는 사실을 교회개척자는 기억하고, 초기 화려한 투자보다는 어떻게 가진 자원을 통해 오래 버틸 것이냐를 계획해야 한다.

교회가 부흥하여 성도들의 헌금으로 버티게 되는 현상은 하나님이 하실 일이지 교회개척자가 하는 일이 아니다. 교회개척자가 해야 할 일은 자력으로 오래 버티는 것을 현실적으로 계획하고 실행하는 것이다. 교회개척은 도박도 아니며 믿음으로 위장된 헛된 바람도 아니다. 교회개척은 현실에서 이루어지는 생과 사의 문제이다. 현실적으로 월세를 내지 못하여 보증금을 다 까이고 쫓겨나게 되면, 목회는 끝이다. 소명을 이루고 목회를 하고 싶어도 방법이 없다. 이런 차원에서 볼 때, 교회개척자에게 소명보다도 더 강력한 것이 바로 월세이다.

교회개척자가 교회를 시작할 때, 자체 교회당을 건축하여 시작하는 경우는 거의 없으리라 생각한다. 교회개척자들 대부분은 임대를 통해 교회당을 마련할 것이다. 이러한 현실적 상황을 고려하여 모임 장소 선정과 관련하여 몇 가지 고려 사항을 필자의 저서『사도적 교회개척: 신학과 실천과 방향』에서 제시한 바 있다.[73] 필자는 그곳에서 다음과 같

---

73. 양현표, 『사도적 교회개척: 신학과 실천과 방향』, 258-266.

은 내용을 제시하였다.

첫째는 교회로서 적당한 주변 환경인지를 고려한다. 예를 들어, 유흥업소가 즐비한 거리는 교회가 위치하기에 적당하지 않을 것이다. 물론 유흥업소 복음화라는 특수한 사명을 가진 교회라면 예외가 될 것이다. 둘째는 비용 절감 혹은 감당할 수 있는 비용을 고려한다. 교회당의 유지 비용은 궁극적으로 교회개척자의 발목을 붙잡는다. 전월세 비용은 현실적으로 소명보다 강력한 힘을 갖고 있다. 월세를 내지 못하면 목회를 하고 싶어도 할 수 없게 됨을 교회개척자는 기억해야만 한다. 셋째는 실제 건물 자체의 구비 조건을 고려한다. 즉, 가시성visibility과 접근성accessibility, 확장 및 분할 가능성, 주차장, 화장실, 창고, 관리인 유무 등을 고려한다. 마지막으로 교단이 규정해 놓은 규칙을 고려한다. 예를 들어 대한예수교장로회 합동 교단의 경우, 소속 목사가 교회개척 시 "본 교단 지교회와 직선거리 300m 이상"이어야 한다는 규정을 갖고 있다.

예배 장소의 인테리어 역시 교회개척자가 관심을 가져야 할 중요한 요소이다. 기왕 예배 처소를 마련하였다고 한다면 내부 인테리어 역시 형편 가운데서 탁월하게 실행하여야 할 것이다. 필자는 개척교회의 실내 인테리어와 관련하여 다음과 같은 네 가지 제안을 하고 싶다.

1. 교회개척자의 교회론과 목회 철학이 고려되는 인테리어이어야 할 것이다

구조는 목회를 위해 존재한다. 목회가 구조에 종속되면 안 될 것이다. 교회개척자의 목회 내용을 위한 내부 구조를 디자인해야 한다는 것이다. "어떤 목회를 하고 싶은가? 어떤 목회 활동을 하고 싶은가?" 이에 따라 내부 구조나 인테리어가 결정되어야 한다. 많은 교회개척자들이 자신의 목회 내용을 고려하는 창조적 아이디어 없이 그저 전통적인 예배실 중심으로 교회 내부를 디자인하고 있다. 필자는 교회개척자들의 이러한 생각 없음을 상당히 안타까워한다. 한번 디자인해 놓은 그 구조에 따라 목회 방향이 결정될 수밖에 없기 때문이다.

개척교회가 예배실 중심으로 구조를 꾸미고, 그 예배실 안에 전통적인 장의자를 배치하는 것은 매우 어리석은 일이다. 예배실의 장의자 설치는 공간 활용 및 효용도를 제로로 만들 뿐이다. 장의자를 배치하는 순간, 그곳은 예배실 외에 다른 어떤 목적으로도 사용하기가 어려워지기 때문이다. 필자는 어느 개척교회 설교 초청을 받았는데, 예배 후 필자를 비롯한 모든 성도가 예배실에서 강대상을 바라보며 점심 식사한 경험이 있다. 친교실이 따로 없는 개척교회의 예배실에 장의자를 배치했기에 나타나는 어쩔 수 없는 풍경이었다. 그것은 어디서나 쉽게 볼 수 없는 하나의 진풍경이었다. 공간 활용도를 높여야만 하는 개척교회가, 일주일에 한두 번 드리는 예배를 위해 공간을 고정시킬 필요는 없다. 예배실 공간을 가능한 줄이고, 다른 용도의 공간을 확보할 필요성이 있다.

개척교회에서는 "공간의 거실화"가 필요하다. "거실"은 모든 식구가 공유하는 공간이다. 가정의 각종 일이 거실에서 일어난다. 거실은 가족들의 잡다함과 소통이 공유되는 공간이다. 거실은 그 가정의 중심 장소이며, 열린 장소이고, 다용도 공간이며, 중간 지대 공간이다. 언젠가 티브이의 특별 프로그램을 통해 알게 된 사실인데, 거실의 잡다함 속에서 오히려 집중력이 향상된다고 한다. 때문에 일본에서는 자녀들로 하여금 방이 아닌 거실에서 공부하도록 한다는 것이었다. 공간이 넉넉하지 못한 개척교회에서 소위 말해 "본당의 거실화"가 반드시 필요한 듯하다. 본당을 예배만이 아닌 성도들 모두의 문화가 창출되고 잡다한 소통이 이루어지는 공간으로 활용해야만 한다는 의미이다.

2. 교회다운 분위기가 연출되는 인테리어이어야 할 것이다

정용성은 그의 책 『닭장 교회로부터 도망하라』에서 말하기를 "공간은 감정과 행동에 지대한 영향을 끼친다"[74]라고 했다. 그렇다. 예배당의 분위기는 당연히 성도들의 감정과 행동에 지대한 영향을 끼친다. 예배당의 분위기는 목사의 설교가 성도들을 터치하는 데 적지 않은 영향을 준다. 따라서 교회개척자는 교회 내부를 디자인할 때 반드시 영적인 분위기를 창출하면서도, 성도들이 교회에 머무는 동안 그들의 감정과 행동이 긍정적으로 될 수 있도록 분위기를 꾸며야 한다. 이를 위해 교회개척자는 고민하고 연구해야 하며, 여러 비슷한 규모의 교회를 방문하는 등의 발품을 팔아야만 한다.

필자는 개척교회는 특별히 밝은 분위기여야 한다고 믿는다. 분위기를 밝게 해야 한다. 가능한 밝은 색상의 비품을 마련하라. 성경에서 빛이 얼마나 중요한지 모른다. 빛은 어둠과 대비된다. 빛은 하나님의 속성이다. 빛은 사람들에게 영육 간에 건강을 가져다준다. 혹자들은 어두운 분위기가 거룩함 혹은 경건함을 가져오는 것처럼 생각하고 교회 분위기를 어둡게 하려고 한다. 하지만 이것은 근거가 없는 편견에 불과하다. 개척교회는 밝아야 한다. 개척교회뿐만 아니라 모든 교회당은 밝아야 한다고 확신한다. 필자는 실내가 밝은 식당을 선호한다. 식당을 어둡게 하는 이유는 오직 한 가지뿐이라고 믿는다. 그것은 더러움을 감추기 위함이다. 그러잖아도 "개척교회"라고 하면 뭔가 궁핍하고 어렵고 힘든 이미지가 있는데, 실제 교회당 내 분위기까지 어둡다면 방문자나 예배자 모두에게 우울감을 증폭시킬 수 있음을 교회개척자는 유념해야만 한다. 개척교회에서는 교회당 안의 비품들도 가능하면 밝은 색 계통으로 구비할 필요가 있다.

---

74. 정용성, 『닭장 교회로부터 도망하라』 (서울: 홍성사, 2015), 73.

3. 비용을 고려한 인테리어이어야 할 것이다

교회개척자에게 다시 한번 강조하고 싶은 사실이 있는데, 그것은 지금 교회를 화려하고 매력적으로 꾸미는 것보다, 비록 소박하게 꾸미더라도 교회가 3년을 버티는 것이 더 중요하다는 사실이다. 따라서 교회개척자는 초기 인테리어 비용을 최소화해야 한다. 그렇다고 하여 비용 절감만을 이유로 교회개척자가 (비록 손재주가 있다고 하여도) 직접 인테리어를 해서 뭔가 궁색해 보이고 아마추어의 흔적이 남아서는 안 될 것이다. 당연히 인테리어 전문가를 사용해야 한다. 왜냐하면, 이 시대는 단지 기능만이 아닌 미(美)와 어울림까지를 찾는 시대이기 때문이다. 인테리어가 어설퍼서는 결코 안 될 것이다.

하지만 인테리어에 무리한 투자를 하는 것은 어리석다고 말하고 싶다. 교회개척자는 "성전주의"에서 빠져나와야 한다. 성전주의는 하나님의 교회는 무조건 최상급으로 꾸며야 한다는 생각이다. 그러나 성전주의는 사람의 허세라고 감히 말하고 싶다. 만약 교회 문을 닫아야만 할 경우, 성전주의에 의한 그 모든 최상급의 꾸밈과 비품들이 쓰레기가 될 수 있음을 현실적으로 생각해야만 한다. 그렇기에 지금의 화려함보다 3년의 버팀이 더 중요하다는 것이다. 모든 비용은 하나님의 자원이 투자되는 것이다. 하나님의 자원은 다름 아닌 교회개척자나 성도들이 드린 헌금이다. "헌금은 성도들의 피값"이라는 사실을 아는가? 이는 결코 함부로, 쉽게, 그리고 허세를 위해 사용해서는 안 되는 하나님의 자원이다.

때때로 개척교회의 초대를 받아 설교하러 간다. 그런데 어떤 경우에는 실제 10평도 되지 않은 예배실에 화려한 대형 강대상과 최고급 음향, 비디오 시설이 갖춰져 있음을 본다. 그러한 경우 필자는 "이 정도의 공간에 이러한 고급 시설이 필요할까" 하는 강한 의구심을 갖는다. 가장 좋은 소통은 목소리의 소통이라고 한다. 작은 공간 교회의 최대의 장점은 목사와 성도 간의 근거리의 직접적인 소통이다. 화려하고 큰 비품들은 오히려 그러한 소통의 장점을 살리지 못하게 하는 방해물이 된다. 이 모든 것이 성전주의의 결과이며, 그저 답습하고 모방하는 교회개척자의 모습이라고 하겠다.

소위 말해 교회개척에 실패한 어느 교회개척자와 장시간 이야기를 나눈 적이 있다. 그는 큰 포부를 안고 경기도의 신흥 지역에 교회를 개척했다. 큰 비용을 투자하여 정말 그럴듯하게 교회를 꾸몄다. 교회를 잘 꾸며 놓고 열심히 하면 사람들이 몰려올 것이고, 그러면 이 정도의 시설을 유지할 수 있을 정도의 경비는 헌금으로 충당될 것이라고 믿었다. 그러나 현실은 그의 뜻대로 되지 않았다. 결국 교회 문을 닫아야만 했다. 그런데 한국의 임대법에 의하면, 임대가 끝나면 임대인이 건물을 원상 복구해야 한다는 사실을 모두가 알 것이다. 그런데 이 교회개척자는 마지막에 건물을 원상 복구하기 위한 사람들을 고용할 비용조차 없었다. 그는 직접 그가 고비용을 들여 설비한 거룩한(?) 그 인테리어와 비품을 뜯어내어야 했다. 그가 고백하기를, 그 철거 작업 내내 눈에서 흐르는 눈물을 멈출 수가 없었다고 한다. 또한, 그의 경험에 따르면, 고가로 화려하게 인테리어를 할수록 임대료 싸움의 주도권을 건물주가 갖는다는 것이다. 건물주가 임대료를 올릴 때, 그것이 부당함에도 불구하고 투자해 놓은 비용이 너무 아까워서 어쩔 수 없이 건물주의 요구를 받아들일 수밖에 없다는 것이다.

필자는 이상의 이야기를 들으면서, 성전주의라는 한국 교회 전통에서 벗어나지 못한 한 교회개척자의 비애를 보는 듯했다. 건물 자체나 비품 자체가 거룩한 것은 아니다. 그것들은 단지 생명도 없는 물건들에 불과하다. 다만 그것들이 거룩한 용도로 사용되기에 거룩한 비품인 것이다. 쓰레기통에 있는 것은 분명 쓰레기이지만, 그 쓰레기를 가져다가 교회에서 거룩한 용도로 사용한다면 그것은 쓰레기가 아닌 거룩한 비품이다. 교회개척자는 교회당을 꾸미기 위해 비싸고 화려한 새것만을 찾을 필요가 없다. 교회의 중고 비품 등을 얼마든지 활용할 수 있다. 실제로 중고로 나온 교회 비품 등을 저렴한 가격에 혹은 무료로 얻는 방법이 많이 있다.

교회개척자는 시설 구비에 있어서 절대로 재정적으로 무리하지 않아야 한다. 동시에 허술하지 않으면서, 교회라는 영적 분위기가 나는, 그리고 목회 철학을 구현할 수 있는 인테리어를 실행할 필요가 있다. 이는 쉽지 않은 일이다. 때문에 교회개척자는 인테리어를 위해 여러 작은 교회들을 실제로 돌아다녀 보고, 개척교회를 돕는 인테리어 업자 등을 찾는 등의 발품을 파는 노력을 기울여야만 한다.

4. 인테리어를 비롯한 교회당 내의 모든 비품의 관리가 탁월해야 할 것이다

개척교회 혹은 작은 교회를 방문할 경우, 때때로 교회당 내부가 매우 혼잡하고 정리가 안 되어 있음을 보게 된다. 여기저기 물건들이 방치되어 있고, 예배실이 마치 창고처럼 사용되어 많은 비품이 예배실 안에 적치되어 있음을 보게 된다. 이러한 교회당 내의 무질서함은 방문자들에게 첫인상을 좋지 않게 함으로 교회 부흥에도 막대한 영향을 끼친다. 그런데 놀랍게도 정작 그 교회의 담임 목회자나 성도들은 그들의 교회당 내부가 무질서하다는 사실을 인식하지 못한다는 것이다. 그러한 환경에 자연스럽게 익숙해져 있기 때문이다.

개척교회에서는 공간 활용과 비품 정리에 늘 관심을 두어야 한다. 아무리 작은 공간의 교회라 하더라도 교회로 존재하기 위한 최소한의 비품이 필요하다. 보통 교회에서 필요한 비품과 용품은 큰 교회나 작은 교회나 모두 필요하다. 문제는 작은 교회는 그러한 비품을 보관하거나 배치할 공간이 부족하다는 것이다. 그렇기에 작은 교회에서는 물건들이 정리보다는 방치되는 경우가 흔하다. 그리고 이러한 물건들이 정리되지 않고 방치된 환경은 교회의 분위기에 큰 영향을 끼치고 궁극적으로 교회의 발전에까지 영향을 준다.

교회개척자는 외부인의 시각을 유지하여 교회 내부의 환경을 개선해야 한다. 사실 물건들이 방치되는 것은 공간의 부족 때문이 아니라 인식의 부족 때문이다. 아무리 작은 공간이라고 하더라도 깨끗한 정리정돈은 가능하다. 다만 그렇게 하려는 필요성을 의식하지 못하고, 그렇게 하려는 의지가 없다는 것이 문제일 뿐이다. 정기적으로 외부 동료나 주민들을 초대하여 그들의 조언을 받으라. 외부인의 시각이 곧 교회를 방문하는 사람들의 시각이다. 교회 살림살이를 마련할 때 반드시 관리까지를 고려하라. 우선 필요에 의해 구매하기보다는 구매 후의 관리까지도 염두에 두고 구매하라. 관리 방법이나 보관할 공간이 마땅찮으면 구매하는 것보다 차라리 임대하는 것이 더 효과적일 수 있다. 정기적으로 내부 환경을 신선하게 바꾸기 위해 노력하라. 큰돈을 들이지 않고서도 분위기를 바꾸는 방법은 얼마든지 있다. 예를 들어, 일부 벽의 벽지만 바꾸어도 교회의 분위기가 새로워질 수 있다. 중요한 점은 교회개척자가 안주하지 않고 새로운 분위기를 창출하려는 노력이 필요하다는 것이다.

우리의 오감을 통해 입력되는 모든 느낌은 실제로 목사의 은혜로운 설교보다 더욱 강력한 판단 근거가 된다는 사실을 교회개척자가 기억했으면 좋겠다. 시각으로 감지되는 청결하고 깔끔하다는 느낌, 청각으로 감지되는 안정된 스피커의 소리, 피부로 느끼는 쾌적한 실내 온도, 후각으로 느끼는 향기로운 냄새 등은 교회를 찾는 이들에게 목사의 설교 내용보다도 영향력 있는 요소들이다. 주일 예배에 참석한 사람은 적어도 한 번은 화장실을 들릴 것이다. 그런데 화장실에 용품이 없다거나, 지저분하다거나, 악취가 나는 등의 불쾌한 경험을 하면, 그가 다시 교회에 나올 확률은 거의 제로에 가깝다고 할 수 있다. 왜냐하면, 대부분의 성도는 그날 설교의 내용은 잊을지언정 화장실에서의 악취는 잊지 않기 때문이다. 때문에 화장실이 공용 화장실일 경우, 비용과 인력이 들어간다고 하더라도 교회가 화장실을 직접 관리하는 것이 바람직하다.

글을 정리하려고 한다. 개척교회당의 인테리어를 보면 교회개척자의 생각을 어느 정도는 알 수 있다. 그가 어떤 생각으로 교회개척을 했는지, 어떤 목회를 하고 싶은 건지, 혹은 아무 생각 없이 교회를 개척한 건지 등 어느 정도는 알아낼 수 있다. 대체로 개척교회는 담임 목회자의 뜻대로 교회당이 꾸며진다는 점에서 인테리어 안에 담임 목회자의 생각과 동시에 한계성이 담겨 있다. 교회개척자는 교회당 인테리어에 있어서 탁월해야 한다. 교회개척자의 교회론과 목회 철학이 반영되어야 한다. 그러나 동시에 지나친 비용 투자는 바람직하지 않다. 인테리어 못지않게 중요한 것이 관리이다. 내부를 밝고 청결하게 관리해야 한다. 그러기 위해 외부인의 관점이 필요하다. 처음 방문하는 이들이 공간의 규모와 상관없이 기분이 좋아지는 그러한 분위기를 연출해야 한다.

교회당(건물) 중심의 목회를 할 필요는 없다

●●●

하워드 스나이더Howard Snyder는 『새 포도주는 새 부대에』에서, 구약의 장막 혹은 성전을 부활시키려는 현대 교회를 신랄하게 비판했다. 그러한 시도는 인간 욕망의 결과라는 것이다. 그는 신학적으로 교회는 성전(건물)이 필요하지 않다고 주장한다. 기독교는 거룩한 장소를 갖고 있지 않고 거룩한 사람들만을 소유하고 있는 종교라고 주장했다. 그는 "기독교의 처음 150여 년 동안 교회는 교회 건물이라는 말을 들어본 적도 없다"라고 주장했다.

팀 체스터Tim Chester는 『교회다움』에서, 초기 교회들은 건물을 소유하지 않았다고 주장했다. 초기 교회들은 주로 부유한 신자의 집이나 허름한 공동 주택에서 모였다는 것이다. 2세기 중반까지도 교회는 교회당을 건축하지 않았으며, 교회당은 콘스탄티누스가 기독교를 로마 제국의 시민 종교로 만든 후에 이교도의 사원을 따라 만든 것이라고 주장했다.

마이클 프로스트Michael Frost는 『새로운 교회가 온다』에서, "우리가 건물을 짓고, 그러고 나서 그 건물이 우리를 형성한다. 크리스텐덤 속에서 우리는 너무 깊게 건물에 의해 형성되어, 도구로서 건물이 우리 의식과 사회적 모습에 미친 실제적인 영향을 제대로 파악하지 못한다"라고 주장하면서, 오늘날 건물 없는 교회를 상상도 못 한다고 했다. 그는 말하기를 "기독교는 자체 건물을 가지지 않았을 때, 하나님의 백성으로서 그 본질에 가장 효과적이었고 합당했다"라고 주장했다.

에드 스테처Ed Stetzer와 톰 라이너Thom S. Rainer는 『교회혁명: 변혁적 교회』에서, 좋은 교회 시설이 교회 사역을 돕는 것은 맞지만, 성도들의 관심을 다른 데로 돌리는 원인이 되기도 한다면서, "성도들의 시선이 하나님의 사명에 집중하지 못하도록 할 수 있다는 것 또한 명심해야 한다"라고 했다. 그들은 말하기를, 교회 건물이 건축되면 건물 중심으로 신앙생활이 이루어지고, 사람들이 교회 건물의 외형적인 모습에 마음을 빼앗기기 시작하면서 자신의 교회만 생각하려는 유혹이 생겨난다고 했다. 결과적으로 성도들은 관객이 되어 버렸고, 교회들은 종교 시설로 전락하고, 수동적인 성도들의 모임 장소로 바뀌었다고 주장했다.

정용성은 『닭장 교회로부터 도망하라』에서, "사람이 건물을 만들지만, 건물은 사람을 만든다. 큰 건물은 사용하는 인간을 소외시키고 차별한다. 바벨탑 문화를 만든다. 한국 교회의 초기 건물들은 초가집과 평민의 집이었다. 하지만 교회 건축 양식이 근대식으로 변하면서 교회 내 위계질서는 강화되었다"라고 주장하면서, 교회당으로 인한 교회 내에 비성경적 문화가 자리 잡았다고 주장했다.

교회당이 초래하는 부정적인 면에 대한 몇몇 학자들의 견해를 인용했다. 당연히 교회와 교회당은 구분되어야 한다. 교회론에 관한 지식을 조금이라도 갖고 있다면 교회는 교회당이 아니라는 사실에 대해 동의할 것이다. 그러나 실제 목회 현장에서는 이러한 교회론이 별반 적용되지 않는다. 특별히 우리나라 목회 현장에서는 더더욱 그러한 것 같다. 구원받은 사람의 모임이 교회, 즉 사람이 교회인데, 실제 목회 현장에서는 교회당이 교회로 여겨지는 경우가 많다. 닐 콜Neil Cole이 『교회 3.0』에서 말한 바와 같이 "교회와 교회당을 동일시"하는 문화가 한국 교회 생태계에 자리를 잡았다. 사람들은 교회당을 교회로 여기고, 교회당 건물에 헌신하는 것을 교회에 헌신하고 하나님께 헌신하는 것으로 여기고, 교회당 건축을 위해 헌금하는 것을 하나님께 드리는 헌금으로 간주한다.

교회당은 교회를 위한 도구에 불과하다는 사실을 망각해서는 안 된다. 교회당은 비본질적 요소로서 교회를 담기 위한 그릇에 불과하다는 것이다. 약 5만에 가까운 한국 교회 전체 예산이 약 3조 원이라고 한다.

그런데 그 한국 교회가 금융권에 지고 있는 빚은 약 9조 원이라고 한다. 전체 예산의 3배를 빚지고 있는데, 이 빚은 거의 전부가 교회당을 짓기 위한 것이다. 교회는 성도들의 피땀 어린 돈을 헌금이란 명목으로 거두어(?) 은행들의 배를 채우고 있다는 사실을 기억했으면 좋겠다. 여전히 교회는 금융권의 최고 고객이란 사실을 아는가? 여간해서는 교회는 빚 갚기를 포기하지 않는다. 은행에 이자를 내는 것이 하나님에 대한 충성이요 헌신이라고 믿기 때문에, 마지막 한 푼까지도 은행에 가져다준다. 이 모든 것이 건물 중심의 목회를 하기 때문이다.

성전주의에 빠질 필요는 없다

● ● ●

목사님이신 아버지께서 자주 하셨던 말씀이 있다. 하나님을 위하는 것, 그리고 하나님께 드리는 것은 "무조건 최고 그리고 최대"이어야 한다는 것이다. 이것은 아버지께서 확신했던 일종의 "목회 철학"이었는데, 아버지의 목회 기간 내내 실제로 적용되었고 구현되었다. 이러한 그의 목회 철학은 특별히 교회당을 건축할 때, 그리고 교회의 비품을 장만할 때 그 진가가 고스란히 드러났는데, 빚을 내서라도 하나님의 집은 최고이자 최대의 것으로 꾸며져야만 했다. 왜냐하면, 그분에게 있어서 교회당은 바로 하나님의 집, 즉 성전이었기 때문이다.

나는 아버지의 그 확신을 진실로 존중한다. 그리고 그 확신을 끝까지 실천하며 목회하셨다는 사실에 진정으로 존경을 표한다. 하지만 아버지의 그 확신이 성경적으로 그리고 신학적으로 바르다고 생각하지는 않는다. 하나님을 위한 것은 "무조건 최고 최대"라는 아버지의 생각에는 뿌리 깊은 유교적 사상과 샤머니즘적 요소가 일정 부분 포함되어 있기 때문이다. 아버지는 유교적이고 샤머니즘적 가정에서 자랐으며, 20대 후반에서야 회심을 경험하셨고, 내친김에 소명을 확신하여 목사까지 되신, 그야말로 급진적이고 체험적인 신앙을 소유한 70년대 전형적인 목사님이시다.

그러한 아버지의 신학과 신앙, 그리고 삶에서 유교적 색채와 샤머니즘적 요소를 발견하는 것은 그리 어렵지 않다. 그래서 나는 아버지의 기독교를 때때로 "유교적 기독교", 혹은 "샤머니즘적 기독교"라고 냉정하게 평가한다. 물론 표현 자체가 부정적이기는 하지만, 내가 그렇게 평가하는 의도 자체는 부정적이지는 않다. 교회당을 성전으로 간주하고 예배와 헌신을 가시적이고 물리적인 것으로 생각했던 그 시대 아버지만의 신학적 한계성이 있었음에도 불구하고, 아버지는 하나님의 부르심을 최선을 다해 따라가셨고 조그마한 열매도 맺으셨다.

여기서 "성전주의"라는 말을 사용하고 싶다. "무조건 최고 그리고 최대"는 성전주의를 매우 쉽게 설명해 주는 표현이다. 솔로몬은 성전을 지을 때, 당시의 문화 속에서 가장 아름답고 화려하게 지었다. 그 이유는 성전이 창조주 하나님의 집이었기 때문이다. 물론 하나님께서는 그러한 자신의 화려한 집을 원치 않으셨다. 하나님께서는 장막으로도 충분하다고 하셨다. 어쩌면 솔로몬의 성전 건축은 당시 지배자였던 인간들의 만족을 위한 것이었는지도 모르며, 하나님을 인간이 지은 집 안에 가두어 조정하려는 불순한 시도였는지도 모른다. 아무튼, 성전주의는 장막만으로도 충분하시다던 하나님을 굳이 인간의 기준에 의한, 즉 가시적이고 물리적인 차원에서 하나님께 최고이자 최대의 것을 드리겠다는 자세이다.

이 땅에 성전은 더는 존재하지 않는다. 주후 70년 이 땅에서의 마지막 성전인 예루살렘 성전이 무너진 이후, 성전 시대는 종결되었고, 이후로 교회 시대가 시작되었다. 그런데 그 교회 시대는 교회당 시대를 의미하는 것이 아니다. 교회와 교회당은 다르다. 교회는 사람을 의미하고, 교회당은 건물을 의미한다. 교회는 생물이고, 교회당은 무생물이다. 그런데 성전주의는 교회보다는 교회당에 집중하게 하고, 교회에 충성하기보다는 교회당에 충성하게 한다. 그리고 교회당에 충성하는 것을 하나님께 충성한다고 여기게 만든다.

성전주의는 가난한 개척교회의 작은 공간에 최대이자 최고의 값비싼 물건들로 채우게 한다. 교회가 생존하는 것이 훨씬 더 중요하다. 그런데 성전주의는 교회의 장기적인 생존보다는 교회당 혹은 예배실을 꾸미는 데 전력을 쏟게 하고, 그렇게 하나님의 집을 잘 꾸며 놓으면 하나님께서 만족하여 복을 주실 것이라고 믿게 한다. 안타깝게도 교회가 생존하지 못해 문을 닫을 경우, 그 값비싼 물건들이 쓰레기가 되고 만다. 성전주의는 성도들의 피값으로 드려진 하나님의 자원을 생명이 없는 부분에 쓰이도록 한다. 성전을 유지하는 데 드는 돈을 교회를 위해 사용한다면, 목사는 훨씬 더 많은 사역을 자유롭게 펼칠 수 있을 것이다. 성전주의가 교회를 파산하게 한다. 성전주의는 앞에서 언급한 유교적 기독교나 샤머니즘적 기독교와 동의어이다.

기독교 역사를 보건대, 성전주의는 항상 기독교를 정상 궤도에서 이탈시킨 장본인이었다. 교회는 원래 교회당을 필요로 하지 않았다. 그런데 교회당이 생겨났고 그 교회당이 점점 화려해짐과 동시에 기독교는 정상 궤도에서 벗어났다. 어느 시대, 어느 문화에서든 종교와 관련하여 공통적인 현상이 있는데, 종교가 외형적으로 화려해질 때 종교의 순기능이 사라진다는 것이다. 성전주의는 결국 교회의 역기능만을 드러내게 한다. "너희가 하나님의 성전"(고전 3:16)이라는 말씀! 이 말씀 안에 성전주의를 벗어나는 방법이 들어 있다.

17장
개척할 교회를 어떻게 드러낼 것인가?

필자는 박사 과정을 밟는 동안, 약 4주 동안 이스라엘 현지 대학에서 대체 과목을 수강한 경험이 있다. 이때 필자는 개인적으로 엄청난 경험을 했다. 주일이 되어 예배에 참석하기 위해 예루살렘 시내에서 교회를 찾았다. 거리를 방황했지만, 교회를 쉽게 찾을 수 없었다. 우연히 만난 현지 사람에게 교회가 어디 있느냐고 물었더니, 교회가 있는 위치를 알려주었다. 어렵사리 그 교회를 찾았고, 교회당 건물 안으로 들어갔다. 필자는 그때의 상황을 아직도 선명하게 기억하고 있다. 그 교회는 동방 교회였다. 현지 이스라엘인이 필자에게 동방 교회를 안내해 준 것이었다.

그날 필자는 난생처음으로 동방 교회의 예배에 참석했다. 아니, 참석이라기보다는 그들의 예배를 관람했다고 하는 것이 정확한 표현일 것이다. 그 예배는 알아들을 수 없는 언어로 진행되는 사제 중심의 예배였다. 처음에는 매우 당황했지만, 그렇다고 다시 나올 수도 없어서 그냥 앉아 있었다. 그러면서 필자는 하나님에 대해 또 한 번의 코페르니쿠스적 사고 전환을 그날 경험했다. 그 전환의 시작은 다음과 같은 질문으로부터 시작되었다. "하나님께서 이러한 예배를 받으실까?"

필자는 그때까지 장로교회 외에 다른 교회를 경험해 본 적이 없었다. 장로교 중에서도 합동 교단을 벗어난 적이 없었다. 합동 교단의 목사 아들로 태어나, 합동 교단에서 자랐으며, 합동 교단의 대학과 신학대학원을 졸업했다. 필자는 이 세상에 장로교 합동 교단만 있다는 우주관 속에 갇혀 있었다. 그런데 그날 난생처음 알 수도 없는 예배 형식 앞에 노출된 것이었다. 그리고는 당황했다. 그리고 질문했다. "이것도 예배인가?", "이런 예배도 하나님께서 받으실 것인가?"

한 시간 정도 되는 짧은 시간이지만, 그동안 습득해 온 내 신학적 지식과 철학적 사유와 경험을 총동원하여 내 눈 앞에 펼쳐진 이 이상스러운 상황을 해석해야만 했다. 그리고 지금까지도 유효한 매우 중요한 결론을 내렸다. 필자는 개인적으로 그 결론에 성령님의 인치심이 있었다고 믿기까지 한다. 그 결론이 무엇인가? 이 예배를 하나님께서는 받으신다는 결론이었다. 받으시는 정도가 아니라 흠향하시고 즐기신다는 결론이었다.

다양성을 즐기시는 하나님! 세계 온 백성과 그들의 문화와 그들의 언어들을 통해서 다양하게 예배받으시기를 원하시고 즐기시는 하나님! 그 하나님을 한국 장로교 합동 교단이라는, 하나님 보시기에 먼지같아 보이는 교단의 테두리 안에 가두어 놓고 있었던 나의 모습을 그날 보았다. 그리고 그 이후 필자는 하나님에 대한 인식이 바뀌었다. 그날 필자의 신학에 코페르니쿠스적 전환이 일어났다.

1. 바울의 모든 사람에게 모든 이가 된다는 전략(고전 9:22)

바울의 세 번에 걸친 교회개척 여행을 검토해 보면, 바울의 중요한 원칙 혹은 전략 중의 하나가 현장에서 보이는 복음의 수용성을 고려했다는 점이다. 이 말인즉슨, 복음에 대한 반응이 좋으면 조금 더 오래 머물렀고, 혹여나 저항이나 박해가 있을 때는 곧바로 그 지역에서 벗어났다는 것이다.[75] 이러한 사실은 바울이 교회개척 현장에 맞는 지역 교회

---

75. 양현표, "사도 바울의 복음전파를 위한 전략 연구," 「성경과 신학」 vol. 71 (2014): 210-211를 참조하시오.

를 세우는 데 목적이 있었다는 것이며, 따라서 지역마다 교회의 형태나 목회의 강조점이 다르게 나타났다는 것이다. "내가 여러 사람에게 여러 모습이 된 것은 아무쪼록 몇 사람이라도 구원하고자 함"(고전 9:22)이라는 바울의 고백 속에 그가 얼마나 현장 중심이었으며, 그 현장에서 작동하는 교회를 세우려 했는지를 알 수 있다. 그는 그가 처한 현장에서 그 현장의 문화와 그 현장의 종교에 따라 교회의 형태를 달리했다. 즉, 진리는 하나이지만, 그 진리를 담는 교회의 형태는 각 지역에 따라 다르게 표현했다는 것이다.

2. 예루살렘 공의회의 결론

사도행전 15장에는 교회사에서 최초로 소집된 교회 회의가 기록되어 있다. 회의 주제는 이방인을 대상으로 하는 교회의 형태를 어떻게 규정할 것이냐 하는 것이었다. 이러한 사실은 당시 유대적 기독교인들의 교회 모습과 이방인 기독교인의 교회 모습이 같을 수 없음을 전제로 하고 있다. 예루살렘 공의회의 결론은 이방인들을 위한 교회의 모습은 유대인들을 위한 교회의 모습과는 다르게 존재해도 됨을 허락하는 것이었다. 성경은 그 회의 과정은 비교적 간략하게 서술하고, 그 회의의 결론에 강조점을 두고 있지만, 사실은 매우 심각한 논의가 있었을 것으로 추측한다. 성경은 "많은 변론"이 있었다고 말한다(행 15:7). 복음의 기득권을 가지고 있던 유대인 그리스도인 지도자들은 자신들이 만들고 유지해 온 교회의 형태와 다른 그 어떤 교회 형태를 인정하기가 어려웠을 것이다. 하지만 성령의 뜻에 민감했던 사도들은 이방인 지역에 다른 형태의 교회 존재를 인정하는 것으로 공의회를 마무리 했다.

3. 20세기 이후에 나타난 다양한 교회 형태

교회의 외적 형태는 교회사를 통해서 계속해서 바뀌었다는 사실을 인정할 수 있는가? 진리는 하나이고 변할 수 없지만, 그 진리를 담는 그릇은 계속해서 변해 왔다. 물론, "매체가 곧 메시지다"라는 말이 있듯이, 하나의 그릇이 오래 가다 보면, 오히려 주객이 전도되어 그릇이 진리 역할을 하게 되는 문제점이 드러나지만, 그때마다 개혁이든 갱신이든 어떤 방식으로든 다시 그 시대에 진리를 제대로 담을 수 있는 형태의 교회가 나타남으로 하나님 나라가 유지되었다. 요점은 시대마다, 그리고 지역마다 교회의 형태가 다르다는 것이다.

20세기부터만 살펴보아도 많은 형태의 교회가 나타나 역할을 감당하다가 쇠퇴했음을 알 수 있다. 이성주의 시대에 만들어진 교회의 형태에다가 우리는 "전통적"이라는 표현을 붙인다. 소위 말해 전통적인 교회 형태인 것이다. 아마도 필자의 견해로는 한국의 전통적인 교회들의 모습이 대부분 이 이성주의 시대에 만들어진 교회의 모습이라고 본다. 이러한 전통적인 교회가 그 기능을 잃어가자, 여러 형태의 새로운 모습의 교회들이 등장했다.

1) 예수 운동을 일으킨 갈보리 채플

척 스미스Chuck Smith(1927-2013) 목사가 1970년대에 일으킨 "예수 운동"의 갈보리 채플이다. 갈보리 채플은 당시 관료화되고 제도화된 전통적인 교회의 모습에서 벗어나, 예배 형식과 내용을 개혁하고, 평신도의 가치와 사역을 강조하고, 문화를 해석하고 활용하는 교회의 모습을 보여 주었다.

2) 교회 성장 운동

20세기 중반 맥가브란Donald McGavran에 의해 출발한 교회 성장 운동도 그 당시에 바른 기능을 잃어가던 그 시대의 주류 교회에 대비되는 새로운 교회의 모습을 창조했다고 할 수 있다.

3) 구도자 교회

20세기 중후반에 미국에서 교회의 모습으로 강건하게 자리잡은 구도자 교회 역시, 그 시대에 맞는 교회의 모습으로 자리잡았다. 빌 하이벨스Bill Hybels의 윌로우크릭 교회Willow Creek Community Church(1975년 설립) 릭 워렌Rick Warren의 새들백 교회Saddleback Church(1980년 설립)로 대표되는 구도자 교회의 모습은 비즈니스 모델과 마켓팅 패러다임 도입한 미국의 전형적인 실용주의에 근거한 모습이다. 오늘에 와서 종교의 소비주의 특성을 강화한 소비자 중심의 교회라는 비판을 받고 있지만, 20세기 후반 전 세계에 영향을 끼쳤던 교회의 형태이었던 것만은 분명하다.

4) 이머징 교회emerging church

21세기 들어와 또 하나의 교회 형태가 나타났는데, 이름하여 "이머징 교회"이다. 이머징 교회의 시작은 20세기 말일 것이다. 그러나 그 본격적인 영향은 21세기 초라고 본다. 필자가 이민 목회를 하던 2000년부터 이머징 교회라는 용어는 미국의 기독교 잡지를 도배하다시피 했던 것으로 기억한다. 20세기 말에서 21세기 초에 북미에서 가장 격렬한 논쟁의 주제가 바로 이 이머징 교회였다고 필자는 기억한다. 이머징 교회의 줄기는 다양하여 어느 하나의 신학적 스펙트럼으로 그 모든 이머징 교회 형태를 규정할 수 없다. 이머징 교회의 출발은 포스트모던이라는 새로운 패러다임에 적절한 교회 형태를 추구한 결과라 할 것이다. 포스트모던이라는 새로운 시대에서 기성 교회들이 작동을 못 하자, 포스트모던 문화 속에 있는 사람들을 의식하고 그들에게 다가가려 하는 노력의 결과가 이머징 교회로 나타난 것이다.

5) 선교적 교회missional church

오늘날에는 "선교적 교회" 형태가 대세를 이루고 있다. 레슬리 뉴비긴Lesslie Newbigin(1909-1998)으로부터 시작된 선교적 교회론은 데이비드 보쉬David Bosch(1929-1992)의 선교신학과 맞물려, 하나님은 선교사이시며, 하나님의 선교missio Dei를 위해 교회는 존재한다고 주장하는 선교적 교회론이 자리잡았다. 선교적 교회론은 선교에 관한 방법론적, 기능론적 접근이 아니라, 선교적 해석학에 근거한 교회의 정체성 혹은 교회의 본질에 집중한다. 즉, 선교적 교회론은 "잊고 있던 교회의 본질 자체가 '선교'라는 것을 경각시키고, 교회 본질의 신학적인 의미를 담아내고 있는 신학화"[76]이다.

필자는 개인적으로 이 시대의 교회는 선교적 교회이어야 한다고 믿고 있다. 물론 선교적 교회를 깊이 이해한다면, 필자의 개혁주의 신학으로는 받아들일 수 없는 영역도 분명 존재한다. 그러나 대승적 차원에서 이 시대의 교회 형태는 선교적 교회라고 확신하다.

선교적 교회론은 교회를 보내는 존재sending에서 보냄을 받은 존재being sent로의 변화를 의미한다. 단지 복음을 전하는 역할로서 만족하지 않고, 삶의 현장으로 보냄을 받음을 강조한다. 그렇기에 선교적 교회는 성육신적 사역incarnational ministry 혹은 사도적 사역apostolic ministry

---

76. 박원길, 황병준, "'선교적 교회'를 위한 목회 리더십 연구," 「복음과 실천신학」 제35권 (2015): 44.

을 감당한다. 끌어들이는 사역an attractional ministry이 아니다. 예수님은 우리에게 온 세상으로 가서 그의 사신이 되라고 말씀하셨다. 그러나 오늘날의 많은 교회가 어느새 "go and be" 명령을 "come and see"로 바꾸고 말았다. 교회들은 어느새 건물과 프로그램과 스텝 활용에 집착해 왔으며, 사람들을 즐겁게 하고 그들을 끌어들일 수 있는 다양한 종류의 행사와 상품 활용에 익숙해졌다. "선교적"이라는 말은 "come to us"라는 초청을 "go to them" 삶으로 바꾸는 것을 의미하는 말이다. "선교적"이라 함은 교회의 존재가 "the way of Jesus"를 보여 주고, 전적으로 타인을 위한 희생적 삶에 초점을 맞추는 것이다. 즉, 당면한 문화권 안에서 선교사의 자세로 사는 것을 의미한다. "선교적"은 예수님을 따르는 자들의 매우 본질적인 속성이다.[77]

4. FxC 운동Fresch Expression of the Church movement

여기서 필자는 영국 성공회에서 추진하고 있는 FxC 운동을 소개하려고 한다. 우리말로 표현하자면 "교회의 새로운 표현 운동"이라 하겠다. 이 운동에 관해서는 성공회에서 출간한 *Mission-shaped Church: Church Planting and Fresh Expressions in a Changing Context*; 『선교형 교회: 변화하는 상황에서 교회개척과 교회의 새로운 표현』에 잘 나타나 있다. 이 책의 내용을 중심으로 이 운동을 소개하려고 한다.

이 운동에서는, 먼저 교회 주변의 변화하는 상황들을 전제한 후에, "하나의 표준을 따르는 교회 형태만으로는 다양해진 소비자 문화에 결코 도달할 수 없을 것이다"라고 주장한다. 선교 상황이 변화하고 있으므로, 이 상황에 맞는 복음의 새로운 상황화가 필요하다는 것이다. 교

---

[77] Rick Meigs, "The Missional Conundrum," http://mcilweb.blogspot.com/2010/08/missional-conundrum.html.

회개척은 복제가 아니라 이식이며, 이식은 일구는 것이라고 주장한다. 즉, 새로운 상황 속에서 교회의 새로운 표현이 필요하다는 주장이다.

이 운동에서는 교회개척의 진정한 의미를 "새로운 형태의 교회", "새로운 방식의 교회", "새로운 표현의 교회"를 세우는 것으로 본다. 상황이 달라졌기 때문에, 현재의 교회 형태(교회의 표현)는 비신자로 구성된 지금의 세상에서는 더는 매력적이지도, 효과적이지도 않다는 것이다. 이 운동은 말한다. "이러한 상황에서는 교회의 새로운 표현과 교회개척이 돌파구를 제공할 것이다. 초점을 외부로 이동해야 한다"라고. 결국, 교회개척이 대안이며, 동시에 그 교회개척 형태가 새로운 표현으로 드러나야 한다고 말하고 있다.

이 책은 교회의 새로운 표현으로 적어도 12가지를 소개하고 있다. 바닷 교회 공동체, 카페 교회, 셀 교회, 지역 사회 운동 교회, 다중 회중 교회와 주중 모임 교회, 네트워크 중심 교회, 학교에 기반을 둔 회중과 교회, 구도자 교회, 전통적인 교회, 청년 회중 교회, 그리고 선교형 교회 등이다. 물론 이 가운데는 전통적인 교회도 포함되어 있다. 또한, 우리나라에서 이미 교회의 새로운 표현으로 자리 잡은 형태도 있다. 그런 차원에서 보면 이 책이 제시하는 새로운 교회의 표현이 꼭 새롭다고만은 할 수 없다. 하지만 요점은 이것이다. 지금의 비신자 세계를 정복할 수 있는 새로운 교회의 표현이 필요하다는 것이다.

이상에서 20세기 이후 나타난 다양한 교회 형태를 살펴보았다. 필자의 주장은 단순하다. 지금까지 교회는 그 시대에 작동할 수 있는 형태로 바뀌어 왔다는 것이다. 물론 이 땅에 완벽한 교회 형태는 없었다. 그래서 일정 기간이 지나면 더는 적합하지 않아 또 다른 형태의 교회가 등장했다. 우리는 그 변화를 인정해야 한다는 것이다. 교회의 형태가 진리가 아니다. 교회의 형태는 진리를 담는 그릇에 불과하다. 그렇기에 바뀔 수 있다. 그러므로 교회개척자는 전통적인 교회 형태를 지키기 위해 생명을 걸 이유가 없으며, 마치 그 형태가 진리인 것처럼 여길 필요가 없다. 오히려 창조적으로, "다르게" 교회를 표현해야만 하는 것이 바람직하다고 필자는 주장한다. 그런 의미에서 영국 성공회가 주도하고 있는 FxC 운동은 오늘 우리 한국 교회에 시사하는 바가 크다고 하겠다.

오늘날 한국에서도 다양한 표현의 교회가 선교적 교회라는 이름으로 나타나고 있다. 공연장, 레스토랑, 카페, 도서관, 놀이방, 스포츠 센터, 식당, 분식점, 만화방, 음악 학원 등을 이용한 작은 교회의 출현과 그러한 교회들이 영화, 연극, 음악, 책 등이 결합한 문화적 활동을 통하여 교회를 동네 안에 자리매김하는 것은 매우 고무적인 일이라 하겠다. 이러한 실험적 교회의 표현을 필자는 긍정적으로 본다. 물론 이러한 형태를 16세기 교회론으로 바라볼 때 문제가 많을 가능성이 크다. 그러나 지금은 16세기 유럽 사회가 아니다. 상황이 바뀌었다. 진리는 그대로이지만 진리를 담는 껍데기는 바뀌어야 한다. 그리고 지금까지 바뀌어 왔다. 이 사실을 인정했으면 좋겠다. 교회개척자는 자신의 소명, 기질, 그리고 현장의 특성을 고려하여 자기만의 독특한 표현의 교회를 시도할 수 있고 또 시도해야 한다. "다르게" 하는 것을 두려워하지 말자.

다르게 존재하고 다르게 하는 것을 두려워할 필요는 없다

●●●

학교에서 학생들에게나, 아니면 각종 세미나나 특강에 참석한 목사님들에게 특별히 강조하는 사실이 하나 있다. 그것은 "다르게"이다. 목회를 조금 "다르게" 해 보라는 것이다. 하나님께서 우리 인간에게만 창의력과 상상력을 허락하셨는데, 왜 그 창의력과 상상력을 사용하여 기존의 틀과 다르게 해 보려 하지 않느냐는 도전을 하는 편이다. 오늘날 코로나19 상황과 제4차 산업혁명 시대에 있어서, 상상력이 배제된 전통적이고 획일적인 목회로는 목회의 성공이 담보되지 않을 것이라고 본다. 팀 체스터Tim Chester가 한 말을 조금만 바꾸어 말하면 다음과 같다. "종종 목회의 주된 한계는 상상력의 결여이다. 사람들은 목회를 어떻게 할 것인지, 혹은 교회를 어떻게 다르게 할 것인지 상상하지 못한다. 사람들은 교회가 이룬 '성공'을 내려놓고 싶어하지 않는다."

목회의 진정한 성공은 영혼을 구원하는 것 아니겠는가? 어떻게 한 영혼을 구하고 그들을 제자로 삼아 다시 재생산의 도구가 되게 할 것인가? 이것이 목회의 목적일 것이다. 그렇다면 그러한 목적을 이루기 위해서 교회의 존재 양태가, 그리고 목회자와 목회 방법이 시대마다 달라져야만 한다. 왜냐하면, 시대와 환경에 따라 사람의 삶과 가치관과 양태가 다르기 때문이다. 우리가 사는 지금 세상의 선교적 상황을 고려해야 한다고 생각한다. 새로운 선교적 상황이 새로운 접근 방식을 요구하는 것은 당연한 일이다.

본질을 바꾸자는 말이 아니다. 오히려 본질이 바뀌기 때문에 문제이다. 본질은 회복으로, 그러나 방법과 모습은 다르게 해야 한다는 것이 나의 주장이다. "성공적인 교회개척(목회)은 우리로 하여금 복음과 문화에 대해 다시 질문하도록 이끈다. 그리고 종교적인 전통 없이도 복음 중심적이고, 세상에 적응하지 않아도 세상과 관계 맺는 완전히 새로운 교회를 세우게 한다." 존 스토트John Stott는 복음의 상황화를 주장했다. "목욕물과 함께 아기를 내다 버리기보다, 아기(복음의 핵심)는 지키되 목욕물(주어진 문화적 상황 속에서 교회를 하는 방식)은 교체하라"라고 말했다. 교회의 모습과 목회에 대한 고정 관념을 버렸으면 좋겠다. "너무나 많은 교회들이 과거의 성공에 묶여 있다. …… 그러나 이 과거의 영광은 시간과 함께 흘러가 버렸다. 더 이상 영광이 될 수 없다."

소명 받은 자들이 늘 다음과 같은 질문을 했으면 좋겠다. "교회를 좀 다르게 할 수는 없을까?" "목회를 성경 중심이면서도 좀 다르게 할 수는 없을까?" 왜 지금까지 섬겼던 교회의 형태, 섬겼던 선배 목사의 목회 방법, 익숙하고 편안한 전통을 모방하려고만 할까? 과연 목회가 현존하는 교회의 형태와 틀을 복제하는 것이어야만 하는가? 왜 다르게 하는 방법을 창안하지 않고 시도해 보지 않을까? 왜 위험을 감수하려 하지 않을까?

세상 한가운데에 존재하는 교회가 되기 위해서 교회는 위험 부담을 감수해야 한다. 세속화에 대한 위험 부담을 안아야 한다. 신학적으로 변질되어서는 안 되지만, 변질되었다는 평가를 받기 직전의 경계선까지 가보는 위험 부담을 안아야 한다. 전통 파괴자라는 오명을 뒤집어쓸 위험을 각오해야 한다. 많은 브레이크 장치가 있으므로 위험으로 들어가기를 미리 두려워할 이유는 없다고 본다.

교회당 없는 교회론, 제도적이 아닌 교회 구조, 비신자들의 용어를 사용하는 길거리 교회, 술집이나 공연장을 예배 장소로 삼는 교회, 아무나 올 수 있는 교회 같지 않은 교회 등은 보기에 따라 극단의 평가를 할 수 있겠지만, 그들이 각오하는 다르게 함으로 인한 위험 부담만은 존중할 만하다. 자신이 알고 있는 교회의 틀을 파격적으로 깨버린다면, 할 수 있는 교회의 모습과 사역은 무궁무진할 것이다.

서구(미국) 교회의 신학과 교회에 종속될 필요는 없다

● ● ●

　미국에서 박사 과정을 공부할 때, 〈미국의 부흥사들〉이라는 세미나 과목을 수강했다. 그 세미나를 통해 많은 미국 부흥사들을 접할 수 있었다. 짧은 미국 역사 속에서 활동한 부흥사들을 체계적으로 정리하고, 그들의 (별 가치 없어 보이는) 자료까지도 잘 보존하고 있는 미국 신학계의 자세와 정신에 대해 나는 깊이 감동하였다. 내가 보기에는 별 볼 일 없어 보이는 사람인데도 그토록 체계적으로 연구하고 영웅화 작업을 하고 있음에 감동한 것이다.

　하지만 그 세미나를 수강했던 학기 내내 약간의 화가 남을 참을 수 없었다. 왜냐하면, "이 정도의 부흥사는 우리나라에 얼마든지 있는데"라는 생각 때문이었다. 왜 우리나라에서는 그토록 훌륭한 부흥사인데도 학자들이 그들에 관하여 연구하지도 않고, 신학교에서 학문적으로 가르치지도 않으며, 그들에 관한 자료조차도 보존되지 않았을까? 기껏해야 설교의 예화로 사용될 수 있는 몇몇 신화적인 이야기들만 전해지는 이유가 무엇인가? 왜 우리나라 신학생들은 길선주나 김익두를 조나단 에드워즈만큼 파고들지 않는가? 그들이 미국의 어떤 부흥사들보다도 위대한 사역을 감당한 사람들인데…. 왜 우리는 우리의 위대한 신앙과 신학적 자원을 영웅화하지 못하고 서구 사상적 신학, 미국의 교회, 그리고 미국의 교회적 현상이나 운동을 맹렬히 쫓아만 가는 것일까?

　이런 생각들로 인해 그 학기 내내 화가 났고, 이러한 분노는 신토불이 실천신학을 해야 한다는 지금의 내 생각을 굳히는 계기가 되었다. 교만한 소리임이 분명하겠지만 미국에서 실천신학으로 박사 과정을 하면서, 때로는 그 주제들이 총신 신대원M. Div.에서 이미 다룬 주제인데 이곳에서는 박사 과정 수업에서 그 동일한 주제로 논쟁하는 것을 보면서 나는 영어가 어려웠지 내용은 수준 이하라는 생각까지 했던 적도 있었다. 나만의 생각인지 모르겠지만, 그만큼 우리의 신학이 서구나 미국의 수준에 비해 절대로 떨어지지 않다는, 신학적 사대주의에 빠질 만큼 우리의 신학과 교회가 빈약하지 않다는 것이다. 특별히 교회의 풍부한 현장을 가진 실천신학 영역에서는 더욱 그러하다. 이러한 생각을 처음으로 가졌을 때가 바로 1998년이다.

지금도 미국으로부터 많은 기독교적 사상, 프로그램, 운동, 그리고 교회 형태나 풍조가 수입되고 있는 것이 사실이다. 그런데 과거를 돌아보면, 그러한 수입품들은 거의 모두 짧은 기간만을 풍미하는 한시적 유행boom으로 끝나고 말았다. 왜냐하면, 아무리 좋은 씨앗이라도 토양에 맞지 않으면 열매로 연결되지 않기 때문이다. 미국 문화라는 DNA 위에 세워진 각종 신학과 목회 프로그램이 한국 교회의 대안이 될 수 없음이 당연하다. 토양에 맞도록 씨앗을 바꾸든지 아니면 씨앗이 자랄 수 있도록 토양을 바꾸든지 해야 한다. 여기서 상황화의 개념이 나온다. 우리의 신학자, 우리의 신학, 우리의 실천신학을 만들어야 한다고 생각한다. 이는 복음 자체를 변질하자는 이야기가 아니다. 복음이 대한민국이라는 토양에서 작동하도록 하자는 의미이다.

복음의 상황화가 필요하다. 우리 개혁주의 신학은 큰 딜레마에 직면해 있다. 우리의 정통 신학을 지키면서도, 이 시대의 한국인을 점령해야 하기 때문이다. 그런데 이 정통 신학에는 서구인들의 정신이 반영되어 있음은 인정해야만 한다. 따라서 정통 신학이라는 것을 지키면서도 서구 신학에 대한 사대주의를 탈피하는 방법을 우리는 찾아내야 한다. 이것을 나는 신학과 목회의 상황화라고 본다. 사실 진보 신학에서는 이것이 별 고민거리가 아니다. 그들은 상황화에 부대끼지 않기 때문이다. 그러나 우리는 다르다. 진정으로 신학적 서구 사대주의를 벗어나 신토불이의 신학과 목회를 이루는 상황화를 위해 개혁주의 신학은 고민해야 한다고 본다.

조금 더 확장하면, 진정으로 16세기 종교개혁 신학의 이 시대 대한민국 현장으로의 상황화가 필요하다. 진정으로 칼빈의 신학과 생각이 대한민국이라는 토양에 상황화가 이루어져야 한다고 본다. 종교개혁의 신학과 칼빈의 신학을 발전적으로 계승하고 극복하여, 대한민국이라는 토양에서 작동하도록 하자는 말이다. 실천신학자로서, 오늘 우리가 16세기 신학을 앵무새처럼 되뇌는 것 자체로만은 의미가 없다고 생각한다. 그것들을 지금의 대한민국이라는 토양에 상황화해야만 의미가 있다. 서구 크리스텐덤 시절의 목회관과 신학이 우리의 대안이 되지는 않는다.

18장
교회개척 생태계의 변화와 그에 따른 패러다임 전환

세상이 빠르게 변하고 있다. 교회는 세상 속에서 고립된 무인도가 아니다. 교회는 세상에 속하지 않았으나, 세상의 한 부분으로서 세상과 함께 한다. 따라서 교회는 빠르게 변하는 세상에 적응해야만 하고 궁극적으로 그 세상 속에서 살아남아야 한다. 단지 살아남아야 하는 것만이 목적은 아니다. 살아남아서 해야 할 일이 있다. 그것은 교회가 세상에 대한 대항 공동체로서 세상을 자극하고 도전하고 변화시켜야 한다는 것이다.

그런데 오늘날 교회는 변화하고 있는 세상을 감지하고 있지 못한 듯하다. 어느덧 시대는 21세기 중반을 향해 가고 있는데, 교회는 아직도 20세기에 통용되었던 시각으로 지금의 세상을 보고 있는 듯하다. 교회들은 20세기에 작동했던 목회론과 교회개척론을 바꾸려 하지 않는다. 이 시대에서 교회가 생존하기 위해서는 그동안 "거룩"과 "구별"이란 이름으로 높이 쌓아왔던 교회의 외벽을 허물어야만 한다. 그런데 교회는 그 벽을 허물기보다는 더 두껍게, 더 높이 쌓으려고 한다. 그리하여 교회에 대한 세상의 비판에 귀를 닫는다. 세상에 대한 교회의 사회적 책임은 외면하고 자기들만의 왕국 건설에 열을 내고 있다. 일부 교회들은 세상의 비판을 그들의 거룩과 경건에 대한 도전이요, 심지어 박해로 여기는 매우 어이없는 행태를 보이고 있다. 이렇게 해서는 교회가 세상에 대한 대항 공동체가 되는 것은 고사하고 세상에서 살아남을 수조차도 없다. 정녕 교회가 변하고 있는 세상을 따라잡지 못하고 있으니 안타까운 일이 아닐 수 없다.

교회개척! 참으로 다루기 어려운 주제이다. 그 이유는 교회개척 자체가 쉽지 않을 뿐 아니라 최근에 이르러서는 교회개척에 대한 부정적인 기류마저 형성되고 있기 때문이다. 사람들은 오늘날 교회가 너무 많다고 한다. 거리마다 골목마다 빌딩마다 교회들이 넘쳐난다고 한다. 그런데 왜, 그리고 아직도 교회개척이 필요하냐고 의문한다. 이미 존재하는 교회들이나 잘 간수하고 살려야 하지 않느냐고 말한다. 필자는 이러한 부정적인 기류가 비성경적이라는 충분한 신학적 견해와 논리를 제공할 수 있지만, 본 장의 목적에 부합되지 않음으로 생략하려고 한다.

다만 한 가지, 교회개척은 이 땅에 하나님의 나라를 확장하는 하나님의 "유일한" 전략이라는 사실만은 강조하고 싶다. 하나님의 나라가 확장되는 것은 다름 아닌 교회의 숫자가 증가하는 것이라고 확신한다. 교회 성장은 교회의 숫자가 많아지는 것이지, 하나의 교회가 필요 이상으로 커지는 것이 아니다. 하나의 교회가 커지는 것은 교회 성장이라기보다는 "교회 비대"라고 할 수 있다. 하나님께서는 지금까지 새로운 교회를 세워 가심으로써 그분의 나라를 확장해 오셨다. 그렇기에 교회개척은 지금도 필요하다. 더 많은 새로운 교회들, 베이비 교회들이 이 땅에 탄생해야만 하는 당위성이 있다.

그런데 이처럼 하나님의 유일한 전략이라 할 수 있는 교회개척의 실패율이 너무나 높다.[78] 왜일까? 물론 교회개척이 쉬울 리 없다. 아니 쉬워서는 안 된다. 한 영혼을 구원하여 주님의 제자로 만드는 과정이 쉬울 리가 없다. 개척된 교회마다 살아남는 것이 하나님의 뜻은 아니다.

---

78. 개척교회의 생존율이 정확히 어떻게 되는지에 대한 근거 있고 구체적인 통계는 없다. 어떤 이는 250개 중에 하나가 살아남는다고까지 하지만 그 근거는 없다. 다만, 2012년 한국개발연구원(KDI)은 정부의 영세 사업자 실태를 근거로 하여, 교회는 식당의 생존율과 동일한 25%라고 밝혔다. 최영경, "[개척교회 '2012 新풍속도'] 카페·식당⋯ 개척교회는 변신 중," 「국민일보」 (2012년 8월 17일).

교회 역사를 보건대, 하나의 교회가 세워지기 위해 수많은 순교자가 배출되는 것이 보통이었다. 지금도 순교까지는 아니지만 순교에 가까운 교회개척자의 희생과 헌신의 결과로 하나의 교회가 세워진다. 필자는 현재의 교회개척 실패율이 높은 것을 매우 정상적인 현상으로 바라본다.

그럼에도 불구하고, 필자는 교회개척 실패율을 지금보다는 줄일 수 있다고 본다. 그리고 그 방법을 오늘날의 교회개척자들이 이 세상을 파악하고 이 시대에서 작동하는 교회개척 방법을 시도하는 것이라고 본다. 이 시대의 교회개척자들이 세상을 읽지 않는다. 그리고 단지 80년대에서 90년대에 성행했던, 한 때의 붐boom으로 끝났던 교회개척 방법론을 그대로 모방하고 있다. 이 시대의 많은 교회개척자들이 교회개척 신학과 이론으로 무장하지 않는다. 교회개척자들에게 교회개척 신학과 원리가 없다는 것이다. 단지 어쩔 수 없는 상황에 직면하여 믿음과 기도로만 교회개척에 접근한다. 그리고 결국은 실패한다. 필자는 교회개척 원리는 사도들이 사용했던 원리로 돌아가야 한다고 믿는다. 그리고 방법은 이 시대를 읽고 이 시대에서 작동하는 방법을 채택해야 한다고 믿는다.

그렇다면 먼저 교회개척자들이 파악해야만 하는 현재의 세상을 몇 가지로 분석해 보자. 앞에서도 언급했듯이 세상이 빠르게 변하고 있다. 그리고 그 변화의 내용은 교회개척에 지대한 영향을 끼친다. 따라서 교회개척자들은 그러한 세상의 변화를 파악하고 정리할 필요가 있다. 21세기 초반의 교회에 영향을 행사하는 대표적인 현상이 무엇인가? 필자는 적어도 세 가지를 제시하고 싶다. 첫째는 정신사조와 관련된 것으로서 "포스트모더니즘"post-modernism이고, 둘째는 기술 과학과 관련된 것으로서 "제4차 산업혁명"fourth industrial revolution이며, 마지막으로 기독교와 관련된 것으로서 "후기 기독교 사회"post-christianity society이다. 이 세 가지 현상은 현재의 교회와 교회개척에 지대한 영향을 끼치고 있다. 특별히 이러한 현상들은 이전과는 완전히 다른 교회의 개척과 존재 양식을 요구한다는 점에서 교회개척자들이 결코 무시해서는 안 된다.

포스트모더니즘이 교회에 끼쳐왔고, 지금도 끼치고 있는 영향 중에서 가장 큰 점은 바로 기독교가 주장하는 절대 진리를 거부한다는 것이다. 그 결과 사람들은 특별한 종교를 필요로 하지 않는다. 모든 것이 종교이며, 모두가 진리의 창조자가 되기 때문이다. 따라서 오직 예수만이 길이라는 배타적 진리를 고집하고 선포하는 교회는 세상에서 설 자리가 없어지고 있다.

제4차 산업혁명이 교회에 끼치고 있는 영향은 전통적인 교회의 형식을 무너뜨리고 있다는 점이다. 산업 기술의 발달은, 얼굴과 얼굴을 맞대어 만들어지는 유기체적 교회 공동체를 무너뜨리고 있다. 기술 진보로 인해 공간과 시간을 제한 받지 않는 모임이 얼마든지 가능하기 때문이다. 기술 진보는 전통적인 목회 형태를 바꾸고, 헌금의 형식을 바꾸며, 가르침과 소통의 방법을 혁명적으로 뒤엎고 있다.

"탈기독교 사회"라고도 일컬어지는 후기 기독교 사회가 되었다는 점 역시, 지금의 교회에 큰 영향력을 끼치고 있다.[79] 후기 기독교 사회라 함은 이 사회가 더 이상 기독교 중심적인 사회가 아니라는 것이다. 기독교는 주류가 아니라 이제는 비주류minority에 속하는, 한 개인의 의향에 따라 선택할 수 있는 사적인 영역으로 전락한 그 사회를 의미한다. 이러한 개념은 다분히 기독교가 과거 주류로 자리 잡았던 서구에서 나온 개념이라는 점은 분명하다. 그렇기에 우리나라에서 과연 기독교가 주류였던 적이 있었느냐고 물었을 때, 우리는 기독교가 주류였던 적이 없었기에 후기 기독교 사회라는 개념이 우리나라에는 적용되지 않는다고 주장하기도 한다. 하지만 필자는 생각이 다르다. 기독교는 물론 양적인 측면에서 우리나라의 주류였던 적이 있었다고 보지는 않는다. 그

---

79. Stuart Murray, *Post-Christendom: Church and Mission in a Strange New World* (Milton Keynes, MK: Paternoster, 2005), 11-12를 참고하라.

러나 영향력 면에서는 충분히 주류의 역할을 감당해 왔다. 개화기를 비롯하여 일제 강점기 시대를 거쳐 20세기 끝자락에 이르기까지, 기독교는 한국 사회의 영향력 있는 도구요 동시에 발전과 변화의 촉진제였다. 하지만 한국 사회 속에서 기독교는 더 이상 그러한 역할을 감당하지 못한다. 영향력을 잃어버린 것이다.

작금의 교회에 영향을 주고 있는 요소 중에 빼 놓을 수 없는 것이 바로 코로나19이다. 코로나19는 사회 전반에 걸쳐 충격과 변화를 가져다 주었지만, 특별히 교회에 더욱 그러하였다. 코로나19는 그동안 교회가 견지한 신학적 확신과 전통을 붕괴시켰다. 성도들의 신앙/교회생활의 세속화를 가속화시키고 있다. 교회의 국가에 대한 종속성을 강화했을 뿐만 아니라, 교회의 대사회적 이미지를 약화시켰다. 코로나19는 교회 내의 젊은이들에게 큰 영향을 주고 있다. 온라인 예배에 익숙해짐으로 인해 온라인을 통한 젊은이들의 교회 이동이 심화되고 있다.

물론 코로나19가 교회에 부정적인 영향만을 끼친 것은 아님이 분명하다. 필자의 표현 중의 하나인 "신학적 거품"이 다소나마 제거되는 계기가 되고 있음은 코로나19의 긍정적인 측면이라 여겨진다. 예를 들어, 교회는 건물이나 장소가 아니라 사람들의 모임인 공동체라는 사실이 회복되고 있다. 주일 예배를 위한 장소나 건물로서의 교회가 아니라, 하나님 나라를 살아가는 사람들의 관계적 허브hub로서의 교회로 회복되고 있다. 그동안 지나치게 조직과 비즈니스 측면이 강조된 교회의 구조가 유기체, 즉 하나의 몸이라는 사실을 강조하는 쪽으로 회복되고 있다. 예배의 본질이 영과 진리임이 회복되고 있으며 주일성수의 율법적 준수가 참된 신앙이 아니라는 사실도 부각되고 있다. 대형 지향적인 한국 교회의 흐름이 소형 혹은 "두세 사람"(마 18:20)의 모임이라는 교회의 가치를 높이는 방향으로 바뀌고 있다. 코로나19의 출현은 긍정적인 차원에서 보면, 교회가 그 본질로 돌아가도록 하는 데 기여하고 있음 또한 사실이다.

이상의 네 가지의 주요 현상의 영향 아래서, 교회와 교회개척에 영향을 주는 다양한 현상들이 일어나고 있다. 교회가 경쟁해야만 하는 대체 종교나 유사 종교들이 범람하고 있다. 과거에는 교회만이 줄 수 있었던 서비스들이 이제는 교회의 전용물이 아니다. 여러 사회적 기관들이 출현하여 전에는 교회만이 줄 수 있었던 의미와 보람을 주고 있다. 이제는 굳이 교회에 가지 않아도 만족과 보람을 얻을 수 있는 대체물이 많다는 의미이다. 교회는 그러한 기관이나 이단들과 경쟁해야만 하는 위치에 처하게 되었다. 과학 기술의 발달이 인간에게 가져다주는 편안함은 사람들로 하여금 굳이 물리적으로 교회에 가야만 하는 이유를 찾기 어렵게 만들고 있다.

무엇보다도 교회가 스스로 수없는 자책골을 만들고 있다는 점에서 교회개척이 더욱 어렵게 되고 있다. 즉, 교회가 사회적으로 그 영향력과 권위를 스스로 내버림으로 인해 교회개척이 정말 어렵게 되었다는 뜻이다. 특별히 사회적으로 영향력이 큰 대형 교회들의 자책골은 교회개척에 직접적인 영향을 준다. 오늘날 세속화(배금주의)에 점령당한 교회는 세상 속에서 "고립된 섬"이 되고 말았다.[80] 교회에 대한 세상의 낮은 신뢰도는 교회의 현주소를 보여 주고 있다.[81] 따라서 교회개척이 점점 더 쉽지 않은 것이다. 더군다나 교회 내부적으로 목사의 과잉 공급과 정상적이지 못한 청빙 시스템 등은 사역지를 찾을 수 없는 40대 중반 이후의 목사들을 갑자기 개척으로 내몰고 있다. 개척 외에 다른 방법을 찾지 못한 이들은 여기저기서 빚을 내어 순식간에 교회개척을 시도한다. 그렇게 시작한 교회개척이 성공할 확률은 그리 높지 않다. 결과적으로 우리나라의 교회 부도와 매매는 아주 심각한 수준이다.[82]

---

80. 김진호, 『시민 K, 교회를 나가다: 한국 개신교의 성공과 실패, 그 욕망의 사회학』, 137.
81. 박용미, "국민 절반 이상 한국교회 신뢰 안한다," 「기독신문」 http://www.kidok.com/news/articleView.html?idxno=102016, (2017.3.5).
82. 김진호에 의하면, 대체로 연간 1천 개의 교회의 생겨나고 1천 3백여 교회가 문을 닫는다.

그렇다면, 이렇게 바뀐 상황 속에서 교회개척자는 어떻게 교회개척에 접근해야만 하는가? 필자는 한 마디로 답하고 싶다. 그것은 "다르게"이다. 지금까지와는 다르게 접근해야 한다. "다르게 목회할 수는 없을까?", "다르게 교회를 개척할 수는 없을까?", "교회를 다르게 할 수는 없을까?"를 질문해야 한다. 그래야만이 이 시대에서 살아남을 수 있다. 이미 달라진 교회개척 생태계이다. 우선은 이 생태계에 적응하고 살아남는 교회개척이 필요하다. 그러기 위해서 현재의 생태계에서 작동하는 교회개척 원리와 방안을 사용해야 한다. 교회개척자는 당연히 창조적이어야 한다. 교회개척자에게 상상력이 필요하다. 그것을 필자는 "다르게"라고 말하고 싶다. 즉, "패러다임 전환"paradigm shift을 해야 한다.

이제는 더 이상 작동하지 않는 전통적인 교회개척 방법에서 탈피할 필요가 있음이 너무나 자명하다. 많은 교회개척자들이 형식과 전통을 진리로 여기고 그것들을 고수하고 있는 듯하다. 하지만 이것은 바르지 않다. 음식을 담는 그릇은 시대에 따라 바뀐다. 과거에는 밥을 놋그릇에 담았다. 그러나 지금 밥을 담기 위해 놋그릇을 사용하는 사람은 없다. 밥은 그대로이지만 밥을 담는 그릇은 바뀌었고, 또 바뀌는 것이 당연하다. 하나님의 말씀인 진리는 바뀌어서는 안 된다. 그러나 그 진리를 담고 선포하는 교회의 형태는 초대 교회 이래 지금까지 끊임없이 바뀌어 왔다. 따라서 교회를 다르게 한다고 해서 진리를 훼손하는 것이 결코 아니다. 최근 필자가 저술한 『사도적 교회개척: 신학과 실천과 방향』이란 책의 한 대목을 그대로 아래에 옮기고자 한다.

켈러Timothy Keller는 "교회개척자들은 기존 사역을 복제하는 것이 아니라 새로운 사역을 창조해야 한다"[83]라고 했다. 존 스토트John Stott 역시 복음의 맥락화를 주장했다. 그는 말하기를 "목욕물과 함께 아기를

김진호, 『시민 K, 교회를 나가다: 한국 개신교의 성공과 실패, 그 욕망의 사회학』, 156.
83. Keller, 『팀 켈러의 센터처치』, 31.

내다 버리기보다는, 아기는 지키되 목욕물은 교체하라"고 했다. 이 말은 주어진 문화적 그리고 현실적 상황 속에서 복음의 핵심은 지키되 교회를 하는 방식에 있어서는 창조적으로 접근하라는 의미일 것이다. 페인J. D. Payne이라는 교회개척 전문가는 낚시를 예로 들면서 수많은 낚시 종류와 그에 따른 다양한 낚시 방법이 있듯이, 교회개척을 위한 방법들 역시 다양하며, 상황과 문화에 합당한 다양한 방법을 사용해야만 한다고 주장했다.[84]

교회개척자는 교회개척에 대한 고정 관념을 버려야만 한다. 만약 교회개척자 자신이 알고 있는 교회의 틀을 파격적으로 깨버린다면, 할 수 있는 교회의 모습과 사역은 무궁무진할 것이다. 하지만 안타깝게도 많은 교회개척자들이 자신들이 몸담고 섬겼고 보았던 익숙한 교회와 전통을 단순 모방하고 있는 형편이다. 여기저기서 빚을 내어 자금을 마련하여 예배 장소를 구하고, 간판을 걸고, 사람들이 오기를 기다리는, 과거에는 통했지만 지금은 더 이상 통하지 않는 건물(장소) 중심의 교회개척 방법을 그대로 답습하고 있는 형편이다. 스테쳐와 레이너는 다음과 같은 의미심장한 말을 했다. "너무나 많은 교회들이 과거의 성공에 묶여 있다. …… 그러나 이 과거의 영광은 시간과 함께 흘러가 버렸다. 더 이상 영광이 될 수 없다."[85]

이제 원리적 측면에서, 이 시대의 교회개척자들이 생존을 위해 반드시 고려해야만 하는 방향 몇 가지를 제안하려고 한다. 이 시대의 교회개척자들의 일차적인 목표는 살아남는 것이어야 한다. 살아남는 것은 세속적이거나 천박한 것이 아니라 실로 거룩한 일이다. 그리고 살아남기 위해서는 당연히 성경의 원리로 돌아가야만 한다. 그 핵심적 원리는

---

84. Payne, *Apostolic Church Planting*, 82.
85. Stetzer & Rainer, 『교회혁명: 변혁적 교회』, 42.

다음과 같다.

1. 건물 중심에서 사람 중심으로

오늘날의 교회개척자는 건물 중심에서 사람 중심의 교회개척을 시도해야 한다. 교회개척이라 함은 장소를 구해 예배 처소를 마련하고, 교회 간판을 거는 것이 결코 아니다. 교회개척은 예수 그리스도의 복음을 통해 사람을 구원하는 것이다. 그리고 그 구원한 사람을 제자화하는 과정이다. 성경에 나타난 교회개척은 언제나 한 영혼의 구원으로부터 시작되었다. 사도들은 교회를 개척하기 위해 건물을 찾지 않았다. 사람을 찾았다. 사람이 있는 곳으로 가서 사람을 구원하여 그 사람이 교회가 되도록 했다. 그렇기에 초대 교회의 교회개척은 대체로 가정집에서 이루어졌다.

건물이나 공간은 교회개척을 위한 필수 요소가 아니다. 예배만을 위한 전문 교회당은 콘스탄티누스 대제의 기독교 공인 이후에야 나타났다. 어떤 이들이 주장하는 대로, 화려한 교회당의 등장은 교회가 공인된 이후, 이방 종교의 신전을 본 딴 것일 수도 있다. 기독교는 원래 신전이나 형상이나 가시적인 숭배 대상을 갖지 않은 종교였다. 놀랍게도 예배 전용 건물이 등장하면서 기독교는 능력을 잃어버리고 세속화되었다. 이러한 사실은 기독교가 전파되는 어느 곳에서든지 공통적으로 발견되는 현상이다. 오늘날 널리 유행하고 있는, 공간을 먼저 구하고 그 공간을 채우려 하는 방식의 교회개척은 성경에는 없는 방법이다. 오늘날도 가정집은 교회개척의 좋은 장소이다.

2. 양적 성장에서 공동체 형성으로

오늘날의 교회개척자는 양적 성장 목표에서 작지만 강한 공동체 형성을 목표로 교회개척을 시도해야 한다. 물론 교회가 자립하는 것과 자립해서 중대형 교회로 성장하는 것은 좋은 현상으로 볼 수 있다. 하지만 오늘날의 시대적 정황과 교회 생태계를 보건대, 양적 성장은 하나님의 특별한 섭리 가운데 이루어지는 일이지 일반적인 현상은 아니라고 본다. 교회개척자가 양적인 성장을 교회개척의 절대 목표로 삼는다면, 그 개척자는 불행해질 수밖에 없다. 양적 성장을 목적으로 삼는 목회자는 타 목회자와 자신을 자꾸만 비교하게 되고 결국은 자족하는 목회를 할 수 없다. 그 결과 행복하지 않은 목회를 하게 된다.

오늘날의 교회개척자는 작지만 강한 진정한 교회 공동체를 형성하는 것을 목표로 삼아야 한다. 그리고 이러한 자세가 성경에 나타난 교회개척자의 자세이다. 사실 개척교회는 주변의 중대형 교회와 경쟁해야만 한다. 개척교회가 살아남기 위해서는 중대형 교회와 경쟁할 만한 요소를 갖추어야 한다. 중대형 교회와 똑같이 해서는 인적, 물적 자원의 열세로 경쟁이 되지 않는다. 결국 개척교회의 경쟁력은 작음 안에 자리 잡은 튼튼한 공동체성이다.

3. 까마귀 의존에서 스스로의 능력으로

오늘날의 교회개척자는 자신과 가족의 생존을 위한 현실적인 대안을 갖고 교회개척에 임해야 한다. 목사가 생존을 해결하는 방법이 적어도 세 가지가 있다. 첫째는 "까마귀 의존 목사"faith mission pastor이다. 이는 까마귀를 통하여 엘리야를 먹이신 하나님의 능력을 전적으로 의존하는 것이다. 둘째는 "전액 보조 목사"fully funded pastor이다. 이는 교회가 자립하여 목사의 생계를 책임지는 것이다. 셋째는 "두 직업 목사"bi-vocational pastor이다. 목사가 스스로 세속 직업을 가짐으로서 생계를 해결하는 것이다. 목사는 이 세 가지 중에서 한 가지 혹은 그 이상을 결합하여 생존을 해결한다.

물론 전액 보조 목사의 형태가 가장 이상적인 형태임은 두말할 필요가 없다. 하지만 오늘날의 교회 생태계에서 개척된 교회가 경제적 자립까지 가기란 그리 쉬운 일이 아니다. 따라서 오늘날의 교회개척자에게 전액 보조 목사 형태를 기대하기란 거의 불가능하다. 까마귀 의존 형태역시 교회개척자에게 위험천만한 방법이다. 오늘날 많은 교회개척자들이 까마귀 의존을 염두에 두고 버티다가 결국은 교회가 파산하고 문을 닫는다. 그리고 그 후유증으로 인해 목사와 그 가족들은 심각한 트라우마를 겪게 된다. 결국 오늘날의 교회개척자는 생존을 해결하기 위한 스스로의 방안을 마련하고 장착해야 한다.

필자는 두 직업 목사 형태를 교회개척자들에게 제안한다. 두 직업 목사 형태는 성경의 강력한 지원을 받는 형태로서, 목사의 생존을 해결하는 방안 중에서 가장 오랜 역사를 갖고 있는 형태이다. 두 직업 목사가 마치 비성경적인 것처럼 여겨지는 곳은 아마도 우리나라뿐일 것이다. 어떠하든 오늘날 목사의 생존에 대한 방안이 마련되지 않은 교회개척은 성공하기가 어렵다고 필자는 확신한다.

4. 담장 세우기에서 담장 허물기로

교회개척자는 시작부터 세상으로 나아가겠다는 자세로 교회를 개척해야 한다. 지금까지의 교회의 존재 방식은 교회를 성역화(聖域化)하는 것이었다고 해도 과언이 아니다. 교회를 거룩하게 여기고 교회와 세상의 담장을 높이 쌓고 세상 사람들이 교회에 들어오기를 기다리는 패러다임이었다. 그리고 이러한 패러다임이 작동했던 시절도 있었다. 그러나 이제는 아니다. 이러한 패러다임은 성경적 패러다임도 아니다. 이제는 교회가 보다 적극적으로 세상과 마을, 지역 속으로 들어가야만 한다. 교회의 높은 담장을 허물어야 한다. 교회와 세상의 구분을 담장으로 하는 것이 아니라, 중심(그리스도)으로부터 어느 정도 떨어져 있는가 하는 간격으로 해야만 한다. 이러한 패러다임의 교회를 요즘 말로 하면 선교적 교회 패러다임이라고 할 수 있다. 교회개척 역시 마찬가지이다. 마을 안에서의 교회개척이라기보다는 마을과 함께하는 교회개척이어야 한다. 마을을 위한 교회개척이라기보다는 마을 그 자체가 되는 교회개척이어야 한다. 교회개척자는 담임목사가 되기 이전에 그 지역의 주민이 먼저 되고, 학부모가 먼저 되고, 동호회 회원이 먼저 되는 것으로부터 시작해야만 한다.

글을 마무리하려고 한다. 교회개척이 쉬웠던 적은 없다. 교회개척은 원래가 어려운 일이었다. 한때 교회개척이 쉬웠던 시절이 있었는데, 필자는 오히려 그 시절이 비정상적인 시대라고 평가하고 싶다. 교회개척이 어렵기 때문에 교회개척자들은 성경에서 말하는 교회개척 원리로 돌아가야 한다. 어려운 일일수록 본질을 붙잡아야 한다. 그렇기에 오늘날의 교회개척자들은 과거 사도들의 교회개척에서 원리를 배우고 그 방법을 배워 응용해야만 한다. 돈으로 시작하는 건물 중심의 교회개척에서 벗어난 사람 중심의 교회개척, 양적 성장에 대한 집착에서 벗어난 작지만 강한 공동체 형성의 교회개척, 하나님과 타인에게 생존을 의탁하기보다는 스스로 생존 능력을 지닌 교회개척, 그리고 강대상 뒤에 숨어서 세상이 교회 안으로 들어오기를 기다리는 것이 아니라 세상 속으로 직접 뛰어드는 교회개척! 이것이 사도들이 사용한 본래적인 교회개척이며, 이 시대에서 살아남는 교회개척 방향이라 확신한다.

종이 성경책 자체에 특별한 의미를 부여할 필요는 없다

● ● ●

한 전도사님으로부터 문자를 받았다. 문자의 내용인즉슨, 자신을 교육부서 담당 전도사로 소개하고, 아무리 강조해도 학생들이, 그리고 심지어 교사들조차도 성경책 없이 예배에 참석하고, 성경 봉독을 하는 시간에는 모두 핸드폰을 만지작거린다는 것이다. 어떻게 해야 학생이나 교사들로 하여금 성경책을 갖고 예배에 참석하게 할 수 있느냐는 것이었다. 문자 내용의 분위기를 보건대 전도사님은 성경책을 사용하지 않고 전자성경을 사용하는 요즘의 풍토에 대해 강한 문제 의식을 갖고 있었으며, 올바른 예배를 위해 성경책 사용을 정착시키려고 애쓰고 있음이 분명했다. 이러한 전도사님의 문자에 대해 나는 아래와 같은, 정제되지는 않았지만 정교하게 평소 내가 갖고 있던 생각을 전달했다.

전도사님. 먼저 우리가 인정해야만 하는 것은, 교회는 문화 속에 존재한다는 것이고, 문화 속에서 살아남아야 한다는 사실입니다. 기독교 역사 2000년 동안 교회는 교회가 당면한 문화 속에 적응해야 했으며 동시에 그 문화에 대항하는 공동체로서 존재해 왔습니다. 문화에 대한 적응과 대항이라는 관계 속에서 교회의 본질이 아닌 도구, 형식, 그리고 전통은 늘 바뀌었고 창조되어 교회의 생존을 도왔습니다. 많은 형식과 전통들이 교회가 그 시대의 문화 안에서 생존하기 위해 혹은 역할을 감당하기 위해 생성하고 소멸했습니다. 시대마다 예배를 담는 예배의 형식은 바뀌었습니다. 예배에 사용되는 음악도 바뀌어 왔습니다. 드림(헌금)의 도구나 형태도 달라졌습니다. 심지어 복음에 대한 해석까지도 변천되어 왔습니다.

성경은 하나님의 말씀입니다만, 성경책은 단지 도구일 뿐입니다. 성경책 소유 여부가 말씀의 소유 여부는 아닙니다. 성경책 자체의 우상

화는 우리의 고질적인 병 중의 하나일 것입니다. 물론 성경책에 대한 존중과 귀히 여겨야 함을 부인하는 것은 아닙니다. 그러나 이 시대 문화를 보건대, 예배 시간에 종이 성경책을 갖고 오지 않는 것에 대해 문제를 삼지 않아도 될 듯합니다. 사실 종이 성경책이 만들어져서 예배 시 사용된 것은 500여 년 안팎이라 생각합니다. 말씀을 담는 도구는 달라져 왔습니다. 양피지에서 파피루스로, 그리고 종이로, 오늘날에는 전자기기로……. 따라서 종이 성경책을 갖고 다니지 않는 것이 마치 큰 문제인 것처럼 보아서는 안 된다고 봅니다. 물론 종이로 된 전통적인 성경책을 갖고 다니도록 권면하십시오. 그러나 말씀을 핸드폰 안에 갖고 다닌다고 해서 그것이 신학이나 신앙적으로 문제가 된다고는 보지 않습니다. 좀 더 자유롭게 말씀드리면, 전도사님 개인에게 익숙한, 또는 전도사님 세대에게 익숙한 비본질적 전통을 전도사님 다음 세대들에게 본질적 전통처럼 강요하지 말아야 합니다.

전도사님. 제가 말씀드린 것에 대해 전적으로 동의하실 필요는 없습니다. 고민하시고 기도 중에 확정하십시오. 그러나 중요한 이슈에 대한 결정은 언제나 공부가 필요하고, 고민이 필요하고, 익숙하고 편안한 관점이 아니라 "불편한 관점"을 통해 바라보는 정제 과정을 필요로 합니다. 영적 지도자들의 섣부른 확신이나 결정이 수많은 영혼들을 율법주의에 물들게 합니다. 수고하십시오.

포스트모더니즘, 제4차 산업혁명, 탈 기독교 시대, 그리고 포스트 코로나19 등이 교회가 직면한 이 시대의 생태계이다. 이러한 시대에 교회가 살아남기 위한 길이 무엇인가? 그 길은 "세속화의 위험 부담"을 떠안고 생태계 안으로 뛰어들어 적응과 대항을 무기로 사용하는 것이리라. 세속화가 될까봐 두려워서 높은 담장으로 둘러진 교회 안에서 웅크리고 있다면, 결국 교회는 그 안에서 아사하게 될지도 모른다. 교회는 선교적, 사도적, 그리고 성육신적이어야만 할 것 같다.

19장
교회개척의 새로운 흐름

 교회개척에 관한 흐름을 설명하기 위해서 먼저 전통적인 우리 한국 교회의 교회개척을 논해야 할 필요가 있다. 한국 교회의 전통적 교회개척 방법을 필자는 "한국적 교회개척론"이라고 말하고 싶다. 한국적 교회개척론을 간단히 설명하자면, 건물(장소) 중심, 기신자(旣信者) 중심, 프로그램(이벤트, 시설) 중심이라고 간략히 설명할 수 있겠다. 그렇기에 한국적 교회개척에는 반드시 자본이 뒤따라야 하며, 사람들이 오기를 기다리는 교회개척이 될 수밖에 없다. 소위 말해서 자금을 통해 장소를 확보하고, 숫자상으로 부흥함으로써 개척 이후 필요한 모든 비용을 충당하는 방식이다. 이러한 한국적 교회개척 방법론은 과거(1970-1995년)에는, 속칭 "교회 간판만 걸어도 된다"라는 말이 통용되던 그 시절에는 작동하였다. (한국적 교회개척론이 효과를 가졌다기보다는 당시 대한민국의 사회적 현상들로 인해서 통용될 수 있었다고 판단된다.) 그러나 이러한 한국적 교회개척론이 더 이상 통하지 않는 시대가 되었다. 왜냐하면 이러한 교회개척론은 성경에 나타나 있지 않기 때문이다. 언제나 그렇지만 성경에 없는 원리를 사용하는 방법에 있어서, 때로는 그것이 한 시절의 붐boom은 탈 수 있으나 항구적으로 작동하지는 않음이 분명하다. 그래서 한국적 교회개척론은 21세기 한국 사회에서 더 이상 작동하지 않는다.

 한국적 교회개척론에 반하는 교회개척론을 필자는 "사도적 교회개척론"이라고 부른다. 사도적 교회개척론은 사도들이 사용했던 교회개척 원리와 실천을 회복하여 사용하는 교회개척을 의미한다. 사도적 교회개척론은 한국적 교회개척론과 많은 면에서 대립된다. 사도적 교회개척은 건물 중심이 아니라 사람 중심이다. 기신자 중심이 아니라 비신자 중심이다. 프로그램 중심이 아니라 복음전도 중심이다. 그렇기에 사도적 교회개척은 돈보다는 먼저 사람을 구하며, 사람들이 오기를 기다리기보다는 사람들이 살고 있는 거리와 현장으로 직접 가는 교회개척이 될 수밖에 없다. 이러한 사도적 교회개척을 오늘날의 익숙한 다른 표현으로 굳이 말하자면 "성육신적 교회개척" 혹은 "선교적 교회개척"이라고도 부를 수 있다.

21세기에 나타나기 시작한 교회개척의 새로운 흐름은 바로 사도적 교회개척론이 적용되는 다양한 교회개척이 출현하고 있다는 점이다. 물론 미국에서는 이미 1990년대 후반부터 새로운 교회개척의 흐름이 시작되었다. 포스트모던 젊은이들을 겨냥한 이머징 교회 운동부터 시작하여 21세기에 이르러 선교적 교회 운동에 이르기까지, 베이비부머 주축이었던 기존 교회에 식상함을 느껴 교회를 떠나는 젊은 세대를 붙잡기 위한 교회들이 출현하였다.[86] 물론 이머징 교회개척 운동이 지나치게 탈 신학화를 향함으로 인한 부작용이 있었으며, 기타 많은 실험적인 교회가 나타나 그들의 흥망이 계속되었다. 이러한 다양한 시행착오를 거친 후에, 오늘날 미국은 선교적 교회론에 의한 교회개척이 비교적 자리 잡고 있다고 하겠다.

교회개척의 새로운 흐름은 이제 한국에서도 자리 잡아 가고 있다. 물론 아직까지도 전통적인 한국적 교회개척론이 지배적임은 부인할 수

---

[86] Stuart Murray는 다음과 같은 다양한 교회개척 형태를 보고하고 있다. ①mother/daughter, ②accidental parenthood, ③dispersion, ④adoption, ⑤long-distance, ⑥multiple congregations, ⑦multiple sites, ⑧satellite congregations, ⑨spontaneous/emerging, ⑩pioneer planter, ⑪mission team, ⑫cooperative planting. Stuart murray, *Planting Churches in the 21st Century* (Scottdale, Pennsylvania: Herald Press, 2010), 52-81.

없다. (필자는 그 이유를 많은 교회개척자들이 한국적 교회개척론 이외의 다른 개척론에 대해서 알지 못하기 때문이라고 믿는다.) 그럼에도 불구하고 최근 젊은 교회개척자들을 중심으로 일어나고 있는 새로운 교회개척 흐름은 관심의 대상이 될 수밖에 없다. 그러한 교회개척의 새로운 흐름을 몇 가지만 소개하면 다음과 같다. 첫 번째는 분립 교회개척의 경향이다. 많은 교회들이 최근에 들어 분립 교회개척에 관심을 보이고 있으며, 실제로 분립 교회개척을 시도하고 있다. 분립 교회개척은 "성도는 또 다른 성도를 출산하고, 교회는 또 다른 교회를 출산해야 한다"라는 성경적 원리에 매우 합당한 교회개척론이며, 사람과 자원을 포기하는 것으로 "주는 것이 받는 것보다 복이 있다"(행 20:35)라는 성경의 가르침을 따르는 교회개척론이다. 현실적으로도 생존의 확률이 높은 교회개척론이라 하겠다. 물론 지금의 시점에서는 대형 교회를 중심으로 이루어지는 경우가 대다수이다. 그러나 최근 들어 필자는 분립 교회개척에 관심 있는 목회자들의 "어느 정도 사이즈가 되면 분립할 수 있고 해야만 하느냐"라는 질문을 많이 받고 있다. 분명한 사실은 교회가 대형화되어야만 분립 개척을 할 수 있는 것은 아니다. 의도적으로 교회의 사이즈를 제한하고, 그 정해진 수준의 사이즈에 도달하면 어느 교회든 분립할 수 있다. 이러한 분립 교회개척 현상은 앞으로 더욱 새로운 교회개척 흐름으로 자리 잡을 것이고, 또한 자리 잡아야만 한다고 필자는 확신한다.

두 번째 흐름은 도시 내에 형성된 특별한 그룹과 연계하는 교회개척이 나타나고 있다. 예를 들어, 대학가 교회, 고시촌 교회, 이주민 교회, 탈북민 교회 등의 개척이다. 이러한 특별한 대상들을 대상으로 한 사역은 이전에는 각 교회의 부속 기관이나 사역으로 행해지던 것들이었다. 그러나 이제는 독자적인 교회 형태로 나타나고 있다는 사실이 특이한 점이라 하겠다.

세 번째 새로운 흐름은 도시 내의 특별한 목적의 기존 시설물과 연계되는 교회개척이다. 예를 들어, 학교 건물, 학원, 공연장, 레스토랑, 카페 혹은 최근 자리 잡고 있는 공유 공간 등을 활용한 교회개척을 말한다. 예배 처소 확보를 위한 막대한 재정을 타개하기 위한 새로운 형태의 교회개척이라고 하겠다. 이러한 형태는 시간제로 공간을 대여하는 방안 등을 통해 비교적 저렴한 경비로 예배 처소를 확보하고 있다. 이러한 교회개척은 "교회당 없는 교회"를 꿈꾸며, 교회당 유지에 들어가는 비용을 다른 목회 사역에 사용한다는 대의를 강조하는 교회개척이다.

네 번째 새로운 교회개척 형태는 소위 말해 문화 목회 교회개척이다. 최근 대학가를 중심으로 젊은 목회자들이 영화, 연극, 음악 등을 교회개척과 연결시키는 개척 형태가 바로 그것이다. 이러한 교회개척은 주로 젊은이들을 대상으로 하는 교회개척이라 하겠다.

교회개척의 새로운 흐름 다섯 번째는 직업과 교회개척을 융합한 형태이다. 즉, 생존과 교회를 융합한 형태이다. 대표적인 경우는 이미 상당한 역사를 갖고 있는 카페 교회이다. 그러나 최근 들어 카페 교회의 단점이 부각되고 있는 바, 결국엔 교회보다는 경영 쪽으로 기울어진다는 점이다. 하지만 최근에 카페 교회를 넘어서서, 만화방 교회, 도서관 교회, 디자인회사 교회, 놀이방 교회, 스포츠센터 교회, 식당 교회 등이 나타나고 있다. 필자의 견해로는 이러한 직업과 교회가 융합된 형태는 당분간 계속될 흐름인 것 같다. 그러나 아직은 실험 단계이기에 이러한 형태가 자리 잡을 것인지 아니면 소멸될 것인지는 상당한 시간이 흐른 뒤에 결정될 것이라고 본다.

교회개척의 새로운 흐름, 마지막 형태는 사이버 교회개척이라 하겠다. 사이버 교회개척은 건물과 공간, 그리고 대면(對面)을 포기하고 인터넷에서 교회를 개척하는 형태를 의미한다. 하지만 개혁신학을 견지하고 있는 필자로서는, 얼굴과 얼굴이 맞대지 않는 교회가 과연 성경적 교회라 할 수 있는지에 대해서는 크게 의문시하고 있다.

이상에서 최근 새롭게 나타나고 있는 교회개척 형태를 몇 가지 살펴보았다. 이러한 현상을 전체적으로 평가하면, 먼저는 최근의 교회개척은 과거 교회개척과는 달리, 부흥하여 대형 교회로 가는 것을 목적으로 삼기보다는 대체로 건강하고 강한 작은 교회를 꿈꾸고 있다는 점을 들 수 있다. 또한 최근의 교회개척 흐름은 목회자의 생존을 결코 가볍게 여기지 않는다는 점도 그 특징으로 볼 수 있다. 과거에는 교회개척자의 생존 문제를 온전히 하나님의 손에 맡겼다 해도 과언이 아니다. 그러나 최근의 경향은 목회자가 자신과 가족의 생존 문제에 지대한 관심을 갖는다는 것이다. 필자는 과거와 크게 달라진 오늘날 교회 생태계에서 목회자의 생존 문제가 해결되지 않은 교회개척은 불행한 결과를 맞이할 가능성이 매우 크다고 주장한다. 생존은 세속이 아니다. 생존은 누구에게나 거룩한 일이다고 믿는다.

물론 이상에서 언급한 새로운 교회개척론과 그렇게 해서 나타난 교회 형태에 대한 조직신학적 평가가 필요함은 두말할 필요가 없다. 그러한 교회 형태가 과연 성경적 교회론에 부합되는지 혹은 역사적 기독교가 추구하는 교회론과 맞는지 여부에 대한 냉철한 검증이 필요함은 당연하다. 그래서 만약 성경적이 아니라면 아무리 효과가 있는 교회개척론이라 하더라도 과감히 그 길을 포기해야 할 것이다.

이제 이러한 새로운 교회개척의 흐름과 맥을 같이 하는 도서 몇 권을 소개하려고 한다. 도서 추천을 하기 전에 먼저 필자의 안타까움을 한 가지 말하고 싶다. 그것은 많은 교회개척자들이 교회개척을 신학과 이론으로 먼저 접근하지 않는다는 것이다. 많은 교회개척자들이 교회개척을 준비하면서 그것을 단지 영적인 차원에서 접근하고, 기도로만 해결하려고 한다는 것이다. 많은 목회자들이 목회를 신학으로 보지 않는다는 점은 한국 교회의 고질적인 병폐이다. 그렇기에 우리나라에는 교회개척 신학과 이론을 연구한 교회개척학 책이 부재하다고 할 것이다. 반면 영미 실천신학 분야에는 교회개척 혹은 목회학 분야에 셀 수 없는 신학적 접근의 책들이 해마다 출간되고 있다. 우리나라에서는 교개척에 관련된 책이라 할지라도 방법론을 중심으로 한 간증 혹은 성공담 위주의 책들이 대부분이다. 교회개척은 신학을 기초로 한 실천이다. 필자는 교회개척을 준비하는 목회자들이 먼저 교회개척에 관한 신학적 이론을 구비하기를 간절히 소망한다. 교회개척의 정의부터 시작하여, 당위성, 형태, 교회개척자의 자격과 성품과 자세, 그리고 방법론에 있어서까지 이론적으로 준비되어야 할 것이 많다.

먼저 미국에서 출간된 책 몇 권을 소개하려 한다. 책을 소개하기에 앞서, 우리가 미국의 책, 특별히 실천신학과 관련된 미국의 책을 접할 때 유의할 사항이 한 가지 있다는 점을 말하고 싶다. 그것은 미국의 책들은 미국이란 사회와 문화적 배경 위에서 쓰였다는 점이다. 보통 토양이 달라지면 아무리 좋은 씨라도, 혹은 아무리 나쁜 씨라도 그 열매가 달라지는 법이다. 혹자들이 범하는 실수가 바로 우리와 다른 토양 위에서 적용된 원리나 방법론을 우리 토양에 그대로 적용하려고 한다는 것이다. 따라서 미국 학자들의 책들을 소개함에 있어서, 그 책에서 제시하는 원리나 방법론을 실제로 적용할 때 상당한 숙고가 필요하다는 사실을 먼저 말하고 싶다.

미국에는 교회개척에 관한 많은 전문가들이 존재하지만, 그중에서도 오브리 멀퍼스Aubrey Malphurs, 에드 스테쳐Ed Stetzer, 그리고 스튜어트 머레이Stuart Murray를 대표자로 필자는 꼽는다. 먼저 멀퍼스의 *The Nuts and Bolts of Church Planting: A Guide for Starting Any Kinds of Church* (Grand Rapids: BakerBooks, 2011)를 소개하려고 한다. 이 책은 2011년 출간된 책으로 우리나라에서는 아직 번역되지 않은 책이다. 이 책은 교회개척과 관련하여 매우 실제적인 내용을 담고 있다. 교회개척의 준비부터 시작하여 세세한 절차에 이르기까지, 그리고 고려할 사항들을 14장에 걸쳐 설명하고 있으며, 교회개척과 관련된 여러 자료들을 부록으로 제시하고 있다. 사실 멀퍼스는 20여 권 이상의 책을 저술한 학자로서, 1992년에 이미 *Planting Growing Churches for the*

Twenty-First Century (1996년에 『21세기 교회개척과 성장 과정』으로 번역됨)를 저술함으로 오늘날의 교회개척에 대한 새로운 경향을 예단하기도 했다.

두 번째로 스테쳐의 *Planting Missional Churches* (Nashville: B&H Academic, 2006)를 소개한다. 스테쳐는, 필자의 평가에 의하면, 미국의 현존하는 최고의 교회개척 전문가라 할 수 있다. 특별히 스테쳐는 이 책을 통하여 선교적 교회가 이 시대의 교회개척을 위한 최선의 대안이라고 주장하고 있다. 그는 말하기를 "선교적 교회개척이야말로 성경적으로 합당할 뿐 아니라 세상 문화에 둘러싸여 있는 사람들을 복음화하는 교회개척"이라고 단언하고 있다. 이 책은 아직 번역되지 않은 책이지만 조만간 번역되어야만 할 필요성이 있는 책으로서, 총 29장에 걸쳐 교회개척의 성경적 원리로부터 시작하여 선교적 교회개척(필자의 표현을 따르자면 "사도적 교회개척")에 관하여 아주 상세히 말하고 있다. 스테쳐의 또 다른 교회개척에 관한 저술이 *Planting New Churches in a Postmodern Age*이다. 그러나 필자의 견해로는 이 책 역시 앞에서 언급한 내용과 비슷한 내용을 담고 있다고 판단된다. 사실 "post-modern"과 "missional"은 맥이 통하는 의미로서, 그 내용이 대동소이할 수밖에 없다.

세 번째로 머레이의 *Planting Churches in the 21st Century* (Scottdale, Penn.: Herald Press, 2010)를 소개하려 한다. 필자는 교회개척에 관한 연구에서 이 책의 도움을 지대하게 받았다. 머레이는 이 책을 통해 교회개척에 임하는 목회자들에 대한 신선한 관점과 새로운 아이디어를 제공하고 있다. 교회개척 원론을 비롯하여, 왜, 어떻게, 무엇을, 어디에, 언제, 그리고 누가 교회개척을 해야 하는지에 대해 일목요연하게 설명하고 있다. 매우 학술적이고 조직적인 교회개척 방법을 논하고 있다고 하겠다.

전술한 바와 같이, 교회개척에 관한 국내 서적은 그리 많지 않음이 사실이다. 대체로 목회학 박사 과정의 프로젝트를 후에 출간했다거나, 아니면 교회개척 성공담이나 간증류의 책이 대부분이다. 더군다나 오늘날의 새로운 교회개척 흐름에 관련한 책들은 사실상 없다고 보아도 무방하다. 그럼에도 불구하고 몇 권의 책을 소개할 수 있다.

먼저 박종용의 『교회개척 실패는 없다』(서울: 호산나, 2018)를 소개한다. 박종용은 용인시 동백의 크지 않은 교회의 개척목사로서, 200쪽이 안 되는 이 책에는 교회개척의 신학적 원리를 기술하고 있으며, 특별히 사도적 교회개척과 성숙한 작은 교회를 교회개척의 목표로 제시하고 있다. 실제 자신의 교회개척 경험을 기초로 하여, 신학적인 기초와 그의 제자훈련을 통한 교회개척론을 말하고 있다.

최성훈의 『교회개척 매뉴얼』(서울: 기독교문서선교회, 2019)은 그동안의 교회개척 관련 서적과 비교해 훨씬 신학적이고 원리적으로 접근한 책이라고 판단된다. 최성훈은 한세대학교 교수로서, 특별히 그는 책의 제1부에서 교회개척에 대한 이론적 토대, 성경적 근거와 모델, 그리고 교회개척과 지역 사회의 관계성 등을 서술했는데, 이전의 어떤 국내 서적보다도 교회개척의 이론적 토대를 체계적으로 접근했다고 판단된다. 물론 2부와 3부에서 교회개척과 관련하여 실제적인 고려 사항과 실제적인 행정 사항 등을 기술한 점도 교회개척자들에게 큰 도움을 줄 것으로 생각한다.

마지막으로 필자의 저서 『사도적 교회개척: 신학과 실천과 방향』(서울: 솔로몬, 2019)을 언급하지 않을 수 없다. 하지만 필자의 글에 필자의 책을 소개하는 것은 무언가 어색하기 그지없는 일이며, 목회와 신학 편집자의 의도와도 맞지 않는 듯해서 구체적인 내용은 생략하도록 하겠다. 다만 제목에서 이미 책의 내용을 담고 있는 바, 관심 있는 독자와 교회개척자들의 일독을 바라는 바이다.

지금까지 교회개척의 새로운 흐름과 교회개척을 위한 몇 권의 책들을 소개했다. 당연히 이러한 평가와 책 소개가 필자의 주관적인 판단임이 분명하다. 하지만 교회개척 경험자로서, 그리고 지금은 교회개척을 강의하고 있으며, 나아가 지금도 현장의 수많은 교회개척자들과 소통하고 있는 필자로서 교회개척의 새로운 흐름을 분명하게 감지하고 있다. 분명한 사실은 전통적인 한국적 교회개척은 개척자와 한국 교회를 어렵게 만든다는 확신이다. 한국 교회는 이제 보다 체계적이고 치밀한 교회개척 흐름을 창조해야만 한다. 지금 현장에서 자연스럽게 필요에 의해 창출되고 있는 새로운 흐름의 교회개척을 각 교단은 신중하게 검토하고 합당한 교회개척론은 적극적으로 활용해야 한다고 믿는다.

20장
교회개척 이후에 목회자가 직면하게 되는 위기와 그 대안

많은 개척교회가 영적인 면과 실제적인 면에서 위기를 겪게 되고, 그 위기를 극복하지 못함으로 교회개척이 실패하고 만다. 그렇다면 교회개척자가 직면하는 위기에는 어떠한 것들이 있으며 그 대안은 무엇인가?

1. 교회 성장에 대한 부담으로 인한 위기

교회개척 후에 가장 먼저 찾아오는 위기는 교회 성장이 뜻대로 되지 않음에서 찾아오는 위기이다. 교회개척자라고 한다면, 모두가 한결같이 하나님을 절대 의존하는 강력한 믿음과 확신을 갖고 교회개척에 임한다. 그리고 그 확신에는 일정 기간 안에 성도들이 목표한 만큼 증가할 것이라는 계획이 포함되어 있다. 사실 교회개척자들은 오늘날 교회개척이 쉽지 않다는 것을 이미 잘 알고 있다. 그럼에도 불구하고 그들은 그 사실을 자신의 교회개척에는 적용하려 들지 않는다. 그들은 "나는 다르다. 나는 할 수 있다. 내가 개척한 교회는 부흥할 것이다"라는 확신 혹은 자기 최면적 믿음을 갖고 교회개척을 시작한다. 그러나 현실은 냉혹하다. 개척자가 믿음을 갖고 세운 그 계획대로 교인 수가 증가하지 않는다. 어느 개척자가 교회를 개척하면서 열심을 내지 않겠는가?

어느 개척자가 기도하지 않겠는가? 그러나 역시나 개척교회의 부흥은 요원하다. 수개월 혹은 수년 동안을 노력했음에도 성도는 늘지 않는다. 그리고 여기서부터 아주 심각한 위기가 찾아온다. 목회자로서 가장 경계해야만 하는 조급함이 목회자의 삶에 자리를 잡는 것이다. 그리고 이 위기는 다른 모든 위기의 원인이 된다.

이러한 교회 성장에 대한 부담으로부터 오는 위기를 극복하기 위해서는 교회 성장에 관한 바른 신학과 철학을 정립하는 것이 필요하다. 전술한 바와 같이 교회 비대(肥大)가 교회 성장이 아니다. 목회자는 한 영혼을 구원하기 위해 부름 받은 자이다. 꼭 교회가 숫자적으로 부흥해야만 하는 것은 아니다. (물론 숫자적 부흥은 성경의 중요하고 정당한 개념이다.) 현장의 어느 한 교회개척자는 다음과 같이 말한다. "목회라고 하는 것은 10년 해서 몇 명 모이는 교회를 만드는 것이 성과가 아니라, 10년 동안 그리스도의 사랑으로 섬기고 죽어버리는 것이라고 생각해요." 숫자에 대한 강박 관념을 버려야 한다. 모든 목회자가 그러해야 하지만, 특별히 교회개척자는 교회에 오는 사람의 숫자보다는 전도해야 할 사람의 숫자에 초점을 맞춰야 한다. 교회가 왜 숫자적으로 잘되어야만 하는가? 교회는 그 자체가 영광스러운 존재이다. 사람들은 교회의 영광을 부흥과 연결시키는 경향이 있지만, 교회의 영광은 성도들의 숫자와 하등의 관계가 없다. 교회개척자는 교회를 단지 오래한다는 사실에 목숨을 걸지 말아야 한다. 모든 생명체는 반드시 죽듯이, 생명체인 교회 역시 문을 닫을 수도 있다. 하나님이 여기까지라고 하신다면 바로 그곳에서 내려놓을 수 있어야 한다. 교회의 시작과 끝이 하나님께 달려있기 때문이다.

2. 경제적 어려움으로 인한 위기

교회개척자가 당면하는 가장 실제적이고 현실적인 위기는 당연히 경제적인 어려움으로 겪는 위기이다. 한 성도가 개척교회에 적을 두고 헌금을 하기까지는 상당한 시간을 필요로 하다. 교회 자립을 아주 극소화해서 정의한다면, 실제로 다섯 가정만이라도 신실하게 헌금한다면 자립이다. 교회가 유지될 수는 있기 때문이다. 그러나 개척교회에서는 그러한 일이 일어나기가 쉽지 않다. 그러다 보니 모든 경제적 책임을 목사가 감당하게 된다. 가족의 생계를 위한 비용뿐만이 아니라, 교회개척을 위해 무리하게 대출받은 원금과 그 이자에 대한 압박, 그리고 교회당 공간 임차에 따른 월세에 대해 목사가 갖는 부담은 가히 상상을 초월한다. 그렇기에 교회개척 현장에서는 "현실이 소명보다 우위를 점한다"는 말이 공공연히 회자되고 있다. 보다 현실적인 표현을 쓰자면 소명이 목회를 가능하게 하는 것이 아니라 보증금이 목회를 가능하게 한다는 의미이다. 교회개척 후 월세를 지불하지 못하면 보증금이 깎이게 되고 결국 보증금이 바닥나면, 아무리 소명이 있어도 목회를 중단해야 한다는 의미이다. 결국, 경제적인 차원의 위기는 목사를 극빈자 계층으로 만들고, 결과적으로 목사를 원망과 좌절로 몰아넣고, 우울증과 은둔적 삶에 빠뜨리며, 자살 충동을 느끼게 하고, 종국에는 소명감을 회복하기 어려울 정도의 손해damage를 남기고, 심하면 목사의 가정이 해체되기까지 하는 심각한 결과를 가져온다.

경제적인 어려움으로 인한 위기를 극복하기 위해서, 먼저는 교회개척자가 철저한 준비를 통한 교회개척을 실행해야 한다. 개척한 이후 경제적으로 어렵다는 것은 누구나 다 알고 있는 사실이다. 그럼에도 불구하고 많은 교회개척자가 개척 후 자신과 가족의 생존에 대해 너무 막연한 대책을 세우거나, 아니면 근거 없는 지나친 확신을 하고 교회개척에 임한다. 당연히 교회개척에 임하기 전부터 자신과 가족의 생존에 대한 분명한 대책이 강구되어야 한다. 그 대책 중의 하나가 일정 기간 "두 직업 목사"bi-vocational pastor가 되는 것이다. 교회개척자는 교회가 자립하여 자신의 생존을 책임질 수 있을 때까지 자신과 가족의 생존을 위해 다음 두 가지 중의 하나를 선택할 수 있다. 그것은 소위 말해 까마귀를 의존하든지faith mission pastor, 아니면 자신이 목회 외에 다른 직업을 갖든지bi-vocational pastor이다. 중요한 것은, 두 경우 모두 성경의 뒷받침을 받는다는 점이다. 물론 목회자는 까마귀만을 의존해야 한다는 것이 한국 교회의 전통임에는 분명하다. 그러나 그것은 한국 교회의 전통일 뿐이지 실제로 성경은 두 경우 모두를 허용하고 있다. 경제적 어려움을 극복하기 위해 한시적으로 택하는 두 직업 목사 형태는 "소명의 부실"이나 "물질주의에 빠진 잘못된 목회자"가 아니다. 나아가 "이류급 목사"second-class preacher나 "싸구려 천박한" 목사는 더더욱 아니다. 오히려 두 직업 목사 형태는 "미래 교회의 모습"the future of the church이고, "최초 교회의 모습"the original church이다. 결국, 두 직업 목사 형태는 성경적 진리 문제가 아니라 문화와 상황에 따른 목사의 선택 문제이다. 목회자는 생계와 관련하여 자신의 신학적 소신에 따라 하나님을 절대 의존하든지, 아니면 일하든지를 선택해야 한다. 어떤 선택도 성경적 지원을 받는다. 중요한 것은 교회개척자는 성경이 주는 자유의 범위 안에서 경제적 어려움으로 인한 위기를 극복해야 한다는 사실이다.

3. 관계가 깨짐으로 인한 위기

개척교회는 교회 안의 소수의 성도들이 모두 조직 교회의 당회원과 같은 위치이며, 그만큼 큰 비중을 차지한다. 목사는 그들을 목양이란 이름으로 상대해야만 한다. 사회에서 만난다면 결코 상대하지 않을 수준의 사람들일 수도 있지만, 한 성도가 아쉬운 개척교회 목자이기에 그들을 목양해야 하고, 그들의 눈높이에 맞추어 그들의 말을 경청해야 하고, 그들에게 맞추어 자신의 삶을 조정해야만 한다. 사실 이러한 일은 비록 목사이지만, 한 인간으로서 매우 피곤하고 지치는 일이다. 결국, 시시때때로 부딪치게 되고 이로 인해 관계가 깨어지는 일이 빈번해지며, 성도는 교회를 떠나게 되고, 그에 따른 모든 책임은 남아 있는 목사에게 고스란히 전가된다. 또한, 개척교회를 벗어나지 못하는 상황이 지속되다 보면, 목사는 동기나 동료 목사들과의 관계도 단절된다. 스스로 의기소침하여 동료들과의 관계를 단절하기 때문이다. 경제적인 문제와 교회의 장기적 침체는 목사 부부간의 관계에도 문제를 가져온다. 이러한 관계의 어긋남은 최종적으로 목사의 하나님과 관계에도 악영향을 주며, 심하면 사람을 만나기 두려워하는 대인기피증에 빠지기까지 한다.

관계가 깨짐으로 오는 위기에 대처하기 위해 가장 중요한 것은 물론 하나님과 건강한 관계를 유지하는 것이다. 동시에 사람을 사랑하고 존중하는 훈련을 해야만 한다. 모든 목사가 그러하지만, 특별히 개척교회 목사는 인간관계 설정에 관해 공부하고 훈련해야 한다. 그런데 많은 교회개척 전문가들이 공통적으로 제시하는 개척교회 목사를 위한 한 관계가 있다. 그것은 부부간의 관계이다. 이 관계야말로 목사의 다른 모든 관계의 기초가 된다. 목사의 친밀한 부부 관계는 개척교회를 유지할 수 있는 힘이라 해도 과언이 아니다. 결국 치열하게 전개되는 교회개척 현장에서 목사와 그의 배우자만이 서로 의지하면서 서 있게 될 것이다. 여느 교회개척자는 다음과 같이 말한다. "돌아보니 모두가 떠나간 그 황량한 현장 속에서 오직 한 사람 내 아내만이 춥든지 덥든지 내 옆의 그 자리에 그냥 서 있었다." 그렇다. 건강한 부부 관계는 다른 모든 관계의 깨어짐으로부터 찾아오는 위기를 극복하게 하고, 또한 관계의 깨어짐을 막아주는 기초이다. 개척교회 목사는 의지적으로라도 동료 목사와의 관계를 유지해야만 한다. 동료와 관계가 단절되면 정보로부터 단절될 뿐만 아니라 교회개척자가 직면하기 쉬운 외로움과 두려움을 극복하는 데 어려움을 겪는다. 외로움과 두려움은 교회개척자의 최대 적이다. 교회개척자는 "혼자"가 되는 것을 주의해야 한다. 자존감을 잘 해결하여 의지적으로라도 밖으로 나가 사람들과 접촉하고 교제해야만 한다.

4. 정신과 육신의 건강 약화로 인한 위기

교회개척자가 맞게 되는 또 하나의 위기는, 바로 정신 혹은 육신의 건강으로 인한 위기이다. 이를 다른 말로 하면 탈진으로 인한 위기라고 할 수 있다. 교회를 개척한 이후 지나친 열정과 노력으로 쉼 없이 사역에 매진함으로 인해 스스로의 건강을 해치는 것이다. 결국 열매가 더디 맺어지는 개척교회 현실에 직면한 목사는 이러한 결과에 대한 무한 책임을 져야만 한다는 자책감으로 인해 스스로를 학대하는 수준의 일 중독자가 됨으로 자신의 건강을 스스로 망가뜨린다. 더욱 심각한 것은 정신적 건강에 문제가 발생하는 것이다. 뜻대로 되지 않는 개척교회 현실과 그리고 경제, 관계, 영적 위기로 인한 심한 스트레스로 인해서, 목사는 심각한 우울증에 시달리고 자신감을 상실하며, 급기야 정체성의 혼란에 빠진다. 심하면 결국 대인기피증 증세를 나타내기도 하며, 이러한 정신적 위협으로부터 도피하기 위해 각종 중독에 빠지는 심각한 상황에 처하게 된다.

정신과 육신의 건강 약화로 인한 위기를 예방하고 극복하기 위해서 절대적으로 필요한 것이 자신의 마음을 다스리는 훈련이라 하겠다. 필자는 마음의 평화가 깨질 정도로 지나치게 열심히 목회하지 말라고 말하고 싶다. 조급증과 강박증은 개척교회 목사의 적이다. 교회개척자는 여유롭게 목회에 임해야 한다. 더디고 천천히 가더라도 건강하게 가는 것이 중요하다. 내 대에 승부를 보겠다고 생각한 자는 교회를 개척해서는 안 된다. 존 파이퍼John Piper 목사는 말하기를 "제가 드릴 수 있는 원칙 하나는 자신이 할 수 있는 것 이상을 하지 말라는 것입니다"[87]라고 했다. 옳은 말이다. 개척교회 목사는 자신이 할 수 있는 것과 할 수 없는 것을 구별하는 혜안이 필요하다(시 131편). 교회를 개척하여 다년간 치열한 목회를 감당했던 필자의 경험에 의하면, 개척교회 목회자야말로 쉼을 정기적인 일정에 포함시켜야 하며, 자신의 직접적 목회 현장을 벗어난 영역에서의 취미 활동이 절대적으로 필요하다. 명백한 사실 한 가지는 건강 잃어버리면 목회를 할 수 없다는 사실이다.

5. 소명이 흔들림으로 인한 위기

앞에서 열거한 모든 위기의 끝에 동일하게 나타나는 현상은 바로 소명이 흔들린다는 위기이다. 이것은 목사로서 그 존재 근간이 흔들리는 마지막 단계의 위기이다. 열심히 했음에도 불구하고 열매가 없다. 자신의 상황을 바라보는 가족과 비롯하여 타인의 시선이 따갑다. 믿음으로 시작하였지만 현실이라는 무게가 너무 무겁다. 눈을 감고 기도하면 꿈과 가능성이 보이지만, 눈을 뜨면 온갖 현실적인 문제들로 인해 한숨뿐이다. 이러한 상황 속에서 개척교회 목사는 자신의 부름받음을 의심하게 된다. 하나님께서 멀리 떨어져 계시며, 자신에게 무관심하시다는 의심으로부터 시작하여, 목사로서 자격과 능력을 소유하지 못했다는 자책에 이르기까지 다양한 의심과 정죄가 소명을 뒤흔들고 만다.

이러한 위기를 극복하기 위해서 개척교회 목사는 토마스 오덴Thomas

---

[87]. 존 파이퍼, "하나님 안에서 만족할 때, 하나님을 영화롭게 합니다," 「목회와 신학」 vol. 337 (2017.7): 38.

C. Oden이 말한 것처럼, "내면적인 자기검토"[88]의 과정이 필요하다. 즉, 자신의 소명에 대한 재확인이 필요하다는 것이다. 소명은 다름 아닌 가슴 속의 불이다. 소명은 "성령에 매인 바"의 또 다른 표현이다. 스펄전 Charles Haddon Spurgeon은 소명에 관해 말하기를 "그 일에 대하여 모든 것을 흡수해 버릴 만큼 강렬한 갈망"[89]이라고 했다. 존 A. 제임스John Angell James는 소명을 "간절한 열심"으로 표현하고, 그 간절한 열심을 회복하지 않으면 목회의 성공을 기대할 수 없다고 했다.[90] 하나님의 부르심이 들렸고, 지금도 들리는가? 하나님이 목회자로 부르셨음이 지금 느껴지는가? 교회를 개척하는 그 일에 대한 강한 욕구가 있는가? 다른 일을 한다는 것은 상상도 못할 일인가? 예레미야가 고백한 것처럼(렘 20:7), 이 일을 계속하지 않는다면 죽을 것 같은가? 이러한 질문들을 던지면서 하나님과의 관계를 점검하고 재정립해야만 한다. 결국 강력한 소명 의식만이 개척 목사의 모든 고난과 위기를 이기도록 한다.

6. 교회개척이 성공하고 있음으로 인한 위기

교회개척자가 직면하는 위기 중에서 지금까지의 위기와는 성격이 완전히 다른 하나의 위기가 있는데, 그것은 교회개척이 성공적으로 진행되었을 때 찾아오는 위기이다. 소위 말해 교만해지는 위기이다. 하나님의 은혜를 자신의 능력과 공로로 대치하는 매우 위험스러운 위기이다. 주님이 주인이신 교회를 자신의 소유화하는 위기이다.

---

88. Thomas C. Oden, *Pastoral Theology: Essentials of Ministry*; 오성춘 역, 『목회신학: 교역의 본질』 (서울: 대한예수교장로회 출판국, 1987), 60.
89. Charles H. Spurgeon, *Lectures to My Students*; 원광연 역, 『목회자 후보생들에게』 (서울: 크리스찬다이제스트, 2009), 44-49.
90. John Angell James, *An Earnest Ministry*; 서문강 역, 『간절목회』 (서울: 청교도신앙사, 2012), 15.

이러한 성공 후 위기를 예방하고 극복하기 위해서, 필자는 성공한 개척교회 목회자들에게 "떠남의 원리"를 정립하고 실제로 실천하라고 권면하고 싶다. 성공한 개척교회 목사는 그 교회를 떠나야 한다. 소유화는 모든 교회개척자들과 장기 목회자들이 직면하는 최대의 유혹이자 적이다. 교회에 대한 사랑이 교회에 대한 소유욕으로 바뀌는 것은 순식간이다. 그렇기에 늘 교회의 주인은 예수님이라는 사실을 기억하고 내려놓는 훈련을 계속해야만 한다. 다음과 같은 생각을 자주한다. "목사가 은퇴할 때 섬겼던 그 교회를 흩어버리는 것은 어떨까? 여러 작은 교회로 나누어 버리고 나누어진 교회에 교회의 재산을 나누어 주는 것은 어떨까?" 아마도 우리의 현실에서 불가능할 것이다. 개척한 교회를 떠나는 것도 우리의 현실에서 보면 불가능한 일이라 본다. 그러나 "떠남의 원리" 모든 개척교회 목사들에게 적용되어야만 하는 위기 대책 방안이다.

본 장을 마무리하면서, 필자는 한 단어에 방점을 찍으려 한다. 그 단어는 "준비"이다. 충분한 준비와 더불어 교회개척은 이루어져야 한다는 것이다. 그래야만 교회개척에 있어서 목회자가 직면하게 될 위기를 예방하고, 또 극복할 수 있다. 한번은 필자의 교회개척 과목을 수강하는 약 240명 학생들에게 5년 미만의 개척교회 목회자 인터뷰 과제물을 부과하였다. 그 인터뷰의 첫 번째 질문이 어떻게 해서 교회개척자가 되었느냐였다. 답변자 240명 중에 무려 211명이 상황으로 인해 갑자기 교회개척을 하게 되었다고 답변했다. 그렇다. 대부분의 교회개척자들이 갑자기 교회개척자가 된다. 철저한 준비를 해도 교회개척은 어려운 일인데, 불과 일주일의 기도와 한두 달의 준비, 그리고 지금은 더 이상 작동하지 않은 과거의 교회개척 방법을 그대로 사용하는 교회개척이다 보니, 그들이 위기에 직면하게 되는 것은 당연하고, 그 위기를 극복할 능력이 없음 또한 지극히 당연하다 하겠다.

종종 준비를 하고 전략을 세우는 것을 영적이지 못하게 여기는 경향을 본다. 그러나 그러한 자세야말로 성경적이지 못한 자세이다. 예수님은 전략적인 분이셨다. 하나님께서 사용하시는 사람들의 공통된 특징은 그들이 매우 전략적인 사람들이었다는 것이다. "열심히 일하면 하나님께서 역사하신다!"라는 말은 아주 신앙이 좋은 말 같지만, 다른 각도에서 보면 무책임한 말이 될 수 있다. 충성이 전부라고 말하는 것은 지나친 단순화이다. 켈러Timothy Keller는 "요컨대 충성이 전부라고 말하는 것은 지나친 단순화이다. 충성 이상의 다른 무엇이 필요하다"라고 말한다.[91] 교회개척이야말로 철저히 준비하는 전략적인 접근이 필요한 하나님의 일이다. 이 땅의 교회개척자들이 그들이 직면한 다양한 위기를 극복하고, 소명과 소망을 회복하여, 한국 교회의 생태계를 살리고, 한 영혼에 집중함으로 하나님 나라를 확장하는 데 쓰임 받기를 간절히 기도한다.

---

91. Keller, 『팀 켈러의 센터처치』, 17.

끝말

프로스트와 허쉬Michael Frost & Alan Hirsch는 그들의 공동 저서 『새로운 교회가 온다』에서 "경계 구조의 접근"과 "중심 구조의 접근"에 대해서 말하고 있다. 경계 구조는 광야에 울타리를 치고 그 안에 짐승들을 모아놓는 구조이다. 반면, 중심 구조는 울타리가 없는 상태에서 다만 중심에 샘을 만들어 놓는 구조이다. 경계 구조에서는 가축들이 매우 안전하다. 그 경계 안에 있으면 생존이 유지된다. 그래서 경계 밖으로 나가려 하지 않는다. 또한 경계 밖에 있는 가축들에게 안전하려면 경계 안으로 들어오라고 말한다. 경계를 중심으로 안과 밖이 확연히 구별된다.

한편, 중심 구조는 이와는 완전히 딴 판이다. 중심 구조에는 경계가 없다. 다만 중심에 맑은 물이 솟아나는 샘을 둘 뿐이다. 가축들은 광야에 방치된다. 그런데 갈증을 느낀 가축들은 자연스럽게 중심부의 샘을 향하고 샘으로 가까이 다가온다. 거기에는 경계가 없다. 다만 샘과 조금 더 가까이 있느냐 아니면 좀 더 멀게 있느냐의 차이만 있을 뿐이다.

프로스트와 허쉬는 전통적인 교회는 경계 구조를 사용한다고 했다. 교회 주변에 높은 경계 벽을 세우고 사람들에게 구원받으려면 그 경계 안으로 들어오라고 한다는 것이다. 구원 받은 자와 구원 받지 못한 자의 경계가 너무나 확연하다. 하지만 이러한 경계 구조는 포스트모더니즘 세상에서는 더 이상 통하지 않는다고 말한다. 반면, 중심 구조를 사용하는 교회는 세상을 향해 경계 벽을 세우지 않는다. 다만 세상 한 가운데서 교회가 샘이 되는 것이다. 진정한 예수 그리스도를 중심에 위치시키고 그저 빛과 소금의 역할을 감당하는 것이다. 세상 사람들은 그들 자신의 갈증에 의해, 그들 자신의 필요에 의해 자연스럽게 중심을 향하고 중심에 가까이 다가오게 한다. 구원을 받은 자와 구원을 받지 못한 자의 정확한 경계선이 없다. 다만 예수 그리스도께 좀 더 가까이 있느냐, 아니면 좀 더 멀리 있느냐의 차이점 있을 뿐이다.

이 시대에 작동하는 교회개척, 혹은 목회는 둘 중에 어느 것일까? 경계 구조의 접근이 이 시대에 작동하는 원리일까? 아니면 중심 구조의 접근이 이 시대에 통하는 원리일까? 필자는 중심 구조를 사용하는 교회개척과 목회가 이 시대를 위한 원리라고 생각한다. 물론 전통적인 구원론에서 볼 때 중심 구조의 접근은 인정되기가 어려울 수도 있다. 하지만 목회적 차원에서 바라볼 때, 모든 사람을 구원받을 자로 여기고 다만 그들이 지금 그리스도를 향하여 다가오는 하나의 과정으로 보는 것은 그리 틀렸다고 보이지 않는다.

사도적 교회개척은 중심 구조 접근을 사용하는 교회개척이란 생각에 변함이 없다. 경계를 설정하고 사람을 끌어 모으는 교회개척이 아니라, 교회개척자가 사람들 가운데로 들어가서 그곳에 예수 그리스도를 샘물로 제시하는 것이다. 이러한 사도적 교회개척을 다른 말로 성육신적 교회개척이라고 말하며, 선교적 교회개척이라고도 할 수 있다. 그렇기에 사도적 교회개척은 성을 구축하기 위한 교회개척이 아니다. 사도적 교회개척은 길을 내는 교회개척이다.

교회개척자들의 동기가 무엇인가? 혹시라도 또는 부지중에라도 자신의 성을 쌓겠다는 동기의 교회개척이라면 결과는 불행할 수밖에 없다. 반면, 세상에 구원의 길을 내겠다는, 진리의 통로를 만들겠다는 동기라면 그는 결코 불행해질 수 없다. 그러한 교회개척자는 한 영혼에 관심을 두고 한 영혼 구원에 자신의 생명을 건다. 이러한 자들을 가리켜 사도적 교회개척자라고 부른다. 초기 성경 시대에는 이러한 교회개척자들이 넘쳤다. 그들에게는 교회당이 필요하지 않았다. 그들에게는 신학도 없었다. 그들에게는 오직 지상대명령을 순종해야 한다는 사명

감만 있었다. 한 영혼 구원을 위한다면 천리 길도 마다하지 않았다.

한국 교회가 2000년대에 들어와 성숙기를 지나 쇠퇴기에 접어들었다. 엎친 데 덮친 격으로 코로나19 팬데믹으로 교회가 셧다운shutdown 되는 경험을 거치면서 교회는 실로 열악한 환경에 직면했다. 이 위기를 헤쳐 나갈 방도가 무엇인가? 필자는 그 답을 초기 교회의 모습에서 찾아야 한다고 주장하고 싶다. 학자들은 지금 교회가 부딪친 상황은 1세기 교회들이 부딪친 상황과 유사하다고 한다. 레너드 스위트Leonard Sweet는 *Post-Modern Pilgrims*(포스트모던 순례자들)이란 책에서 "21세기 사역은 …… 1세기와 더 공통점이 많다"라고 했다.92 닐 콜Neil Cole 역시 그의 저술 『교회 3.0』에서 지금 교회가 처한 상황과 초기 교회가 처한 상황의 유사점 일곱 가지를 열거했다.93 1세기 교회들이 그들의 열악한 상황 속에서 어떻게 살아남았으며, 살아남은 정도가 아니라 로마 제국의 국교회로 자리매김할 수 있었는지를 살펴봄으로, 오늘 21세기 한국 교회를 위한 방안을 찾아야 한다는 것이다.

그런데 1세기 교회들이 바로 사도적 교회들이었다. 1세기 교회들의 존재 양식이 바로 사도적이었다는 것이다. 그리고 1세기 사도적 교회들의 표현이 바로 사도적 교회개척의 실천이었다. 필자가 본서에서 주장하려 하는 논지가 바로 이것이었다. 위기의 한국 교회를 살리는 방안

---

92. D. A. Carson, *Becoming Conversant with the Emerging Church*; 이용중 역, 『이머징 교회 바로 알기』 (서울: 부흥과개혁사, 2009), 56에서 재인용. *Post-Modern Pilgrim: First Century Passion for the 21st Century World* (Nashiville: Broadman & Holman, 2000).

93. ①세계를 지배하는 강대국의 출현: 1세기의 로마 역할을 지금의 미국이 감당, ②전 세계에 통용되는 언어: 1세기의 그리스어에서 지금의 영어로, ③지구촌을 하나의 공동체로 만드는 기술 문명의 발전: 1세기의 도로의 발달에서 지금의 기술 문명(인터넷) 발달, ④상대주의 철학: 1세기의 빌라도 총독의 진리가 무엇이냐에서 지금의 상대주의, ⑤난무하는 사이비 종교: 1세기의 온갖 이방 종교에서 지금의 사이비 종교로, ⑥문란한 성생활, 마약중독: 1세기 로마의 술과 유흥에서 지금의 타락으로, ⑦이슬람의 부흥. Neil Cole, *Church 3.0: Upgrades for the Future of the Church*; 안정임 역, 『교회 3.0: 본질과 사명을 되찾는 교회의 재탄생』 (서울: 스텝스톤, 2012), 47-57.

은, 1세기 교회들의 존재 양식이었던 사도적 교회를 회복하는 것이며, 사도적 교회개척을 실행하는 것이라는 사실을 주장하기 위해 이 책을 세상에 내놓는 것이다.

참고도서

『21세기 교회개척과 성장 과정』. Aubrey Malphurs. *Planting Growing Churches for the Twenty-first Century*. 홍용표 역. 서울: 예찬사, 2012.
『Church Planting: 교회세우기의 이론과 실제』. 김성진. 성남: 목회전략컨설팅연구소, 2005.
『Re_Form Church: 변혁을 이끄는 미국의 선교적 교회들』. 이상훈. 서울: 교회성장연구소, 2015.
『교회 3.0: 본질과 사명을 되찾는 교회의 재탄생』. Neil Cole. *Church 3.0: Upgrades for the Future of Church*. 안정임 역. 고양: 스텝스톤, 2012.
『교회 DNA: 우리 시대 교회는 예수 DNA를 가졌는가?』. Howard A. Snyder. *Decoding the Church*. 최형근 역. 서울: IVP, 2006.
『교회개척자』. Darrin Patrick. *Church Planter*. 이지혜 역. 서울: 복 있는 사람, 2011.
『교회를 살리는 탁월한 직분자』. 양현표. 서울: 솔로몬, 2021.
『교회개척 이렇게 하라』. Peter Wagner. *Church Planting for a Greater Harvest*. 편집부 역. 서울: 서로사랑, 2002.
『교회개척 이야기』. 이광호. 서울: 국민출판사(선한청지기), 2013.
『교회개척 컨설팅』. 이상대. 서울: 서로사랑, 2002.
『교회개척, 실패는 없다』 박종용. 안양: 호산나미디어, 2018.
『교회개척의 원리와 전략』. 명성훈. 서울: 국민일보사, 1997.
『교회개척전략』. 김송식. 서울: 로고스, 2008.
『교회개척학』. 민장배. 서울: 기독교문서선교회, 2011.
『교회다움』. Tim Chester & Steve Timmis. *Total Church*. 김경아 역. 서울: IVP, 2012.
『교회의 본질』. Craig Van Gelder. *The Essence of the Church*. 최동규 역. 서울: CLC, 2015.
『교회혁명: 변혁적 교회』. Ed Stetzer & Thom Rainer. *Transformational Church: Creating a New Scorecard for Congregation*. 궁인 역. 서울: 요단출판사, 2014.
『그들이 꿈꾸는 교회』. Dan Kimball. *They Like Jesus But Not the Church*. 차명호 역. 서울: 미션월드, 2008.

『깊이 있는 교회』. Jim Belcher. *Deep Church*. 전의우 역. 서울: 포이에마, 2011.
『다시 길을 찾다』. Brian McLaren. *Finding Our Way Again*. 박지은 역. 서울: IVP, 2009.
『다원주의 사회에서의 복음』. Lesslie Newbigin. *The Gospel in a Pluralist Society*. 홍병룡 역. 서울: IVP, 2018.
『단순한 교회』. Thom Rainer & Eric Geiger. *Simple Church*. 신성욱 역. 서울: 생명의말씀사, 2009.
『닭장교회로부터 도망가라』. 정용성. 서울: 홍성사, 2015
『무례한 기독교』. Richard J. Mouw. *Uncommon Decency*. 홍병룡 역. 서울: IVP, 2014.
『비법은 없다: 바른 목회와 교회 성장』. 이성호. 수원: 그 책의 사람들, 2013.
『사도적 교회』. George G. Hunter III. *The Apostolic Congregation: Church Growth Reconceived for a New Generation*. 전석재 & 정일오 역. 서울: 도서출판 대서, 2014.
『사도적 교회개척: 신학과 실천과 방향』. 양현표. 서울: 솔로몬, 2019.
『사도행전식 교회개척』. Elmer Towns & Douglas Porter. *Churches That Multiply*. 김재권 역. 서울: 생명의말씀사, 2005.
『새로운 교회가 온다: 문화 속에 역동하는 21세기 선교적 교회를 위한 상상력』. Michael Frost & Alan Hirsch. *The Shaping of Things to Come*. 지성근 역. 서울: IVP, 2009.
『선교적 교회: 북미 교회의 파송을 위한 비전』. Darrell L. Guder, ed. *Missional Church*. 정승현 역. 인천: 주원대학교출판부, 2019.
『선교적 교회론과 한국교회』. 한국선교신학회. 서울: 대한기독교서회, 2015.
『선교적 교회론의 동향과 발전』. Craig Van Gelder & Dwight J. Zscheile. *The Missional Church in Perspective*. 최동규 역. 서울: CLC, 2015.
『선교적 교회의 오늘과 내일』. 성석환. 서울: 예영커뮤니케이션, 2016.
『열방이 주께 나아오다』. Daniel Sinclair. *A Vision of Possible*. 채경락 역. 서울: 좋은 씨앗, 2011.
『유기적 교회 세우기』. Frank Viola, *Finding Organic Church*. 이남하 역. 서울: 대장간, 2010.
『이머징 교회』. Eddie Gibbs & Ryan K. Bolger. *Emerging Churches*. 김도훈 역. 서울: 쿰란출판사, 2008.
『일상 교회: 세상이 이웃 삼고 싶은 교회』. Tim Chester & Steve Timmis. *Everyday*

Church. 신대현 역. 서울: IVP, 2015.
『잊혀진 교회의 길: 선교적 교회 운동의 근본개념 교과서』. Alan Hirsch. The Forgotten Way. 오찬규 역. 서울: 아르카, 2020.
『재생산하는 교회: 21세기 교회개척을 위한 지침서』. Daniel R. Sanchez 외. Starting Reproducing Congregations: A Guide Book for Contextual New Church Development. 박성창 역. 서울: 서로사랑, 2010.
『저 건너편의 교회』. Brian McLaren. Church on the Other Side. 이순영 역. 서울: 낮은 울타리, 2002.
『종교 없음』. James E. White. The Rise of the Nones: Understanding and Reaching the Religiously Unaffiliated. 김일우 역. 서울: 베가북스, 2014.
『증인으로서의 부르심』. Darrell L. Guder. Called to Witness. 허성식 역. 서울: 새물결플러스, 2016.
『초대교회 모델을 따라 교회를 개척하라』. David Shenk & Ervin Stutzman. Creating Communities of the Kingdom: New Testament Models. 최동규 역. 서울: 베다니출판사, 2004.
『하나님의 선교적 교회』. Charles E. Van Engen. God's Missional People. 임윤택 역. 서울: CLC, 2014.
Apostolic Church Planting: Birthing New Churches from New Believers. J. D. Payne. Downers Grove: IVP Books, 2015.
Church Planter Field Manual Vol 1: Exploring. Tom Wood. Alpharetta, GA: Sandals in Sand, 2015.
Church Planting by the Book. E. Elbert Smith. Fort Washington, PA: CLC Publications, 2015.
Church Planting is for Wimps. Mike McKinly. Wheaton, IL: Crossway, 2010.
Church Planting Landmines: Mistakes to Avoid in Years 2 through 10. Tom Nebel & Gary Rohrmayer. Carol Stream, IL: ChurchSmart Resources, 2005.
Church Planting Thresholds: A Gospel-centered Guide. Clint Clifton. San Bernardino, CA: New City Network, 2016.
Church Planting: A Practical Approach. M. Mubiana. Middletown, DE: Mubiana, 2013.
Effective Church Planting: A Primer for Establishing New Testament Churches in the New Millennium. J. Hernes Abante. Bloomington, IN:

WestBow Press, 2016.

Global Church Planting: Biblical Principles and Best Practices for Multiplication. Craig Ott & Gene Wilson. Grand Rapids: Baker Academic, 2011.

Indigenous Church Planting: A Practical Journey. Charles Brock. Neosho, MO: Church Growth International, 1994.

Launch: Starting a New Church from Scratch. Nelson Searcy & Kerrick Thomas. Ventura, CA: Regal Books, 2006.

Multiplication Moves: A Fild Guide for Churches Parenting Churched. Ben Ingebretson. Grand Rapids: Faith Alive, 2012.

Planing New Churches in a Postmodern Age. Ed Stetzer. Nashiville: Broadman & Holman Publishers, 2003.

Planting Churches in the 21st Century. Stuart Murray. Scottdale, Pennsylvania: Herald Press, 2010.

Planting Missional Church. Ed Stetzer. Nashville: B & H Publishing Group, 2006.

Starting a New Church: The Church Planter's Guide to Success. Ralph Moore. Ventura, CA: Regal Books, 2002.

Ten Most Common Mistakes Made by New Church Starts. Jim Griffith & Bill Easum. St. Louis, MI: Chalice Press, 2008.

The Barnabas Factors: Eight Essential Pratices of Church Planting Team Members. J. D. Payne. Scotts Valley, CA: Createspace, 2012.

The Church Planting Wife: Help and Hope for Her Heart. Christine Hoover. Chicago: Moody Publishers, 2013.

The Honest Guide to Church Planting: What No One Tells You about Planting and Leading a New Church. Tom Bennardo. Grand Rapids: Zondervan, 2019.

The Jesus Model: Planting Churches the Jesus Way. Dietrich Schindler. Carlisle, UK: Piquant Editions, 2013.

The Nuts and Bolts of Church Planting. Aubrey Malphurs. Grand Rapids: Baker Books, 2011.

Urban Church Planting. Stephen M. Davis. Eugene, OR: Resource Publications, 2019.